W0029504

WIE MÄNNER TICKEN

ES KÖNNTE ALLES SO SCHÖN SEIN, WENN SIE MICH VERSTEHT.

HAUKE BROST

WIE MÄNNER TICKEN

ÜBER 150 FAKTEN, DIE AUS JEDER FRAU EINE MÄNNERVERSTEHERIN MACHEN

DIE STARK ERWEITERTE AUSGABE MIT ÜBER 40 ZUSÄTZLICHEN BONUSTRACKS

SCHWARZKOPF & SCHWARZKOPF

ICH GLAUBE, ICH ERKLÄRE ES IHR NUN EINFACH MAL.

INHALT

BONUSTRACKS

ES IST SO WEIT:
JETZT WERDE
ICH ZUR MÄNNER-
VERSTEHERIN!

WILLKOMMEN IN DER WELT DES MANNES!

»Frauen und Männer verstehen sich nicht.« Mit diesen sechs recht leicht zu begreifenden Worten begann die erste Ausgabe meines Buches »Wie Männer ticken«. Offenbar haben die Leute beim Lesen genickt, geseufzt, geweint oder gegrinst, aber garantiert nicht gegähnt!

Sonst wäre »Wie Männer ticken« nämlich kein Bestseller geworden. Dies ist nun die erweiterte, noch viel bessere Ausgabe mit frischen wissenschaftlichen Erkenntnissen, neuen Beobachtungen, fantastischen Geschichten aus dem Beziehungs-Alltag meiner Leserinnen und einem weiteren tiefen Griff in das Haifischbecken der Liebe, in dem sich Mann und Frau wie heimtückische Moränen umkreisen und nur darauf warten, dass sie dem jeweils anderen einen überbraten können.

»Wie Männer ticken«, das ist offenbar tatsächlich spannend. Das Buch war gleich vom Start weg Spitzentitel in den Hitlisten der meistverkauften Bücher von Amazon bis »Buchreport«. Vorabgedruckt von »BILD«, verrissen von der »WELT«, diskutiert bei »Kerner«, rezensiert von über 100 Zeitungen und Illustrierten, übersetzt ins Tschechische und ins Koreanische. Moment mal: Ins Koreanische?

Hm. Der koreanische Mann ist, sagen wir mal, mit dem hiesigen Mann doch wohl überhaupt nicht zu vergleichen. Nicht, dass ich was von dem Koreaner als solchem wüsste. Vom Koreaner verstehe ich so viel wie von der deutschen Sprache. Nämlich nix.

Letzteres findet jedenfalls der Hamburger Publizist Michael Jürgs, der mich erst kürzlich in einer Kolumne einen »Sprachverhunzer« nannte. Dieser kleine Scherzbold! »Sprachverhunzer!«

Ich finde das gut. Wenn ich seitdem in einem Hotel einchecke, schreibe ich auf dem Meldezettel immer unter »Beruf«: »Sprachverhunzer«. Klingt doch geil, oder? So wie »Wahnsinns-Stecher« oder »Immer-Könner«. Aber zurück zum Koreaner, diesem unbekannten Wesen.

Der Koreaner hat ein ziemlich kleines Glied und kommt nach spätestens 20 Sekunden. Das ist ein genauso blödes Vorurteil wie alle Vorurteile, die Sie in diesem Buch finden werden. Es gibt natürlich auch ganz andere Koreaner, jedenfalls kann ich das nicht ausschließen. Und es gibt auch ganz andere Männer als die, von denen ich schreibe in diesem Buch. Wenn Sie also alles ganz ernst nehmen, was Sie hier lesen, dann machen Sie einen Fehler.

Sie werden aber alles ernst nehmen, das verspreche ich Ihnen. Sie werden Ihren Kerl in diesem Buch so originalgetreu wiederfinden, als hätte ich mit ihm schon mal eine Nacht durchgesoffen oder, sein Kopf an meiner Schulter, mit ihm auf einer Parkbank geheult, oder beides gleichzeitig, also heulend auf einer Parkbank durchgesoffen. Wie ging das eigentlich alles los?

Ich sitze so in einer Kneipe und schau mich um. Eigentlich höre ich mich um. Das macht Spaß: Nach links gucken und nach rechts lauschen. Also rechts, da wo ich hinlausche, sitzen ein paar Mädels am Tresen, und die können ihre Jungs mal wieder so gar nicht verstehen. Null! Gar nicht! Nix kapiert! Nicht mal die Basics! Ein Geschwafel und Gegacker, ein Gerätsel über die Macker, am liebsten hätte ich sie mit den Köpfen gegeneinander gerumst und gesagt: Hey, wisst ihr denn so gar nicht – »wie Männer ticken«?

Am nächsten Abend sitze ich schon wieder in einer Kneipe. Nicht, dass Sie jetzt glauben, ich sitze ständig in einer Kneipe. Aber ein Reporter gehört auf die Straße, und die Straße ist feucht und kalt, also muss der Reporter, um sich nicht zu verkühlen, hin und wieder mal ins Warme.

Apropos ins Warme. Als die erste Ausgabe von »Wie Männer ticken« erschien, gab es eine wunderbare Lobeshymne auf meinen Bestseller ausgerechnet in – einem Schwulen-Magazin namens »Adam«. Aber wenn die Schwulen mein kleines Macho-Buch gut finden, dann hab ich ja wohl irgendwas falsch gemacht, oder? Ist aber nicht so. Sie denken da zu schlicht. Lesen wir mal rein.

»Das ist eigentlich ein Buch für Frauen, um ihren Mann besser zu verstehen. Gemeint ist der gemeine Heteromacho. Aber sehnen sich nicht auch Schwule nach so einem straighten Kerl fürs spießig normale Lebensglück? Partnerschaftsexperte Hauke Brost liefert in seinen 135 Klischee-Analysen sehr Interessantes zum Hetero-Mini-Macho.«

Und das ist auch gut so. Wo waren wir stehen geblieben? Ach so: Ich sitze also schon wieder mal in einer Kneipe und schaue nach links und lausche nach rechts. Da sitzen ein paar schlicht gestrickte Jungs, und die reden gerade über ihre Frauen. Was stelle ich fest? Die kriegen auch nix mit! Die haben auch keine Ahnung! Null! Niente! Sie verdrehen die Augen, schauen zur nikotingelben Decke und murmeln: »Frauen.« Ich möchte sie am liebsten mit den Köpfen … Siehe oben. Ja, da gibt es aber doch eine Menge Verständigungsbedarf, so dachte ich bei mir am nächsten Morgen unter der Dusche, und darum werde ich ein ganzes Regal voll Bücher schreiben. Das erste soll den Titel tragen »Wie Männer ticken«. Und dann »schaun mer mal«.

»Wie Frauen ticken« war der logische Band 2. In erster Ausgabe erschienen exakt ein Jahr später, nämlich 2006. Wieder in »BILD«. Wieder bei »Kerner«. Wieder ein Bestseller. Nicht, dass ich irgendeine Ahnung gehabt hätte, »wie Frauen ticken«! Also von Frauen verstand ich anfangs (trotz oder wegen meiner drei geschiedenen Ehen) so viel wie von Koreanern oder der deutschen Sprache, nämlich auch nix. Aber ich wurde im Laufe der Recherche weiser und weicher und – ja, auch weiblicher irgendwie. Weil ich lernte, wie eine Frau zu denken. Nebenbei lernte ich noch viel über Pilze im Vaginalbereich und sexuelle Gefühle beim Bügeln, über unkontrollierbare Inkontinenz ab der dritten Geburt und alles andere, was Männer noch niemals wirklich wissen wollten. Das verdankte ich zahllosen Gesprächsrunden mit Frauen, die irgendwie vergessen hatten, dass ein Kerl mit am Tisch saß und fleißig mitschrieb. Und meiner Co-Autorin Marie Theres Kroetz-Relin natürlich, die ohne jeden Zweifel auch eine Frau ist.

Weiter geht's! Band 3 erscheint im Herbst 2007. Falls Sie Kinder haben oder beabsichtigen, jemals welche in die Welt zu setzen, sollten Sie ihn nicht verpassen. Er wird den verheißungsvollen Titel tragen »Wie Teenies ticken« und befasst sich mit der total beschissenen Lebensphase zwischen 12 und 17, wo man noch nicht weiß, ob man Fisch oder Fleisch ist, und wo einen sowieso keiner kapiert und wo alles, was theoretisch schief gehen könnte, tatsächlich schief geht.

Aber jetzt heißt es erst einmal: »Wie Männer ticken, die Zweite«: Neu, erweitert, überarbeitet, verschärft, härter, gemeiner, fieser, schonungsloser. Und so, wie alle Männer mal werden: dicker …

Hauke Brost

ERSTES KAPITEL
DER MANN
UND
DIE LIEBE

1. Denkt er beim Kennenlernen immer gleich an Sex?

Nur dann? Männer denken alle acht Minuten an Sex. Frauen pro Tag nur 30 Mal.[1] Um die Frage zu beantworten: Die Antwort heißt natürlich Ja. Aber das bedeutet nicht, dass ER sofort konkrete Pläne schmiedet, wie er SIE am schnellsten herumkriegen könnte. Es bedeutet nicht einmal, dass er es jemals versuchen wird. Es bedeutet nur, dass Männer darauf programmiert sind, Frauen sofort erotisch abzuscannen.

Die allererste Frage, die sich ein Mann stellt, lautet: »Ist sie sexuell interessant?« Das passiert auf jeden Fall, bevor er seinen Namen nennt und bevor sie ihm die Hand gibt. Er macht das nicht bewusst. Er ist so. Auch, wenn er glücklich liiert ist. Vielleicht haben Sie schon mal zwei Hunde beobachtet, die sich gerade kennen lernen. Als Erstes riechen sie gegenseitig an den Geschlechtsteilen. Danach ignorieren sie sich (»riecht uninteressant«), oder sie spielen miteinander (»riecht prima«), oder sie gehen aufeinander los (»riecht ätzend«).

Als Erstes an den Geschlechtsteilen zu riechen, verbietet sich bei zwischenmenschlichen erstmaligen Begegnungen ganz zweifelsfrei, aber Männer ticken ähnlich wie Hunde.[2] Will ich mit ihr reden, zu wem gehört sie, hat sie einen spannenden Beruf, könnte ihre Bekanntschaft interessant sein usw. – all das fragt sich ein Mann danach. Erst mal wird abgescannt: »Mit der würde ich.« – »Mit der würde ich nie.« Das sind die ersten, nicht die letzten, nicht die alleinigen, aber zunächst einmal die wichtigsten Kriterien. Sie können das sogar beobachten. Indem Sie seinem Blick folgen. Der wird, sofern sich der Typ einigermaßen unbeobachtet fühlt, blitzschnell vom Gesicht der neuen Bekanntschaft über Busen und Beine wieder zum Gesicht wandern. Ein Mann, der das nicht tut, ist wahrscheinlich schwul.

Männer haben übrigens nichts gegen Schwule. Im Gegenteil. Sie beobachten Schwule mit einer Mischung aus Neid, Interesse und Wissbegierde. Es muss doch einen Grund haben, warum Frauen mit Schwulen so gut klarkommen. Was haben die, was wir nicht haben?, so fragt sich jeder Hetero-Mann. Okay, er weiß es natürlich. Instinktiv. Schwule

---

1 Quelle: Weltgesundheitsorganisation

2 Glauben Sie nicht? Der Trend geht zum Zweitbuch, also lesen Sie nach diesem hier Michal Vieweghs »Geschichten über Sex und Ehe« (Deuticke-Verlag). Oder in der »Welt am Sonntag« (12.9.2004, S. 80): »Porträt des Mannes als läufiger Hund«.

hören besser zu, Schwule verstehen die Frau als solche, Schwule gehen gern ausführlich shoppen, Schwule wollen nicht ständig mit ihr ins Bett... Wobei, Moment mal, Moment mal, was ist das denn: Schwule wollen nicht mit ihr ins Bett und sind deshalb interessant??? Hat die Frau als solche denn keine Lust auf Sex??? Na, dazu kommen wir später noch. Tatsache ist jedenfalls: Jede Frau findet Schwule toll.

Und deshalb ist der beste Trick eines Mannes, der gerne mit einer Frau ins Bett möchte, sich anfangs so schwul wie möglich zu geben. Der »Frauen-Versteher«. Der »Gerne-Shopper«. Der »Lange-Zuhörer«. Der »Nie-von-Sex-Reder«. Der »Komm-her-und-heul-dich-bei-mir-aus-Baby-Typ«. Ja, das läuft. Wenn Sie mal so einen treffen und nicht hundertprozentig sicher sind, dass er wirklich schwul ist, dann passen Sie bloß auf. Das ist ein ganz gerissener Hetero. Der tarnt sich. Wolf im Schafspelz, verstehen Sie? Und ehe Sie sich versehen, hat er seine Hände da, wo Sie es niemals erwartet hätten. Vermutlich zwischen Slip und Haut. Gerade dann, wenn Sie sich ausheulen bei ihm. Und er kann doch so wunderbar trösten. Weil er sich obendrein aber noch ganz gut anfühlt, werden Sie wahrscheinlich gleich mit ihm ins Bett gehen. Wollen Sie wirklich wissen, wie Männer ticken?

Kluge Männer ticken genau so. Sie machen erst ein bisschen auf schwul und holen erst später den Hetero aus der Hose. Nur Beziehungs-Deppen fallen mit der Tür ins Haus. Also Vorsicht, Vorsicht, Vorsicht. Man kann als Frau heutzutage nicht mal mehr den Schwulen trauen.

2. Woran merke ich, dass er mich noch liebt?

Er hört Ihnen meistens nicht zu. Er macht all das, was Sie ihm schon immer abgewöhnen wollten. Er kümmert sich verdammt wenig um Sie. Aber dabei hat er ziemlich gute Laune. Sie finden, das ist ein seltsamer Liebesbeweis? Stimmt. Aus Frauensicht. Denn was Liebe ist, davon haben Männer und Frauen völlig unterschiedliche Vorstellungen.

Was wäre für Sie als Frau ein schöner Beweis, dass er Sie noch liebt? Eine Blitz-Umfrage auf der Straße ergibt Antworten wie diese: »Er ist romantisch, so wie früher.« – »Er macht mir kleine Geschenke.« – »Er kümmert sich um mich.« – »Er hört mir zu.« – »Er bringt Blumen mit.« – »Er verführt mich mal wieder.« – »Er sagt es einfach.« Das sagen Frauen. Männer hingegen finden all das äußerst lästig. Zärtlichkeit ist für einen Mann eine Pflichtübung, ohne die es allerdings wahrscheinlich auch heute wieder keinen Sex geben wird. Also ist er zärtlich zu Ihnen. Mit Liebe hat das nichts zu tun. Zuhören (oder so tun als ob) ist für ihn ein Akt der Partnerschafts-Diplomatie, der Stress vermeiden hilft. Denn Sie werden garantiert zickig, wenn er Ihnen nicht zuhört. Nur darum legt er manchmal die Zeitung weg oder schaltet den Fernseher leise. Sich um Sie kümmern heißt aus seiner Sicht: Ich mach doch alles! Ich gehe hart arbeiten, ich bring auch schon mal den Müll weg, ich sorge für sie. Also kümmere ich mich. Was, zum Teufel, will sie noch? Und über Liebe reden… »Sie weiß doch, dass ich sie liebe. Also muss ich es ihr nicht ständig sagen« ist typisch Mann. Ein Mann, der liebt, möchte am liebsten alles so lassen, wie es ist.

Und darum heißt die Antwort: Wenn er nicht allzu viel an Ihnen herumkritisiert, wenn er Sie in Ruhe lässt und seine Ruhe will, und wenn er dabei einen ausgeglichenen Eindruck macht: Dann können Sie davon ausgehen, dass er die Frage »Liebst du mich noch?« jederzeit mit einem ehrlichen Ja beantworten würde.

Man könnte die Frage natürlich auch umgekehrt stellen. »Liebt sie dich noch?«, hieße sie dann. Ein Mann, der diese Frage gestellt bekommt, wird in der Regel einen völlig merkbefreiten Gesichtsausdruck kriegen und gucken wie eine Mathe-Niete an der Tafel, die der Klasse den Satz des Pythagoras erklären soll. Hä? Ob SIE MICH noch liebt? Diese Frage stellt sich ein Mann einfach nicht. Er geht schlichtweg davon aus. Die Kuh vorm berühmten Scheunentor sieht irgendwie intelligenter aus. Männer fragen sich nie, nie, nie, ob die Frau sie noch liebt. Sie gehen einfach davon aus. Und deshalb sind Männer so vor den Kopf geschlagen, wenn sie verlassen werden.

Männer ticken so: Sie hat doch alles. Ich tu doch alles. Es geht uns doch gut. Den Kindern fehlt es doch an nix. Also ist alles gut. Im Bett, na gut, da ist vielleicht nicht mehr alles so, wie es mal war. Aber sie hat doch KEINEN GRUND, sich zu beschweren. Also liebt sie mich, klar. Das alles ist natürlich dummes Zeug und überhaupt kein Argument, dass SIE IHN noch liebt. Aber es ist männlich! Typisch Mann! Genau: »MÄNNER.« (Verdrehen Sie die Augen zum Himmel und geben Sie Ihrer Stimme diesen angewiderten Ton, den Sie so gut drauf haben als Frau.)

3. Kann er treu sein?

Natürlich. Und zwar aus purer Bequemlichkeit. Wenn er allerdings weniger träge (und für andere Frauen attraktiv genug) wäre, und wenn er jedes Risiko ausschließen könnte, würde er garantiert fremdgehen, und zwar nicht nur gelegentlich.

Sie müssten mal Mäuschen spielen, wenn Ihr Mann mit seinen Kumpels in einer Kneipe sitzt und die Jungs eine schöne Frau allein am Tresen entdecken.

Sofort kreist das Gespräch darum, wer sie wohl vom Tresen weg an den Männertisch und später ins Bett kriegt, wie und mit welchem Spruch. Das ist ja in der Praxis nicht so einfach wie in der Bitburger-Werbung, wo zwei Typen der Dame den falschen Drink servieren lassen, sie lehnt ab, gibt ihrerseits zwei Bit aus, und die Sache ist geritzt! Nein: In der Praxis läuft das leider nicht.

Das Gespräch wird sich also zunächst einmal darum drehen, welcher der anwesenden Herren zum Anbaggern der Geeignetste wäre. Die anderen werden ihre Witzchen über ihn machen, aus denen aber pure Hochachtung klingt. Dann werden Strategien entwickelt, alte Jagdgeschichten werden aufgewärmt, und die Trophäen werden maßlos übertrieben. (Jedenfalls hat keine Frau, die in solchen Geschichten vorkommt, kleinere Brüste als ein Airbag der S-Klasse.)

Der eine Typ nun, den die anderen für Manns genug halten (sie selbst werden ja im Schutz des Rudels zurückbleiben), der eine Typ nun ist im Zugzwang. Entweder rettet er sich mit einer Notlüge (»die ist nicht mein Typ«). Oder er muss ran. Oje, das ist eine schwierige Situation. Kein Mann möchte dafür ausgewählt werden. Klar: Einerseits ist es eine Auszeichnung. So, als wenn Kahn einen Elfer hält. Man ist halt der Größte, und vermutlich hat man auch den Größten. Glauben die anderen jedenfalls.

Aber andererseits, man ist ja nicht wirklich so toll, wie die anderen gerade glauben. Und jetzt soll man raus an die Front? Wirklich aufstehen und rübergehen zum Tresen?

Das hat nichts mehr mit großen Sprüchen zu tun, das ist die bittere Realität. Der Preis des Ruhms. Nur vergleichbar mit dem unmittelbar bevorstehenden Salto vom Zehner, als man noch kleiner war und die Angebetete vom Badetuch auf der Schwimmbad-Wiese betont gelangweilt herübergeschielt hat. »Hic Rhodos, hic salta.«[3] Schlimmstenfalls holt er sich eine Abfuhr und ist sofort wieder zurück (glatte 6, Ruf als Womanizer[4] ruiniert). Unterhält sie sich kurz mit ihm, wendet sich dann aber ab? Setzen, 5. Nimmt sie einen Drink an und wechselt den Platz ohne ihn? Glatte 4. Bleibt er bei ihr am Tresen stehen? Gute 3. Schleppt er sie zu den Jungs an den Tisch? Ruf gerettet, das gibt eine 2. Verlassen die beiden gemeinsam das Lokal? Unfassbar, wie er das wieder gemacht hat. Eine 1 und Stoff genug für die nächsten Herrenabende. Er kann übrigens auch eine 1+ mit drei Sternen kriegen. Dann stößt im Laufe des Abends die noch viel hübschere Freundin der Dame hinzu, und alle drei ziehen gemeinsam ab.

Wow. Aus diesem Holz sind Rudelführer geschnitzt. »Was bin ich wert?«, diese Frage ist für einen Mann gleichbedeutend mit: »Wie viele Frauen kann ich haben?«, und es ist total egal, ob es sich um kluge Frauen oder doofe, blonde oder brünette handelt. »Inside they all are pink«, tönt es im Chor am Männertisch.

Sie als feste Partnerin können einem Mann die notwendige Selbstbestätigung leider nicht geben, denn SIE hat er ja sowieso. Sie zählen nicht zu den selbstwertfördernden Eroberungen. Aber, wie gesagt: Er kann schon treu sein. Weil er so unglaublich bequem und träge ist und sich lieber im Rudel versteckt, als an den Tresen zu gehen.

Rechnen Sie trotzdem damit, dass er bei einem gemeinsamen Restaurantbesuch der attraktiven Kellnerin umgehend seine Visitenkarte zusteckt, wenn Sie mal kurz um die Ecke müssen. Sie werden es weder ihm noch ihr anmerken. Aber wollen Sie es denn wirklich wissen? Tun Sie lieber alles dafür, dass er Sie auch weiterhin für attraktiv hält! Womit wir schon bei der nächsten Frage wären …

---

3 *Im alten Rom stand mal ein Marktschreier auf der Straße und prahlte, wie hoch er seinerzeit auf Rhodos springen konnte. Weltmeisterlich! Da kam ein Philosoph daher und meinte ganz cool: »Hier ist Rhodos, spring hier« (lat.: »Hic Rhodos, hic salta.«). So oder ähnlich hat es der Autor mal gelernt. Aber: Alle Angaben ohne Gewähr.*

4 *Ein »Womanizer« ist ein Mann, der jeder Mann gern wäre. Es ist der Typ, bei dem Frauen sofort Hautkontakt suchen. Er zieht sie irgendwie magisch an. Er ist der Hit in jeder Tresenrunde. Meistens hat er links und rechts eine Frau, die an ihm herumzupft. Ja, ein Womanizer müsste man sein. Auch Ihr Kerl wäre gerne einer. Hundertprozentig.*

4. Was findet er attraktiv?

Pralle Brüste und lange Beine. Falls Sie die Kurzfassung möchten. (Dieses uralte, total abgegriffene Klischee entspricht tatsächlich absolut der Wahrheit.) Wir können auch gerne ins Detail gehen. Das liest sich dann etwas differenzierter und klingt vor allem nicht so platt.

Zu Ihrer Beruhigung: Es gibt durchaus Männer, die intelligente Frauen attraktiv finden. Vorausgesetzt, sie haben pralle Brüste und lange Beine. Das sind aber nur wenige Männer. Es sind diejenigen, die sich selbst für noch intelligenter halten, als die Frau zu sein scheint. Kein Mann weiß eine Frau zu schätzen, die intelligenter ist als er selbst. Es wäre auch unklug, sich für eine solche zu interessieren. Die Frau ist dem Mann sowieso überlegen. Sie kann Informationen schneller miteinander verknüpfen, sie kann Gefühle zeigen, sie kann kochen, ja sie ist die eigentliche, wenn auch heimliche Chefin der Sippe. Welchen Sinn hat ein Mann auf dieser Welt, wenn er seiner Liebsten nicht mehr das Leben erklären kann, sondern sich das Leben von ihr erklären lassen muss? Tja, und dann finden Männer noch attraktiv, wenn eine Frau eine tiefe, verrauchte Stimme hat. Piepse-Stimmen sind Abturner. Übrigens ist das offenbar eine Geschichte mit Wechselwirkung: US-Forscher fanden heraus, dass Frauen mit viel Sex tief und verraucht klingen – und wegen ihrer sexy Stimme haben sie dann eben noch mehr Chancen auf guten Sex. So ungerecht ist das Leben manchmal.

In manchen Umfragen lügen Männer übrigens wie gedruckt. Eine sehenswerte Oberweite finden nach einer neueren Illustrierten-Befragung angeblich nur 33 % der Männer wichtig. 97 % kreuzten stattdessen den inneren Wert »Natürlichkeit«, 95 % »Fröhlichkeit« und 86 % »Intelligenz« an! Und jeder dritte Mann behauptete in dieser Umfrage, dass sich die Partnerin in seiner Gegenwart »ruhig mal gehen lassen« könne. In derselben Untersuchung zeigten sich aber auch die Frauen von einer ganz erstaunlich realitätsfernen Seite: Nur jede Fünfte hielt das Einkommen des Mannes für ein wichtiges Kriterium, ha-ha-ha. Das glauben wir doch nicht wirklich.

5. Wie oft sollte ich mit ihm schlafen?

So oft wie möglich natürlich. Es hat noch kein Mann eine Frau verlassen, weil sie zu viel Sex wollte. Allerdings gibt es eine Menge Männer, die ihre Frau wegen zu wenig Sex verlassen haben. Wenn es soeben hieß: »Sie als feste Partnerin können das Selbstwertgefühl des Mannes nicht steigern, weil er Sie ja sowieso hat«, so gilt das mit dieser Einschränkung: Jedes Mal, wenn Sie mit ihm schlafen wollen, fühlt er sich gut. Sogar dann, wenn er keine Lust hat.

Es soll ja immer häufiger vorkommen, dass Männer die Sex-Verweigerer in der Beziehung sind. Lassen Sie sich davon nicht bremsen. Sie erhöhen sein Wohlgefühl nicht unbedingt durch Sex – sondern allein schon dadurch, dass Sie Sex-Lust signalisieren. Wenn er am nächsten Morgen in den Rasierspiegel schaut, wird er sich fröhlich zuzwinkern: »Sie wollte Sex, also bin ich ein toller Kerl.«

Selbst wenn er mal wieder zu müde war oder gar unter einer gewissen temporären und selbstverständlich stressbedingten Erektionsschwäche gelitten hat, tut das seinem Ego keinen Abbruch. Wenn eine Frau, andersherum, morgens in den Schminkspiegel schaut und sich sagen muss: »O shit, er hatte gestern endlich mal wieder Lust auf Sex, und ich war zu müde« – dann sorgt sie sich womöglich: »Hoffentlich geht er nicht fremd, wenn das zu oft passiert?« Ein Mann kommt überhaupt nicht auf so eine Idee. Er zwinkert sich fröhlich zu. Und wenn Sie sich jetzt fragen: »Wie blöd sind Männer eigentlich?«, dann haben Sie vollkommen Recht mit der Antwort: »Sehr, sehr blöd.«

Kann man, um nun auf die Frage nach der optimalen Sex-Frequenz zurückzukommen, denn eine konkrete Zahl nennen? Wie oft hätten's die Männer gern? Die Antwort lautet: Die Woche hat sieben Tage. Also möchten Männer in sieben Nächten pro Woche wissen, dass sie tolle Typen sind. Dass es never-ever siebenmal die Woche zum Äußersten kommen wird, ist aber ebenso sicher: Dafür steht der Mann von heute unter einem viel zu hohen Erfolgsdruck im Job. Übrigens: Sex ist gesund. Die Zahl der virentötenden Killerzellen steigt nach einem Orgasmus um das Doppelte. Selbst wer nur zweimal wöchentlich Sex hat, senkt das Infarktrisiko um die Hälfte. »Schatz, ich hab Kopfschmerzen« zählt nicht mehr – denn Sex wirkt wie Aspirin, da ausgeschüttete Glückshormone die Schmerzrezeptoren besetzen. Sex aktiviert obendrein ein Hormon, das das Bindegewebe strafft, die Haut jung hält und das Gedächtnis schärft. Sex macht auch schlank: 30 Minuten Liebe verbrennen 300 Kalorien.

Sollte ein Mann im gesetzten Alter sich damit rausreden wollen, Sex sei eher was für Jüngere, so knallen Sie ihm diese Zahlen vor den Kopf: Von 27.500 befragten Männern und Frauen zwischen 40 und 80 Jahren hatten 80 % der Männer und 65 % der Frauen im Verlauf des abgelaufenen Jahres Sex. Lediglich jeder vierte Mann gestand, hier und da mal Probleme zu haben. Allerdings halfen über 60 % der Befragten hin und wieder mit Potenzmitteln nach.[5]

6. Wie kann ich ihm sagen, was ich im Bett mag?

Wenn Männer und Frauen sich wenigstens im Bett verstehen würden, hätten wir deutlich niedrigere Scheidungsquoten. Denn die Pauschalregel »Sex gut, alles gut« trifft in den meisten Beziehungen genau den Kern. Aber nicht mal im Bett klappt's. Sie denkt: »Jetzt ist er bestimmt total begeistert.« Er denkt: »Blasen kann sie auch nicht.« Sie denkt: »Oh Gott, er lernt es nie.« Er denkt: »Wow, das hab ich dieses Mal aber toll gemacht.« Verbal kommt dabei Folgendes raus: »Geht's dir gut?« – »Ja, es war wunderbar... Einfach toll... Ich schlafe so unheimlich gern mit dir...«

Nun ist es ja ganz schön, wenn sich zwei Menschen gegenseitig nicht wehtun wollen und deshalb hin und wieder zu Notlügen greifen. Aber hier geht's ja um wesentliche Dinge. Schlechter Sex lässt die Liebe erlahmen, erhöht die Trennungslust, treibt die Menschen auseinander und lässt ganze Horden von Scheidungsopfern zurück.

Was also tun? Sie kann nicht wissen, was ihm gefällt. Es sei denn, sie landet Zufallstreffer, ist ein Sex-Genie oder kann Gedanken lesen. Er kann umgekehrt auch nicht wissen, was ihr gefällt.

Hinzu kommt: Als Mann ist man ein ganz besonders armes Schwein. Denn es liegt im Trend der Zeit, den Mann als solchen zum sexuellen Trottel zu degradieren. Da kommt seine Unfähigkeit, ihre geheimen Wünsche zielsicher vorauszuahnen, genau richtig!

---

5 Quelle: Prof. Edward Laumann, University of Chicago

Es gibt zwei Möglichkeiten, wie Sie ihm Ihre sexuellen Wünsche nahe bringen können. 1.) Sie können es ihm sagen. 2.) Sie können es ihm zeigen (»ohne Worte«). Wofür Sie sich entscheiden, ist aber total unwichtig. Entscheidend ist: Achten Sie sorgfältig darauf, dass er glaubt, von allein draufgekommen zu sein. Männer sind im Bett unglaublich empfindlich! Sobald er das Gefühl hat, dass Sie ihm erotischen Nachhilfeunterricht geben wollen, ist für ihn der Spaß am Sex vorbei! So was kann zu monatelanger Erektionsschwäche führen, weil Sie ihn so sehr verunsichert haben! Es kann für ihn sogar ein Schock fürs Leben sein. Immer wieder werden seine Gedanken um dieselben Fragen kreisen: Habe ich denn bisher alles falsch gemacht? Bin ich ein sexueller Idiot? Hat sie einen anderen, der es besser kann? Hätte sie gern einen anderen? Von wem träumt sie eigentlich, wenn sie mit mir schläft?

In so was können Männer sich derart hineinsteigern, dass Sie sich am Ende wünschen, Sie hätten niemals einen einzigen sexuellen Wunsch geäußert, sondern lieber alles so mittelmäßig gelassen, wie es schon immer war. Also, noch einmal: Reden Sie mit ihm oder zeigen Sie's ihm, aber seien Sie äußerst vorsichtig mit seiner empfindsamen Seele. Ein kleines, blödes Beispiel. Sie möchten, dass er Ihre Brustwarzen kräftig knetet. Sie mögen das eben. Er hingegen hat Angst, dass Ihnen genau das wehtun könnte, und deshalb tut er's nicht. »Kannst du nicht mal fester kneten? Nein, noch fester!« ist falsch. Obwohl Sie Ihren kleinen erotischen Wunsch ja relativ deutlich und unmissverständlich geäußert haben. Wenn Sie beide aber nach dem Sex ermattet in die Kissen sinken und Sie ihn genießerisch darauf hinweisen, dass er vorhin so wunderbar kräftig Ihre Brustwarzen geknetet hat (auch wenn das gar nicht der Fall war), und wenn Sie dann noch mit einem Küsschen hinzufügen, dass er genau das beim nächsten Mal ruhig noch ein bisschen kräftiger tun könnte, dann hält er sich selbst für sehr, sehr gut und Sie für eine ausgezeichnete Liebhaberin.

Verpacken Sie Ihre erotische Anregung also immer in ein Kompliment für ihn. Denken Sie beim nächsten Mal daran: Das Würstchen im Hot Dog gibt's nur mit Brötchen, und die sexuelle Nachhilfe für ihn gibt's nur mit einem Kompliment. So mögen das die Männer. Sie sagen ihm sowieso viel zu selten, dass er ein toller Liebhaber und im Übrigen sexuell einfach unersättlich ist. Dabei stimmt Männer nichts so heiter wie ebendies! Noch ein Tipp: Wenn er was begriffen hat von dem, was

Sie ihm geschickt verpackt gesagt haben, dann geben Sie ihm hinterher unbedingt ein »Zuckerl«, ein »Leckerli«. So wie einem braven Hund (die Ähnlichkeit zwischen Mann und Hund haben wir bereits erörtert). Machen Sie was, das ihm gefällt. Zum Beispiel: »Heute darfst du ausnahmsweise im Bett rauchen, weil du so ein toller Liebhaber bist.« Oder Sie stehen auf und holen ihm als Sex-Dessert einen Obstler aus dem Tiefkühlfach, obwohl Sie so ungern neben einer Williams-Christ-Fahne einschlafen. Na, Ihnen wird schon was Nettes einfallen.

Erotisch betrachtet, haben Männer übrigens tatsächlich Ähnlichkeit mit einigermaßen klugen Hunden. Am Anfang einer Beziehung haben sie von nix eine Ahnung, aber sie lernen gern und schnell, nur wollen sie möglichst immer ein Erfolgserlebnis dabei haben. Kluge Hundetrainer schleudern ihrem Schüler auch nur selten ein hartes »Nein« an den Kopf, sondern sie setzen eher auf wohlschmeckende Belohnungen bei anfänglichen Zufallstreffern. Der Trainingserfolg ist deutlich höher. Beim Hund – und beim Mann. So richtig ungewöhnliche Dinge im Bett mögen Sie ja wahrscheinlich sowieso nicht. Zumindest kann man das aus den neuesten Untersuchungen schließen. 96 % aller Frauen finden es total scharf, einen Zungenkuss zu kriegen. Na, wer hätte das denn gedacht? Das ist ja richtig verrucht! 81 % lassen sich gern an der Innenseite der Oberschenkel streicheln, wow, das ist ja fast schon Sex im Grenzbereich. Und 28 % stehen auf Sektschlürfen aus dem Bauchnabel à la »9 ½ Wochen«, was ja nun die Höhe der sexuellen Finesse ist.[6] Aber jetzt kommt der Hammer: 54 % aller Frauen finden es extrem erotisch, wenn ihnen ein Mann Vanilleeis oder Nutella vom Körper schleckt![7] Vanilleeis!!! Nutella!!! Jetzt wissen Sie endlich, wie Sie IHM Ihre erotischen Vorlieben nahe bringen können: An der Kasse vom Supermarkt! »Scha-hatz??? Wozu, meinst du, hab ich die Nutella im Einkaufswagen …???«

6 *Umfrage der »Laura«*
7 *Umfrage der »Jolie«*

7. Woran merke ich, was er im Bett mag?

Fragen Sie ihn doch einfach. Sehen Sie – genau das ist der Unterschied zu einem Mann. Wenn Sie ihm sagen, wie Sie's gern hätten, wird er zickig. Wenn Sie ihn fragen, wie er's gern hätte, findet er's toll. Vielleicht stottert er anfangs ein bisschen herum und weiß nicht so genau, was er sagen soll. Aber das wird schon. Vermutlich fragt er am Ende dann sogar von sich aus, was Ihnen denn mal beim Sex gefallen würde. Wenn ER SIE fragt, ist es okay für ihn. Wenn SIE es IHM sagen, ohne dass er Sie fragt, dann ist es nicht so ohne weiteres okay. Ist es nicht immer wieder schön, wie einfach zu berechnen Männer sind?

8. Tut er vielleicht nur so, als wenn ihm Sex mit mir gefällt?

Kann durchaus sein und ist nach einer Weile sogar wahrscheinlich. Weil Männer meistens von dem träumen, was sie gerade nicht haben – im Bett und auf dem Parkplatz vor der Tür. Aber zunächst mal sollten Sie froh sein, wenn er überhaupt so tut, als wenn er Spaß am Sex mit Ihnen hätte: Das ist nämlich für ihn ein Beweis der ehrlichen Zuneigung. Und es gibt genug Männer, die nicht einmal so tun.

Ob er wirklich gern mit Ihnen schläft, das können Sie mit einem simplen Test feststellen. Beantworten Sie diese drei Fragen.

1.) Ergreift er häufiger als Sie die Initiative zum Sex?
2.) Will er auch nüchtern mit Ihnen schlafen, also nicht nur dann, wenn er reichlich Alkohol intus hat?
3.) Macht er sich Gedanken, was Sie beim Sex gern hätten?

Hier die Auswertung:

- 3x mit Ja geantwortet: Keine Sorge, er schläft gern mit Ihnen.
- 2x Ja: Na ja.
- 1x Ja: Sie stellen die Frage mit gutem Grund.
- Keinmal Ja: Die Antwort auf die Frage ist Ja, aber das Wort »vielleicht« können Sie aus der Frage streichen.

Wenn Sie sich nun überlegen, warum er denn dann überhaupt noch mit Ihnen schläft, sollten Sie die typisch männlichen Faktoren »simple Triebbefriedigung«, »Sex aus Gewohnheit« und »Vermeidung von misslichen Diskussionen« mit ins Kalkül ziehen.

9. Ist Sex für ihn wichtiger als für mich?

Gegenfrage: Wie wichtig ist denn Sex für Sie? Halten Sie Sex zum Beispiel für wichtiger als miteinander reden? Wäre es für Sie nicht nur eine physische, sondern auch eine psychische Katastrophe, wenn Sie keinen Sex mehr haben könnten? Denken Sie ständig an Sex? Haben Sie eine Heidenangst vor dem Tag, an dem Sie beim Sex erstmals versagen? Fühlen Sie sich nur als vollwertige Frau, wenn Sie regelmäßig guten Sex haben? Ist sexuelle Erfüllung für Sie wichtiger als Ihre berufliche Karriere?

Wenn Sie all das mit einem ehrlichen »So ist es« beantworten, dann ist Sex für ihn nicht wichtiger als für Sie. Sie wären dann jedoch die Ausnahme von der Regel. Also gehen Sie mal davon aus, dass Sie die Frage aus der Überschrift getrost mit Ja beantworten können.

10. Warum hat er plötzlich weniger Lust auf Sex als früher?

Dafür kann er nichts, denn er ist so programmiert. Ein bis zwei Jahre nach dem ersten Sex sinkt sein Verlangen tatsächlich erkennbar ab. Vorteil: Er hat auch keine Lust mehr zum Fremdgehen. So stellte die Natur sicher, dass die Urmänner bei ihrer Sippe blieben. Er schläft zwar nicht mehr so oft mit Ihnen, aber dafür geht er auch weniger fremd: Das ist für Sie natürlich ein eher schwacher Trost, denn Sie als Frau sind nicht so programmiert.

Es gibt natürlich auch Gründe, die nicht so weit hergeholt sind. Wahrscheinlich findet er Sex mit Ihnen nicht mehr so spannend wie am Anfang, weil er Sie ja schon ganz genau kennt. Was Sie machen können, steht auch in diesem Kapitel.

11. Wie kriege ich so viel Sex, wie ich gern hätte?

Das wird schwer. Einen Mann, der keine Lust hat, kriegen Sie auch nicht dazu. Vielleicht hin und wieder, aber nicht auf Dauer. Vermutlich hat er keinen Bock mehr auf Sie, so einfach ist das. Aber bevor Sie sich jetzt erschießen: Das liegt nicht zwangsläufig an Ihnen. Nach ungefähr zwei Jahren einer festen Beziehung stellt sich der Körper des Mannes um. Er produziert dann weniger Sexualhormone als in den ersten 24 Monaten (siehe Frage 10). Die Natur hat sich dabei etwas gedacht: Sie senkt den Sexualtrieb des Mannes automatisch ab, damit er nicht ständig fremdgeht und so den Fortbestand des Rudels gefährdet. Jetzt soll er zu Hause angekommen sein und gefälligst keinem fremden Rock mehr hinterhergucken. Dass SIE unter seiner mangelnden Sexlust nun ebenfalls zu leiden haben, hat die Natur wohl irgendwie nicht bedacht. Dumm gelaufen für Sie.

Und Tricks wie »mal wieder Reizwäsche kaufen«, »mal ein Wochenende ohne die Kinder einlegen«, »Kerzenlicht und sanfte Musik«? 56 % der Deutschen versuchen eine »Verführung nach allen Regeln der Kunst«, 45 % legen tatsächlich ein Liebes-Wochenende ein, 23 % schwören auf eine neue, bisher nicht so oft ausprobierte Liebesstellung. Und 11 % legen eine totale Sexpause ein, um dadurch die Lust neu erwachen zu lassen. Was übrigens riskant ist: Ihr Partner könnte erleichtert aufatmen und sich an diesen Zustand derart gewöhnen, dass danach überhaupt nie mehr was läuft zwischen Ihnen.

Im Übrigen muss man sagen: Das sind ganz sicher alles keine von Grund auf schlechten Tipps, aber sie helfen so gut wie Kaffee gegen Müdigkeit: Es klappt allenfalls für kurze Zeit. Danach ist man dann umso kaputter. Einzige Ausnahme könnte das mit den Kerzen und der Musik sein. Wussten Sie, dass mehr Leute einen Fernseher am Bett haben als eine anständige CD-Sammlung? Verwunderlich sind diese Zahlen: 82 % aller Deutschen halten Musik zwar für sehr entspannend. 66 % sind der Meinung, dass mit Musik alles leichter funktioniert. Aber nur 18 % sorgen dafür, dass leise Musik beim Sex erklingt.[8]

Daraus könnte man schließen, dass in deutschen Schlafzimmern eine gewisse desinteressierte Lustlosigkeit herrscht! TV raus aus dem Schlafzimmer, Stereoanlage rein?

Keine schlechte Idee, versuchen Sie das mal. Künftig müssen Sie übrigens nicht einmal mehr die Lautstärke selbst regeln: Das erste musikalische Kondom ist marktreif und kommt demnächst in die Läden. Im Gummi integrierte Sensoren registrieren, was im Bett passiert, und geben die Signale an die Stereoanlage per Funk weiter. Je wilder es im

---

8 Umfrage des Musikkanals »Music Choice«

Bett zugeht, desto lauter dröhnt es aus den Lautsprechern. Erfunden hat das übrigens ein Mann.[9]

Jetzt gibt's aber doch noch ein paar Binsenweisheiten. Achten Sie doch mal darauf, wie das bei Ihnen zu Hause im Bett abläuft. Gehen Sie immer als Erste schlafen? Haben Sie feste Rituale, zum Beispiel noch schnell vorm Einschlafen ein paar Seiten lesen, schnell noch etwas zappen? Ziehen Sie sich immer zur gleichen Zeit aus und gehen ins Bett? Brauchen Sie immer genauso lange im Bad? Tragen Sie im Bett immer das Gleiche? Fängt Sex bei Ihnen beiden immer mit denselben eingefahrenen Signalen an? Findet Sex immer im Bett statt? Immer in derselben Stellung, na gut, maximal in den beiden selben Stellungen (das kommt aufs Gleiche raus)? Äußern Sie Ihr Wohlgefallen beim Sex immer mit denselben Worten bzw. Lauten?

Ehrlich gesagt aus Männersicht: Es ist ein Wunder, dass er überhaupt noch mit Ihnen schläft. Manch einer hätte längst aufgegeben.

Solange Sie Ihre Gewohnheiten nicht ändern, müssen Sie sich nicht wundern. Abwechslung im Bett ist der Freund, und feste Rituale im Bett sind der Feind der Liebe. Ja klar, das sind Binsenweisheiten – aber was meinen Sie, wie viele Männer nur wegen dieser blöden festen Rituale keine Lust mehr auf Sex haben.

Und noch eine »Binse«. Interessieren Sie sich für ihn. Fragen Sie ihn nach seinen Wünschen. Halten Sie seine Anwesenheit nicht für selbstverständlich. Pflegen Sie die Beziehung, so wie Sie Ihre Topfpflanzen pflegen. Mindestens.[10]

»Wer wirklich etwas ändern will am erotischen Vakuum, sollte beginnen, den Partner überhaupt wieder wahrzunehmen. Ihn nicht mit Sex-Toys überraschen, sondern mit der Frage, wovon er träumt. Klingt simpel, ist aber höchst wirkungsvoll. Denn gemeint zu sein, nicht nur geduldet, geschätzt zu werden, statt im Säurebad der Alltagsnörgelei zu verdampfen, das erzeugt eine Nähe, die auch wieder Berührungen zulässt, und nicht zuletzt Lust. Das Knistern des ersten Mals ist unwiederbringlich – der lustvoll vertraute Paarlauf aber beschert uns den ultimativen Endorphinkick, beteuern Glücksforscher«.[11]

---

9 Grigoryi Chausovskiy, russischer Ingenieur, Quelle: Die britische »Sun«
10 Was ist Ihnen wichtiger: Ihr Mann oder Ihre Topfpflanze?
11 Dr. Christine Eichler, Autorin des Erotik-Thrillers »Im Netz« (Hoffmann & Campe)

Wie wahr, wie wahr. Bleiben wir noch einen Moment beim Thema Entspannung, denn sie ist die Voraussetzung für genussvollen Sex. Interessante Zahlen: 54 % der Männer entspannen sich am besten beim Plaudern! Sie reden also doch ganz gern! (Nicht bekannt ist jedoch, ob mit anderen Männern oder mit Frauen.) Und nur 50 % der Frauen fühlen sich bei etwas Klatsch und Tratsch entspannt! Musikhören und Essen ist die klassische männliche Entspannung. Frauen hingegen lieben es, in der Badewanne zu liegen und einfach mal nichts zu tun. Beide Geschlechter sind sich aber in einem einig: Wahrer Genuss entsteht nur ohne Zeitdruck.[12]

Wobei angemerkt sei, dass der Mann als solcher die Badewanne auch langsam entdeckt. »Seit man als Mann nicht einmal mehr ungestört ins Stadion gehen kann, weil nun auch die Mädchen Fußball für sich entdeckt haben, bleiben nur noch wenige Freiräume. Die Möglichkeit des Rückzugs hat ja schon den Hobbykeller und das Klo zu den letzten Enklaven ungebremster Männlichkeit gemacht ... Längst wissen Männer, dass ein bisschen Wellness in den eigenen Wannenwänden eine feine Sache ist. Im Schaumbad lässt sich ebenfalls prächtig lesen und die Fliesen anstarren. Die Badewanne ist sozusagen das Klo für Fortgeschrittene ... Den Schaum mit einer Frau zu teilen, sei nur Zeitgenossen empfohlen, die sich entweder komplett selbst verleugnen oder an die Erotiktipps in der ›Praline‹ glauben ... In der Wanne müssen wir (Männer) auch nicht reden. Zumindest nicht mit anderen ... Nein, echte Kerle wollen keine Frauen im Bad. In der Wanne suchen Männer höchstens einen sehr klugen Gedanken.«[13]

In den letzten Jahren ist übrigens ein hochinteressantes Phänomen zu beobachten. Immer mehr Männer verweigern die körperliche Liebe, weil sie sich als Sexualobjekt missbraucht fühlen. Sozusagen als zweibeiniger Vibrator. Das irritiert sie ungemein und kann dramatische Konsequenzen für die Potenz haben. Es ist die schwachsinnige »Sex and the City«-Generation, die diesen Eindruck bei Männern hinterlässt und verstärkt. Männer? Sind zu nichts gut außer ... für Sex. Alleine als Single? Wäre auf jeden Fall besser, wenn da nicht ... der Sex wäre. Natürlich ist diese heute recht weit verbreitete weibliche Sichtweise der

---

12 Aus: »Große Deutsche Genuss-Studie 2004« im Auftrag des Tabakunternehmens JTI Germany
13 Partnerschafts-Autor Michael Witt (»Einmal willst du dir selbst gehören«) in der »WamS«

Existenzberechtigung eines Mannes nichts als verlogene Koketterie: Im Grunde ihres Herzens sehnt SIE sich nach nichts so sehr wie nach »Mr. Right«, mit dem sie außer Sex auch sonst noch was machen kann, aber die trostlose Vergeblichkeit ihrer Suche kompensiert sie mit solchen von Männern abgeguckten Machosprüchen.

Sie und er fahren endlich mal gemeinsam ein paar Tage weg; man kennt sich erst einige Wochen. Er freut sich: »Da haben wir dann ja richtig Zeit für jede Menge entspannten Sex.« Sie: »Stimmt. Was meinst du denn, warum ich dich sonst mitnehme?« Tja, da kommt ein Mann ins Grübeln. Ist er eher schlicht gestrickt, reagiert er so: »Aha. Interessant. Ich bin für sie also nichts als ein Sexualobjekt, soso.« Und es könnte sein, dass diese Erkenntnis wie ein Damoklesschwert überm Hotelbett schwebt und selbst der geringsten Erektion im Wege steht.

Handelt es sich bei ihm um einen klugen, weisen und lebenserfahrenen Mann, so denkt er sich: »Ach je, schon wieder so ein Spruch aus der weiblichen Klischeekiste.« Und vielleicht malt er sich leicht amüsiert aus, wie sie wohl reagieren würde, wenn er so was gesagt hätte. Was würden Sie denn sagen, wenn ein Mann Sie derart kaltschnäuzig zu einem Sex-Wochenende bittet? »Kauf dir 'ne Puppe bei Beate Uhse«, würden Sie sagen und zu Hause bleiben. Stimmt's?

Tage später. Man ist nun im Hotel angekommen, hat sich häuslich eingerichtet und genießt (zumindest nach SEINEM Eindruck) die schöne Zeit. Sie (düster): »Ich mache mir Sorgen um uns.« Er (ratlos): »Wieso machst du dir Sorgen?« Sie: »Du schläfst ja kaum mit mir.« Er (sehr ratlos): »Wir sind jetzt zwei Tage hier und hatten 7x Sex. Wenn ich richtig mitgezählt habe, bist du dabei 8x gekommen. Und du sagst, ich schlafe kaum mit dir???« Sie (zickig): »Stimmt, aber wir kennen uns doch kaum. Da ist es doch normal, wenn man gar nicht mehr aus dem Bett rauskommt, oder? Ich glaube, du findest mich nicht sehr attraktiv.« Er (eingeschnappt): »Ich bin hier, um mich zu erholen.« Sie (sehr zickig): »Ach, ist Sex mit mir vielleicht ARBEIT für dich???« – Dieser kleine (wahre!) Dialog zwischen Mann und Frau ist erstens ein schönes Beispiel dafür, dass zwei miteinander dasselbe tun können und es deswegen noch lange nicht dasselbe sein muss. Zum anderen zeigt er uns, warum Männer beim Thema Frauen manchmal einfach nicht mehr weiterwissen. Drittens wird klar, warum Männer so oft schlichtweg keine Lust mehr haben, sich um IHR Wohl zu kümmern, nach dem

Motto: »Ist ja egal, was ich mache – ich werde doch nur angezickt...« Kurz nach diesem Dialog hieß es übrigens Koffer packen. Und das war auch gut so.

Der Mann als solcher denkt sich: Es ist ja schön, dass die Frau als solche heutzutage selbstbewusst ist, stark auftritt, sich nicht mehr als Sexobjekt fühlt, sich auch nicht so benimmt und tatsächlich eine ebenbürtige, erwachsene Partnerin zu werden scheint. Ist doch toll, oder? Aber weil die Frau das richtige Maß nicht findet, pendelt sie wie Omas alte Wanduhr voll in die Gegenrichtung aus und findet es schick, die Kalte, Gefühllose und Egozentrische zu geben. »Ich bin stark, ich brauche keine Beziehung«, das steht unsichtbar auf ihrem T-Shirt, und genau das strahlt sie hemmungslos aus. Manche Männer resignieren. Andere winseln wie getretene Hunde und kneifen den Schwanz ein. Nur ganz wenige weise Männer durchschauen die psychologischen Hintergründe, lächeln milde und seufzen gelangweilt. Einig sind sich Männer aber in dieser These, übrigens dem meistgesagten Satz in jeder Männerrunde: »Alle Frauen sind scheiße drauf.« Ja, so ist das. Echt!

12. Warum kann er nicht mal ohne Hintergedanken kuscheln?

Kuscheln + Streicheln + Zärtlichkeit = Vorspiel. Das ist eine typisch männliche Formel, gegen die Sie nicht ankommen werden. Männer mögen diese stundenlange Kuschelei eigentlich überhaupt nicht. Sie nehmen sie allenfalls in Kauf, weil es sonst nix wird mit dem Sex.

Nein, er mag Ihnen nicht stundenlang den Nacken massieren. Nein, er mag nicht an Ihren Zehen herumkneten. Nein, er mag Ihre Füße nicht anwärmen. Nein, er mag Sie nicht mit Weintrauben füttern. Er will nichts anderes, als mit Ihnen schlafen. Nebenbei: Es gehen unter anderem auch deshalb so erschreckend viele Männer zu Prostituierten, weil es da einfach schneller zur Sache geht. Die leidige Kuschelei und das ganze Drumherum entfällt, was den Sex für Männer erheblich stressfreier und entspannter macht.

Sie möchten wissen, wie Männer ticken? ER fragt sich, warum Sie eigentlich so viel Wert auf Kuscheln ohne Sex legen. Er fragt sich: Ist sie vielleicht zu faul, sich zu bewegen? Zu müde und kaputt? Mal wieder nicht in Stimmung? Ist noch nicht wieder Samstag? Geht ihr die Bügelwäsche nicht aus dem Kopf, oder was ist sonst mit ihr los? Ihr Mann denkt: Sie sollte aufhören, mich für ein Sexmonster zu halten, und die Frage lieber mal andersrum stellen. Denn die könnte ja auch so lauten: Warum, zum Teufel, kriegt sie beim Kuscheln keine Lust auf Sex?

Hier haben wir übrigens eines der größten Missverständnisse zwischen Mann und Frau. Denn SIE ist meistens nicht in der Lage, IHM die Sache zu erklären, sie hat dazu auch gar keine Lust – woraus man schließen könnte, dass SEINE Befindlichkeit ihr ziemlich egal ist. Sie will stundenlang massiert werden, seine Erektion interessiert sie weiter nicht, und wenn er einen Krampf in den Fingern kriegt, dann hört er eben auf, und sie schaltet den Fernseher ein. Jungs, das war's mal wieder für heute Nacht! Das ist ätzend, das ist schlimm, das macht den Mann verbittert. Aber – es ist Alltag in Millionen Wohnzimmern, wo ja entspannter Sex meistens beginnt (bzw. dann eben doch nicht).

13. Warum machen Männer immer »kss, kss« und pfeifen hinterher?

Expedition ins Tierreich gefällig? Es gibt eine Heuschreckenart, wo die Männchen sich unter einem Blatt verstecken und auch immer »kss, kss« machen. Das soll die Weibchen anlocken. Die kommen auch neugierig herbei und gucken, wer da »kss, kss« macht. In dem Moment schießt das Männchen unterm Blatt hervor, packt das Weibchen und macht Sex. Ohne große Ansprache übrigens. Bei dieser Heuschreckenrasse klappt das alle 18 Sekunden, haben Forscher festgestellt. Beim Mann klappt es hingegen überhaupt nicht.

Interessant wird's nämlich, wenn Sie auf »kss, kss« und Pfiffe reagieren, also wenn Sie sich zum Beispiel umdrehen, freundlich lächeln, auf den Mann zugehen und sagen »Ja bitte, haben Sie gerade ›kss, kss‹ gemacht? Was möchten Sie denn von mir?« In dem Moment verhält sich ein Mann nicht mehr wie eine Heuschrecke, sondern wie eine Maus, die aus dem Loch guckt und der Katze hinterherpfeift: Sie ist schneller wieder im Bau verschwunden, als die Katze zugreifen kann. Probieren Sie's mal aus!

14. Von welchen Frauen träumt er nachts?

Von Ihnen, von wem sonst. Nein, im Ernst: Er träumt wahrscheinlich von sagenhaft attraktiven Frauen, die ihm sämtliche Wünsche erfüllen – auch die, von denen Sie nie erfahren werden. Auch sonst würden Sie in seinen Träumen sämtliche gängigen Klischees wiederfinden. Männer sind, wie Sie inzwischen schon wissen, relativ simpel und im Übrigen alle gleich. Sie sollten sich über seine erotischen Träume aber keine Sorgen machen.

»Eine große Variationsbreite von sexuellen Fantasien ist ein Zeichen psychischer Gesundheit und eine gute Inspirationsquelle für das reale Sexleben«, sagen Experten.[14] Übrigens haben Frauen erheblich mehr sexuelle Träume als Männer. Vermutlich, weil sie sowieso viel fantasievoller und kreativer sind. Je mehr Sie über seine sexuellen Träume herauskriegen, desto besser. Der Idealfall ist natürlich, dass Sie genau das mit ihm machen, wovon er träumt. Dann könnte er eines Nachts tatsächlich von der einzigen Frau träumen, die Sie akzeptieren würden: von Ihnen nämlich. Von wem sonst?

15. Befriedigt er sich heimlich selbst?

Ja klar – wenn Sie's nicht tun. Er wäre schön blöd, wenn er das nicht täte. Es geht ihm dabei genauso wie Ihnen: Man weiß doch selbst am allerbesten, was gut kommt. Zugeben wird er seine heimlichen Aktivitäten aber nie. Weil er viel zu viel Angst vor Ihnen hat. Er glaubt: Onanie ist eine Art Verrat an Ihnen. Allerdings muss Ihnen eines klar sein: Je öfter er es sich selber macht, desto schlechter (vermutlich langweiliger) ist der Sex mit Ihnen. Bestenfalls haben Sie so oft Sex mit ihm, dass er gar nicht auf die Idee kommt, es zwischendurch auch noch alleine zu probieren.

Es ist an dieser Stelle mal wieder an der Zeit, Klartext zu reden: Ihr Mann hält Sex vollkommen zu Recht für das Wichtigste, was Sie mit ihm machen können. Je öfter Sie mit ihm schlafen, desto länger bleibt

---

14 Sexualtherapeut Reinhardt Kleber. Aus »Petra«

er bei Ihnen. Sex ist für den Mann das, was Kaffee für Tchibo ist: das Kerngeschäft nämlich.

Tchibo verkauft ja inzwischen so ziemlich alles von der Eieruhr bis zur Wärmflasche, vom Reisewecker bis zur Schreibtischlampe. Und da hat auch niemand was gegen einzuwenden. Aber wenn Tchibo plötzlich keinen Kaffee mehr verkauft, weil Kaffee verkaufen langweilig geworden ist, dann nimmt die Marke Tchibo Schaden. Das Kerngeschäft von Tchibo ist Kaffee. Das Kerngeschäft von Liebe ist Sex. Sie und er können ganz so wie Tchibo auch eine Menge Sachen nebenbei machen: Kinder großziehen, ein Haus bauen, Autos kaufen, Bäume pflanzen ohne Ende und was man sonst noch so miteinander treibt im Leben. Aber vergessen Sie nie, was die Marke ausmacht. Vergessen Sie nie das Kerngeschäft. Es ist guter Sex und sonst gar nichts. Viel guter Sex.

Liebe als Produkt, Sex als Markenzeichen des Produkts. Das klingt vielleicht ein bisschen seelenlos, ist es aber nicht. Alles, was gut ist, hat ein »Markenzeichen«. Für bestimmte Vogelarten ist zum Beispiel die Sonnenblume ein Markenzeichen. Sie können sich darauf verlassen, dass überall dort, wo die braune Scheibe mit dem goldenen Blätterkranz auftaucht, was zu essen bereitsteht. »Das Markenzeichen wurde nicht erfunden. Es war schon da, lange bevor der Mensch diesen Planeten betrat«, sagen Experten.[15] »Das Produkt (in unserem Fall die Liebe, *der Autor*) ist nur der Gegenstand. Die Marke (in unserem Fall der Sex, *d. A.*) erst schafft das verlässliche Band.«

Wir wären sowieso alle viel weiter mit unseren Partnerschaften, wenn wir die einfachsten Erkenntnisse der Marktforschung auf uns selber beziehen und konsequent durchsetzen würden. Eine Partnerschaft, das weiß jeder Mann, und das sollte jedermann wissen, kann man nur wie eine Firma führen. Wir wollen ein erfolgreiches Produkt? Wir wollen Liebe? Dann brauchen wir eine gute, verlässliche Marke. Wir brauchen guten Sex. Dann klappt's auch mit der Liebe. Und dann – aber erst dann – macht es sich auch kein Mann mehr allein. Versprochen. Und auch Sie finden guten Sex zu zweit irgendwie spannender, darf man vermuten.

---

15 Rolf W. Schirm, Anthropologe. Weitere Zitate zum Thema »Liebe als Marke« in: T. Lobe, »BILD ist Marke«, Axel Springer AG 2002.

16. Gibt er mit meinen sexuellen Qualitäten an?

Das könnte sein, ist aber nicht zwingend. Hat er es denn nötig, mit Ihnen anzugeben? Männer ticken so: Entweder sind Sie eine Frau, bei der jeder Kumpel sagt »wow«. Dann wird er nicht mit Ihnen angeben. Sind Sie aber optisch eher ein fragwürdiges Exemplar, bei dem die Kumpels sagen: »Sach ma, wat willste denn mit der …?«, könnte es durchaus sein, dass er mit Ihnen angibt. Nach dem Motto: Na ja. Aber im Bett … Machen Sie sich eines klar: Männer betrachten Frauen so wie ihre Autos. Entweder müssen sie optisch was hermachen oder den Hammer unter der Motorhaube haben. Am besten natürlich beides, aber das Glück hat man nun mal nicht alle Tage.

Übrigens: Ein Freund war ein halbes Jahr mit einem Model verheiratet. Dann ging sie mit ihrem Chef ins Bett, und er warf sie raus. Es hat lange gedauert, bis seine Kumpels die Frage aller Fragen stellten. Aber irgendwann, nach etlichen Wodkas, kam die Frage dann doch. »Sach ma … Was ich dich schon lange fragen wollte … Wie war die Schlampe denn so im Bett?«

Es herrschte einen Moment Schweigen. Dann sagte der Mann: »Scheiße. Und kalt wie ’n Fisch.« Ein erleichtertes Aufatmen ging um den Biertisch. »Ja. Das haben wir uns genauso vorgestellt.« Die Männerwelt war in diesem Moment wieder im Lot. Denn eine wirklich gut aussehende Frau, sozusagen der Lottosechser, die sich danach als Schlampe herausstellt, die darf einfach nicht gut im Bett gewesen sein.

Huch, gibt er etwa mit meinen sexuellen Qualitäten an, das ist aber auch schon wieder so eine typisch weibliche Fragestellung. Ein Mann hätte damit nämlich überhaupt kein Problem. Im Gegenteil. Stellen Sie sich mal ein Kaffeekränzchen von lauter Frauen vor, na ja, Sie kennen das ja, und es werden die jeweiligen Männer durchgehechelt. Sie könnten Ihrem Kerl kein größeres Kompliment machen, als dass Sie sagen: »Na ja, ihr habt ja alle Recht. Er ist erfolglos. Er sieht nicht gut aus. Er hat keine Manieren. Aber im Bett …« Ihr Kerl würde Sie dafür küssen und das mit der Erfolglosigkeit, mit dem Aussehen und den Manieren sofort wieder vergessen. Und Sie könnten beim Thema Sex ruhig ins Detail gehen, er hätte nichts dagegen. »Gibt sie mit meinen sexuellen Qualitäten an?«, wäre also in einem Buch für Männer (zum Beispiel »Wie Frauen ticken«) keine bange, sondern eine äußerst erwartungsfrohe Frage. Anders herum: Würden Sie in dieser geschwätzigen Frauenrunde seine sexuellen Qualitäten mit der leisesten Bemerkung in Frage stellen, und würde er das jemals erfahren, so wäre dies mit 120-prozentiger Sicherheit ein absolut ehrwürdiger Anlass für ihn, Sie sofort in den Wind zu schießen, und zwar für alle Zeit und ohne Rücknahmerecht. Er würde Sie sozusagen mit psychischen Gummihandschuhen auf der Sonderdeponie für hochbelasteten menschlichen Müll entsorgen, also hüten Sie Ihre Zunge.

17. Warum hat er was gegen meine Freundinnen?

Weil Sie garantiert alles mit Ihren Freundinnen besprechen. Dadurch verlassen Sie aus Männersicht das Terrain der Fairness. Sie begehen einen klaren Vertrauensbruch. Das Gemeine ist: Er weiß ja nie genau, was Sie nun wirklich ausplaudern. Fast alles oder wirklich alles? Was bedeutet der wissende Blick Ihrer Busenfreundin, den er in ihren Augen zu erkennen meint? Weiß sie vielleicht schon längst, dass er erst neulich ... Natürlich nur ausnahmsweise und stressbedingt ...

Hat sie vielleicht sogar sein intimes Maß im Kopf? So nach dem Motto: »Also meiner hat ja eher einen kleinen ...«? Und neulich bei dem heftigen Streit: Waren das wirklich IHRE Argumente, oder steckte der fiese Clan der Busenfreundinnen dahinter? Werden Sie heimlich für den Kampf der Geschlechter von Ihren Genossinnen gecoacht? Aber all diese misstrauischen Gedanken, die ihm so durch den Kopf gehen, die sind ja nur ein Teil des Problems. Schauen Sie mal: Ihre Freundinnen kann er nie angraben.

Ganz einfach, weil Sie es sofort erfahren würden. Also kann er sich Ihren Freundinnen gegenüber auch nicht normal verhalten. Normal würde er hier ein bisschen abchecken, dort ein bisschen flirten, hier ein Lächeln verschenken und dort den dicken Max herauskehren. Also er wäre so wie immer. Aber bei Ihren Freundinnen? Da passt er höllisch auf, dass er ja nicht missverstanden wird. Etwas in ihm verklemmt sich. Er wirkt verklemmt. Und das sieht nach außen leider genauso aus, als wenn er was gegen die Mädels hätte. Unterm Strich fühlt ER sich der geballten Frauenpower Ihrer Freundinnen so hilflos ausgeliefert wie ein Ritter, der seine Rüstung verloren hat und nichts mehr besitzt als ein Feigenblatt, das auch noch viel zu klein ist, und dieser armselige Ritter steht nun splitternackt, nur mit dem Feigenblatt, allein auf dem weiten Feld vor der riesigen Burg, und alle Ihre Freundinnen sitzen oben auf der Zinne und grinsen sich eins.

Reicht das?

18. Woran merke ich, dass er fremdgeht?

Das gängige Klischee geht ja so: Er kommt dann mit Blumen, treibt Sport, hat plötzlich verdammt viele Überstunden abzuleisten, stylt sich auf jung, dynamisch, erfolgreich und hat so ein seltsam-irres Glitzern in den Augen.

Können Sie alles vergessen. Denn so blöd sind die Männer nun auch wieder nicht. Er kommt bestimmt nicht ausgerechnet dann mit Blumen nach Hause, wenn er fremdgegangen ist. Weil er genau weiß: Dann kommt sie drauf. Dann macht sie sich Gedanken. Dann fragt sie sich, ob ich ein schlechtes Gewissen habe. Dass er fremdgeht, merken Sie deshalb entweder, weil er es freiwillig beichtet. Oder weil er sich wie ein Trottel verhält. Nur Trottel riechen nach fremden Parfums, haben auf dem Handy entlarvende SMS und auf dem Jackett als allerletzten Beweis lange blonde Haare.

Apropos sein Handy, das kann Ihnen eventuell doch weiterhelfen: Wenn die Speicher für angenommene Anrufe, abgehende Gespräche und SMS-Ein- und Ausgang, ferner der Mail-Papierkorb in seinem Computer plötzlich regelmäßig gelöscht werden, obwohl er das sonst nie oder allenfalls sporadisch macht, haben Sie einen echten Verdachtsmoment. Mehr allerdings nicht.

Und noch etwas. Wo kann ein Mann etwas verstecken, was Sie nicht entdecken sollen? Viele Möglichkeiten hat er nicht. Sie gehen an seinen Kleiderschrank, an seine Jacken, Sie fahren sein Auto, Sie benutzen dieselbe Garage. In Frage kommt also nur ein Plätzchen, wo Sie niemals nachgucken. Wenn er jetzt, sagen wir mal, ein Foto von der anderen Frau hat und möchte das irgendwo verstecken, oder einen kleinen Liebesbrief, dann schauen Sie mal dort nach, wo Sie niemals nachschauen. Und wenn's der Karton mit den eingepackten Loks seiner Märklin-Bahn im Keller ist.

Natürlich lohnt sich auch das gelegentliche Filzen seines Büro-Schreibtisches, falls Sie da unauffällig rankommen. Ein guter Freund verkehrte mit seiner Geliebten per Kassette, beide hatten das gleiche Mini-Diktiergerät, und die Kassette mit ihren Liebesschwüren lag in seinem Büro-Schreibtisch. Da war sie sicher. Bis sich der Mann eines Tages ans Herz griff und ebenso plötzlich wie unerwartet das Zeitliche segnete. Woraufhin die Firma irgendwann pietätvoll an die Witwe herantrat: Ob sie vielleicht bei Gelegenheit die privaten Hinterlassenschaften des lieben Verstorbenen aus der Firma abholen wolle…

Da war dann eben auch diese Kassette, und da war dieses kleine Diktiergerät, und trotz ihrer Trauer (25 Jahre glückliche Ehe!!) fühlte sich die Witwe doch schon stark genug, noch einmal seine geliebte Stimme zu hören. Was mochte er da nur diktiert haben? Eingelegt, eingeschaltet, blass geworden. Das war nicht der Gatte. Das war eine Fremde. »Mein Geliebter! Zehn Jahre bin ich nun schon deine heimliche Frau! Zehn Jahre versprichst du mir, dass du dich endlich scheiden lässt! Wie lange willst du damit noch warten?« Dieser missliche Vorfall hat… Sagen wir's mal so: Er hat die Trauer der Gattin über den unersetzlichen Verlust ein wenig reduzieren können.

Männer, die fremdgehen, sind wie Eichhörnchen. Ist der Herbst gekommen, legen die kleinen langschwänzigen Nager überall im Garten Depots mit Nüssen an und hoffen, dass sie deren genaue Lage bis zum Winter nicht vergessen haben. Der fremdgehende Mann hat mit Sicherheit auch solche Depots im Herbst der Beziehung. Es gibt sogar Männer, die führen ganz niedlich und romantisch Tagebuch über ihre Seitensprünge. Andere sind so blöd, ihre Geliebte ständig mit dem Handy zu knipsen – als wären Frauen zu blöd, den Fotospeicher zu filzen. Ich sehe das Foto nicht mehr, also ist es nicht mehr da: Wir kennen technisch hochbegabte Männer, die tatsächlich so ticken, und wenn man sie fragt, sag mal, spinnst du, mach das Foto weg, völlig konsterniert sind: Echt? Meinst du, da kommt sie drauf? Es gibt auch Männer, die jedes heimliche Date in ihren Terminkalender schreiben und sich unheimlich schlau fühlen, wenn sie statt »Katja, 20 Uhr« nur »K., 20 Uhr« schreiben. Hihi, superintelligent. Wohlgemerkt, das sind keine Schwachköpfe. Sie sind nur einfach gewohnt, jeden Termin in den Kalender zu schreiben; der Mann liebt seine Ordnung.

19. Warum ruft er nie zurück?

Die einfachste Antwort ist natürlich, dass er kein Interesse an Ihnen hat. Eine zweite könnte sein, dass er anderes im Kopf hat als Frauen. Eine dritte ist: Er will Sie zappeln lassen. Eine vierte: Er braucht Abstand. Die Frage allerdings ist verräterisch.

Wenn ER SIE nicht zurückruft, dann haben SIE IHN doch vorher angerufen, richtig? Und zwar mehrmals? Aus Sehnsucht, oder um ihn zu kontrollieren? Das sollten Sie schleunigst lassen. Männer mögen das Gleichgewicht der Kräfte. Wenn Sie öfter anrufen als er, kommt die aufkeimende Beziehung ins Ungleichgewicht, noch bevor sie richtig gefestigt ist. Also: Hände weg vom Telefon. Und zwar sofort.

20. Warum akzeptiert er meinen platonischen Freund nicht?

Erzählen Sie doch nichts. Platonische Freunde gibt es gar nicht. Jedenfalls kann sich das kein Mann im Ernst vorstellen. Ihr angeblicher platonischer Freund lauert doch nur darauf, dass Sie Liebeskummer haben, um Sie dann blitzschnell unter Ausnutzung Ihrer Trauer ins Bett zu kriegen. So denkt ER jedenfalls. Das Argument, Ihr platonischer Freund lebe doch selbst in einer glücklichen dauerhaften Beziehung, sticht nicht.

Ha! So ist das also! Er will meine Freundin als Geliebte! Glückliche dauerhafte Beziehung, dass ich nicht lache. Diese Beziehung hält bestimmt nicht mehr lange, und dann geht er auf Sie los. Aber selbst, wenn Sie ihn davon überzeugen können, dass diese Freundschaft wirklich platonisch ist (zum Beispiel weil Ihr platonischer Freund derart stockschwul ist, dass es sich nun wirklich nicht verheimlichen lässt), wird er nicht akzeptiert. Warum? Weil Sie mit diesem platonischen Freund wahrscheinlich all das besprechen, was Sie auch mit Ihren Freundinnen besprechen würden, und das kann Ihr Partner nun wirklich nicht akzeptieren.

21. Kann er eine platonische Freundschaft zu einer Frau aufbauen?

Nein. Einer von den beiden will bestimmt mehr vom anderen. Das muss nicht er sein; vielleicht ist sie ja tatsächlich gar nicht sein Typ, aber er kann sich eben wunderbar mit ihr über alles Mögliche unterhalten. Aber dann ist er bestimmt ihr Typ. Grundsätzlich sollten Sie seinen Beteuerungen, das sei doch wirklich nur eine platonische Freundin, zutiefst misstrauen. Es widerspräche jeder Lebenserfahrung, ergibt keinen Sinn und ist nicht logisch: Ein Mann trennt nicht zwischen Freundschaft und Sex. Andererseits hat diese angebliche platonische Freundin ganz sicher einige Fähigkeiten, die Sie nicht haben, und die setzt sie garantiert zielgenau ein.

22. Warum darf ich mich nicht mit meinem Ex treffen?

Natürlich ist das ein Zeichen von Schwäche und mangelndem Selbstwertgefühl. Aber man muss den armen Kerl doch verstehen. Ihr Ex ist nicht schwul, Rückfälle soll es ja immer mal wieder geben, der kennt Sie möglicherweise besser als Ihr Partner Sie kennt, der weiß schon genau, wie man Sie rumkriegt, der soll ja auch sonst so einige Qualitäten gehabt haben, der ist wahrscheinlich absolut gewissenlos, der lacht heimlich über ihn, der will Sie ja doch nur zurück, der bestärkt Sie listig in Ihren latenten Trennungsvisionen, und der hat natürlich kein Interesse daran, Ihre derzeitige Partnerschaft argumentativ zu stärken. Nein, der Ex ist grundsätzlich ein fieser Hund, von dem Sie gefälligst die Finger zu lassen haben.

Aus Männersicht. Das muss ja alles nicht stimmen.

23. Soll ich ihn fremd-flirten lassen?

Die Frage ist nicht richtig gestellt. Wir kommen gleich drauf zurück. Zunächst mal: Ein Mann, mit dem Sie liiert sind und der in Ihrer Gegenwart mit einer anderen flirtet, hat vor Ihnen keine Achtung. Er weiß übrigens genau, dass er sich danebenbenimmt. Aber er wird es nicht zugeben und stattdessen versuchen, Sie ruhig zu stellen. Er wird Ihnen vorhalten, dass Sie grundlos eifersüchtig sind. Er wird Ihnen sagen, dass er doch nur Sie liebt. Und dass Sie sich nicht so anstellen sollen. Und dass er doch nur ein paar harmlose Komplimente verteilt hat.

Machen Sie ihm unmissverständlich klar, dass Sie etwas dagegen haben. Aus, Ende. Wenn Sie jedoch zu den Frauen gehören, die ihre Männer nicht mal mit anderen Frauen reden lassen, ohne auszuticken, dann hat nicht Ihr Partner ein Problem, sondern Sie. Aber besser wäre die Frage so gestellt: WARUM flirtet er in Ihrer Gegenwart? Haben Sie darüber mal nachgedacht? Vermutlich nicht, denn die Antwort wäre niederschmetternd: Wahrscheinlich ist Ihre Beziehung längst im Koma; Sie wissen es nur noch nicht. Da ist für ihn kein Prickeln mehr. Kein Herzklopfen. Keine Spannung. Wenn er nun mit anderen Frauen flirtet und weiß, dass Sie das mitkriegen, dann zeigt er Ihnen: Schau mal, ich bin doch noch ein interessanter Mann. Auch wenn du das längst vergessen hast. Du zeigst mir jedenfalls nie, dass ich interessant für dich bin. Denn Flirten heißt ja immer auch: »Mit mir wird geflirtet.«

Das bringt ihn in Stimmung, das baut ihn auf. Plötzlich kann er geistreich sein und lustig, der alte Muffelkopf – stimmt's? Zu Hause ist die Fernbedienung sein bestes Stück, aber hier übertrifft er sich selbst, zeigt Geist und Charme, die Augen blitzen, und Sie erkennen ihn kaum wieder. DAS ist Ihr Puschen-und-Feinripp-Typ vom Sofa? Schau mal eine an. Was der noch alles drauf hat, wenn ihn ein fremder Rock bezirzt. Und damit wären wir wieder bei Ihnen: Zeigen Sie ihm denn wirklich deutlich genug, dass er in Ihren Augen ein hochinteressanter, begehrenswerter Mann ist?

24. Muss ich für ihn hungern?

Blöde Frage, natürlich. Oder? Na ja, ganz so einfach ist die Antwort dann doch wieder nicht. Es gibt nämlich erheblich mehr Männer, die auf Pfunde stehen, als Schlankheitswahn-Fanatiker. Das jedenfalls behaupten exakt 86 % der Männer, die Christine Neubauers Figur so in etwa für ideal halten[16]. Nur 14 % (!) halten Kate Moss für attraktiv.

16 Umfrage der »REVUE«

Das Umfrageergebnis scheint tatsächlich die herrschende Männermeinung wiederzugeben, also beim Antworten stand nicht etwa die übergewichtige Ehefrau mit dem Nudelholz in der Hand hinter ihrem Gatten. Nein – hört man sich unter Männern um, sagen sie tatsächlich über ihre Frauen: »So wie sie ist, finde ich sie okay, und anders möchte ich sie gar nicht.« Oder sie sagen gar nichts und machen ein Gesicht, als hätten sie sich mit diesem Thema überhaupt noch nicht auseinander gesetzt.

Fraglich ist allerdings, ob die Umfrage tatsächlich das Schönheitsideal des Mannes wiedergibt, oder ob er nicht vielmehr grundsätzlich immer den Status quo seiner Beziehung in jeder Hinsicht erhalten möchte, weil er faul ist und viel zu bequem, um über mögliche Veränderungen auch nur nachzudenken. Hinzu kommt, dass Männer keinen Stress wollen. Eine Frau, die attraktiv wie ein Model ist, könnte durchaus Stress verursachen. Andere Männer pfeifen ihr hinterher, sie könnte auf dumme Gedanken kommen usw. Man müsste viel mehr auf sie aufpassen. Doch, ehrlich: Männer denken so! Und vor allem: Sie sind unglaublich träge. Hat SIE ein paar Pfunde zuviel, wird sie MEINE nicht kritisieren können, das ist auch ein Argument, das man ziemlich häufig hört. Frauen denken bei diesem Thema auch so wie Männer. Nur 23 % finden sehr schlank hübsch. Interessanter Widerspruch: Annähernd 100 % aller Frauen über 13 Jahre wollen dringend ein paar Kilo abnehmen. Warum denn eigentlich, wenn dick so schick und mollig so drollig ist?

Wenn Männer lieben, ist es ihnen sowieso egal. In einer richtig harmonischen Beziehung spielt es für sie überhaupt keine Rolle, ob die Waage schon zu ächzen beginnt, wenn ihre Liebste auch nur das Badezimmer betritt. Oftmals ist es ja so: Man verliebte sich in jungen Jahren, als beide noch gertenschlank und echte Hingucker waren. Man machte schlechte Zeiten durch und gute, man futterte gemeinsam Schweinsbraten mit Knödeln (übrigens das Wohlfühl-Geheimnis von Christine Neubauer), und jeder Wulst auf den einstmals so schmalen Hüften erzählt eine Geschichte, an die man sich gern erinnert. Man wird nicht nur gemeinsam älter, man wird auch gemeinsam dicker. Man gehört zusammen und passt auch irgendwie zusammen.

Speckfalten und Hängebauch haben nun symbolischen Charakter, denn sie sind ein Synonym für beziehungsfördernde Weisheiten wie

»Ich lass dich so, wie du bist und umgekehrt« oder »Kleine Schwächen sehe ich dir nach und du siehst mir dafür meine großen nach«. Letztendlich kommt noch hinzu, dass Männer gern in Ruhe gelassen werden wollen. Würde ihre Partnerin nun dringend 10 Kilo abspecken wollen, so wäre es unter Umständen mit der Ruhe vorbei: Sie müssten auf ihr Lieblingsessen verzichten, joggen oder Nordic Walking gehen, eventuell sogar ins Fitnessstudio mitlatschen und am Ende noch aufs Bier verzichten. Nein – da fangen sie doch lieber gar nicht erst an, das Wohlfühl-Gewicht ihrer Liebsten zu kritisieren.

25. Wie kann ich ihn halten, wenn ich nicht mehr so attraktiv bin?

Sie können einen Mann überhaupt nicht halten. Sie können ihm nur das Gefühl geben, dass es nirgendwo besser ist als bei Ihnen. Wie ist das bei Ihnen in der Firma? Wie können Sie Ihren Arbeitsplatz behalten, wenn Sie nicht mehr zu den jüngsten Kolleginnen gehören? Da fällt Ihnen die Antwort leicht: Die Kollegen schätzen Sie. Für den Laden sind Sie unentbehrlich. Sie sind ein Segen für die Firma. Sie sorgen dafür, dass die Bosse das erfahren. Ohne Sie läuft nichts. Und »wenn ich Sie nicht hätte« ist der Standard-Seufzer Ihres Chefs.

Sehen Sie: Genauso läuft es in Ihrer Beziehung. Er muss Sie außerordentlich schätzen. Sie müssen für ihn unentbehrlich sein. Sie müssen ein Segen für ihn sein. Sie müssen dafür sorgen, dass ihm das klar ist. Ohne Sie darf bei ihm nichts laufen. Er braucht tatsächlich das Gefühl »Wenn ich sie nicht hätte ...«.

In Ihren Arbeitsplatz investieren Sie viel. Sie ziehen sich zum Beispiel was Nettes an, wenn Sie hingehen. Nie würden Sie mit Lockenwicklern und Schlabberlook in der Firma erscheinen. Sie sind pünktlich und zuverlässig und zeigen damit, dass Sie den Laden ernst nehmen. Sie überlegen sich ständig, wie Sie die Abläufe besser gestalten könnten. Vermutlich investieren Sie eine Menge kreative Energie.

Es gibt viele Männer, die ihrer Frau ein Leben lang treu bleiben. Auch, wenn in der Beziehung nicht mehr so viel läuft wie früher, wenn die Kinder längst aus dem Haus sind und statt ihrer die Langeweile mit am Frühstückstisch sitzt. Das sind Beziehungen, in denen aus Liebe Freundschaft geworden ist. Und wenn das passiert – dann haben Sie einen echten Glücksgriff getan.

Die Wissenschaft ist dem Thema übrigens hart auf den Fersen, und es gibt neue Erkenntnisse. Sicher scheint neuerdings zu sein: Es gibt ein Treue-Hormon namens Vasopressin. Es macht Männer kuschelig, anhänglich und treu. Wenn es nun gelingt, das Vorderhirn eines Mannes so zu präparieren, dass dieses Hormon besser aufgenommen wird, also besser anschlägt, dann werden Sie einen treuen Schmusetyp zu Hause haben. Leider funktionierte das Experiment mit Vasopressin bisher nur bei Mäusen und Affen. Aber man muss ja die Hoffnung nicht aufgeben.[17] Übrigens machen Sie sich Ihre Sorgen offensichtlich ganz umsonst. Hören wir einen Experten: »Waren es in der Vergangenheit vor allem die weiblichen Sexualpartner, die mit zunehmendem Lebensalter Abstand von der körperlichen Liebe nahmen, wird sich dieses Missverhältnis in Zukunft umkehren. Frauen haben viel weniger als Männer mit einer körperlichen Dysfunktionalität[18] beim Sex zu kämpfen. Gleichzeitig legen sie enorm an Selbstbewusstsein und Selbstbestimmtheit zu. So werden es in Zukunft die Männer sein, die für die Probleme beim Sex im Alter verantwortlich sind…«[19]

»Alter minus 15« heißt die neue Formel. Sie bedeutet: Wenn Ihr Partner mit anderen Männern mithalten will, sollte er sich mit 50 fühlen wie ein 35-Jähriger, entsprechend viel für seine Fitness tun und entsprechend freudig im Bett sein. Das neue Lebensgefühl der reiferen Frau heißt »Silver Sex« – und nicht nur an Udo Jürgens ist da irgendetwas gründlich vorbeigegangen.[20]

26. Wann macht er mir Komplimente, und was steckt dahinter?

Nicht gleich so misstrauisch sein! Vielleicht hat er gerade mal eine kuschelige Phase oder einen Anflug von Sentimentalität? Das geht vorbei. Die naheliegendste Möglichkeit ist tatsächlich, dass er Sie gerade ganz besonders lieb hat. Eine weitere Möglichkeit ist natürlich, dass

17 Über das neu entdeckte Hormon berichtete die »WamS« im Oktober 2004.
18 Fehlfunktion
19 Prof. Peter Wippermann, Gründer des Hamburger »Trendbüros«
20 »Ab 40 ist bei Frauen Schluss mit Sex«, Diskussionsthema im Frühling 2005

er ein schlechtes Gewissen hat. Und die dritte Möglichkeit ist, dass er etwas von Ihnen will. Oftmals ist es eine Kombination von diesen Möglichkeiten. Ein Mann wird Ihnen ungern sagen: »Schatz, trag bitte keine so kurzen Röcke mehr, denn leider hast du dafür seit einigen Jahren einen viel zu dicken Arsch.« Er fürchtet das Echo, darum sagt er's nicht. Ziehen Sie nun aber etwas an, das Ihnen in seinen Augen viel besser steht, wird er Ihnen listig ein Kompliment machen – in der Hoffnung, dass Sie's schon begreifen werden.

Es gibt mehr Männer mit Artikulations- als mit Erektionsproblemen, das sollten Sie nie vergessen. Männer schweigen nicht aus Desinteresse. Sondern weil sie reden hassen. Frauen sind da ganz anders. Wie oft haben Sie ihm schon gesagt: Die Krawatte steht dir nicht. Schmeiß die olle Jacke weg. Du bist schlecht rasiert. Du riechst nach Knoblauch. Du schnarchst. Und was für Liebenswürdigkeiten aus weiblichem Munde es noch so gibt. Sagen Sie mal: Finden Sie das eigentlich in Ordnung?[21]

Die meisten Männer kämpfen ja gar nicht mehr um die Qualität ihrer Beziehung, sondern sie haben derartige sinnlose Bemühungen längst aufgegeben und ziehen sich lieber in irgendwelche frauenbefreite Reservate zurück (Kneipe, Bastelkeller, TV-Konsum usw.). Würden sie sich die Mühe trotzdem machen, so kämen sie zu einer traurigen Bilanz. Man könnte zum Beispiel eine Strichliste machen mit fiesen, verletzenden Bemerkungen einer Frau in Richtung Mann und eine zweite Strichliste mit lieben, netten Komplimenten einer Frau. Da wäre die erste Liste ziemlich schnell vollgestrichelt, und die andere bliebe ziemlich leer. Würde sich ihr Chef in der Firma so verhalten, hätten die meisten Männer schon entnervt gekündigt. Machen Sie als Frau doch mal so eine Strichliste: Wie oft haben Sie an Ihrem Mann was auszusetzen, und wie oft sagen Sie ihm was Nettes?

---

21 *Marianne Rosenberg in einem Interview: »Jede Frau, die ihren Standpunkt behauptet (...), ist eine Zicke und eine Diva. Wenn das so ist, bin ich gern eine Diva.« Okay, aber geht's denn nicht ein bisschen netter...?*

27. Warum ist er zu anderen Frauen netter als zu mir?

Weil die nichts von alledem tun, was Sie gerade gelesen haben. Wäre ein Grund. Ein zweiter: Männer wollen sich ständig beweisen. Sie testen mit allem, was sie tun, ihren Marktwert. Sie gehen nicht angeln, weil sie Appetit auf Fisch haben, sondern weil sie mit ihrem Fang angeben können. Wenn seine Nettigkeiten bei einer anderen Frau offensichtlich auf liebenswürdiges Interesse stoßen, dann weiß er: Aha, ich bin noch wer. Es ist für ihn ganz etwas anderes, wenn Sie liebenswürdiges Interesse an seinen Nettigkeiten zeigen. Von Ihnen erwartet er es. Sie sind ein Fisch, der schon geangelt ist.

Widersprüchlich? Ja, denn der Mann, wenn auch schlicht und eher simpel, besteht aus vielen Facetten. Man kann eine Plastiktüte ja schließlich auch von beiden Seiten unterschiedlich bedrucken. Er sehnt sich nach Ihren lieben Worten, ist aber zu anderen Frauen netter als zu Ihnen. Er möchte eine Frau, der er treu sein kann, aber er schaut jedem Rock hinterher. Er kann sich vorstellen, fremdzugehen, aber er würde Ihnen nie das gleiche Recht einräumen. Er schwankt zwischen Pascha und Pantoffeln, ist mal Macho und mal Marionette. So ist der Mann.

28. Ist er stolz oder sauer, wenn sich andere für mich interessieren?

Stolz. Und sauer, wenn Sie falsch darauf reagieren. Stellen Sie sich vor, Sie beide sitzen in einer Bar, er (nennen wir ihn Michael) geht mal kurz auf die Toilette, und in dem Moment macht sich jemand an Sie heran. Sagt, dass er Andreas heißt und dass Sie wunderschöne Augen haben. Oder irgend so was. Michael kommt von der Toilette zurück und erfasst die kritische Situation mit einem Blick. Innerlich knurrt er wie ein Polizeihund kurz vorm Zugriff. Äußerlich lächelt er souverän. Wenn Sie jetzt sagen: »Das ist Michael, das ist Andreas« und sich mit Letzterem weiter unterhalten, haben Sie verloren. Wenn Sie aber sagen, »Das ist Andreas, das ist Michael – mein Mann«, Letzteren stolz und liebevoll in den Arm nehmen und Andreas den Rücken zukehren, haben Sie einen dicken, fetten Treffer gelandet. So mag er das.

Er ist in einer schwierigen Lage. Entweder hat er eine Frau an seiner Seite, der kein Idiot jemals hinterherschauen würde. Dann wäre er ein Loser. Oder er hat eine echte Perle an seiner Seite, die jeder gern hätte. Dann kämpft er mit harter Konkurrenz. Das ist zwar ehrenvoll, aber nervig. Was soll er machen, sich mit jedem Trottel wegen Ihnen prügeln? Tatsächlich müssen SIE das für ihn regeln. Wenn Sie Wert auf die Beziehung legen, müssen Sie jedem fremden Kerl eindeutig signalisieren: Äußerst nett, dass du dich für mich interessierst, aber ich bin schon vergeben. Ihr Mann muss ganz sicher sein, dass Sie diese Balance stets zu halten wissen. Dann ist er stolz. Verlassen Sie diese Balance und kokettieren mit Ihrer Wirkung auf andere Männer, dann wünscht er sich schon bald, er hätte nie was mit Ihnen angefangen, und beneidet seinen Kumpel, der ein hässliches Entlein an seiner Seite hat. Denn der hat wenigstens keinen Stress.

Apropos Entlein. Jedes Jahr im Frühling haben die Erpel ein Riesenproblem. Es gibt nämlich mindestens drei Erpel, die es auf ihre Ente abgesehen haben. Dreiviertel ihrer Energie geben verliebte Erpel deshalb dafür aus, die anderen Erpel zu vertreiben. Sie kommen in diesen Wochen kaum zum Fressen und zum Relaxen, so nervig ist das. Ständig müssen sie ihr Revier abgrenzen und irgendeinen Kerl wegbeißen. Gelingt das nicht, geben sie der Ente ein Signal, und beide fliegen ein paar hundert Meter weit weg – in der Hoffnung, dass die anderen Erpel keine Lust zum Hinterherfliegen haben. Was sich meistens als Irrtum herausstellt, der Schauplatz der Balzerei verlagert sich nur.

Man kann nun beim Zugucken feststellen, dass es zwei Sorten von Enten gibt: Die einen wissen, wen sie wollen – und die anderen sind sich noch nicht so sicher. Die einen schwimmen immer so durch den Teich, dass ihr Kerl zwischen ihnen und dem begehrlichen Nebenbuhler schwimmt. Die machen es ihrem Partner leicht. Die anderen brechen ständig aus und schleimen sich bei dem anderen ein. Die machen es ihrem Partner schwer. Am Ende ist er total geschafft und wahrscheinlich zu schlapp, um noch anständige Eier zu zeugen. Machen Sie es genauso wie die entschiedenen Enten, dann ist Ihr Partner stolz auf Sie – und auf die Tatsache, dass es noch andere Erpel in Ihrem Umfeld gibt, ist er dann auch ziemlich stolz.

Bei Ente und Erpel geht es übrigens so weit, dass der eine Erpel am Ende mit seiner Ente Sex macht, und der andere Erpel schwimmt immer noch wie blöd hinterher, ziemlich indiskret im Abstand von einigen Metern. Also der dreht nicht schamvoll ab oder so, sondern schwimmt stur hinterher und quakt auch noch beleidigt vor sich hin. Da kann man doch mal wieder sehen, dass es noch idiotischere Männer gibt als die auf zwei Beinen an Land.

29. Welche weiblichen Flirtversuche vergraulen ihn?

Im Prinzip keine. Das läuft bei Männern ganz anders ab als bei Frauen. Während Sie wahrscheinlich sofort zehn ausgesprochen dämliche männliche Anmachsprüche im Kopf haben und auf keinen einzigen davon reagieren würden, kann der Flirtversuch einer Frau gar nicht dämlich genug sein. Der Mann ist nämlich garantiert noch dämlicher als der Spruch.

»Der ist aber süß! Wächst der noch?« ist natürlich eine platte Anmache aus der Standardkiste, aber bei Männern wirkt sie garantiert.[22] Man kommt gut ins Gespräch, und genau das fällt Männern doch so tierisch schwer.

Das Problem ist nicht, dass ein Mann Ihre Anmache für zu plump halten könnte. Sondern das Problem ist, dass er vermutlich gar nicht kapiert, was Sie eigentlich von ihm wollen. Männer sind nicht darauf vorbereitet, angeflirtet zu werden. Und darum können Sie einen Kerl gar nicht platt genug anflirten.

Wie gesagt: Im Prinzip. Aber... Männer sind längst zu scheuen Fluchttieren mutiert, deren große Klappe in seltsamem Widerspruch zu ihrer Schüchternheit steht. Sie sollten sich deshalb davor hüten, einem Mann gleich ganz deutlich zu sagen, dass Sie noch heute Nacht mit ihm ins Bett möchten und notfalls auch nichts gegen einen Quickie auf der Toilette einzuwenden haben. Er würde sich nämlich derart erschrecken, dass garantiert aus beidem nichts wird.

Wie kann das sein? Die größten Anmacher aller Zeiten ziehen den Schwanz ein, wenn man sie unverhofft zu Spontansex auffordert? Es ist so. Und es ist auch gar kein Wunder. Statt den Mann einfach so zu lassen, wie er ist, haben Frauen auf der Suche nach einer neuen, bes-

---

22 *Die Frage bezieht sich auf den Hund des Mannes. Nicht, was Sie jetzt dachten.*

seren und partnerschaftlicheren Welt jahrzehntelang an ihm herumgedoktert und ihm nachhaltig sein Machogehabe ausgetrieben. Gleichzeitig haben sie eine männliche Domäne nach der anderen erobert, von der Mode über die Rollenverteilung im Haushalt bis hin zum Job. Theoretisch betrachtet war das sicher keine schlechte Idee. Aber sie hatte ungeahnte Folgen, denn sie hinterließ beim Mann ein ratloses Vakuum. Er weiß seitdem nicht mehr, wie er sich verhalten soll. Sensibel? Ritterlich? Einfühlsam? Oder doch wieder machomäßig?

Der Mann hat deshalb Angst vor der Frau. Er fürchtet sich ständig davor, irgendetwas falsch zu machen. Er verkrampft sich. Und beim leisesten Gefühl von Unsicherheit zieht er sich ins schützende Dickicht zurück. Er ist, wie gesagt, ein »Fluchttier« geworden, das man keinesfalls erschrecken darf. Woher soll er denn wissen, was ihn erwartet? Vielleicht sind Sie ja eine heimtückische Männerhasserin, die durchaus nicht »nur spielen« will, sondern auf der hastig und erregt aufgesuchten Toilette ein Messer zieht und ihm sein bestes Stück absäbelt! Nur so, um der Sache der Frau einen Dienst zu erweisen und um ihm eine Lehre zu erteilen: Gehe nie wieder mit einer Frau zum Spontansex aufs Klo, du alter Macho. Aber das mit der Wiederholungsgefahr hätte sich ja sowieso erledigt, wenn das Messer scharf genug ist.

Abzuraten ist auch davon, dem Typen ungebeten die eigene Handynummer zu geben. Männer können selbst dabei erschrecken. Sie fühlen sich in Zugzwang gesetzt und beinahe schon vergewaltigt. Jetzt ist es ja an ihnen, von der Handynummer Gebrauch zu machen. Aber leider kennen sie viele, viele ähnliche Situationen, in denen sie guten Mutes genau das getan haben und (weil die Dame ihres Herzens inzwischen wieder nüchtern war) eiskalt abgeblitzt sind.

30. Warum behält er beim Sex so gern die Socken an?

Natürlich geht das überhaupt nicht, und wenn Sie dreimal selber Hand anlegen und ihm die Strümpfchen abstreifen, wird er's wahrscheinlich beim vierten Mal selber machen. Aber die Frage ist ja nicht, OB dieser Fauxpas akzeptabel ist, sondern WARUM er das macht. Nun – an und für sich würde er beim Sex am liebsten gar nichts ausziehen außer dem, was er zum Sex halt freilegen muss. Der gute alte Quickie ist immer noch des Mannes liebstes Ding, darum gehen ja auch so viele ins Bordell. Keine Debatte, kein Rumgeschmuse, keine Socken aus, rein und raus und tschüs: Diese unromantische, gefühlsarme und nur auf den eigenen Orgasmus ausgerichtete Sexualpraktik ist absolut Männersache.

Trennen Sie sich grundsätzlich von dem Irrglauben, dass Sex für Männer auch nur im Entferntesten etwas mit Gefühlen zu tun hat. Es ist nicht wahr, außer am Anfang einer Beziehung. Danach wollen sie nur noch eins: den Orgasmus erleben und schlafen. Eine weitere, bei den Recherchen zu diesem Buch von vielen Frauen gestellte Frage muss deshalb hier gar nicht mehr weiter erörtert werden. Sie heißt, warum er sich nach dem Sex immer so schnell umdreht und einschläft. Natürlich kennen Sie die unterschiedlichen Kurven von Mann und Frau: SIE will halt nach dem Sex noch eine ganze Weile kuscheln, und bei IHM erlischt das körperliche Interesse nach dem Höhepunkt erst einmal für eine ganze Weile, sackt sozusagen ab wie die Steigernordwand und flammt dann vielleicht noch mal für ein zweites oder drittes Mal auf, je nachdem, ob er morgen früh Schicht hat oder nicht. Das also ist hinlänglich bekannt.

Die Wahrheit ist aber noch viel niederschmetternder: ER hat nach dem Sex absolut keine Lust mehr, zu reden, zu schmusen, zu knutschen oder sonst was zu machen. Vielleicht raucht er noch eine, aber das darf man als Mann heutzutage im Bett ja meistens auch nicht mehr. ER möchte nach dem Sex mit sich alleine sein, seinen Gedanken nachhängen, schon mal die Augen zumachen und die soeben erlebte Gemeinsamkeit erst einmal wieder beenden.

Darum dreht er sich um und schläft ein. Er dreht sich ja im wahrsten Sinne des Wortes von Ihnen weg. Wissen Sie was? Lassen Sie ihn einfach. Er ist ein Mann, und Männer sind so.

31. Wann wird er mich garantiert verlassen?

Wenn Sie seine Liebe zu selbstverständlich hinnehmen. Wenn er sich mit anderen Frauen besser unterhalten kann als mit Ihnen. Wenn Sie sich gehen lassen. Wenn Sie langfristig keine Lust mehr auf Sex haben. Wenn Sie ihn so bevormunden, dass er es merkt. Wenn Sie ihn in Gegenwart von anderen lächerlich machen. Wenn Sie ständig über sein

Hobby maulen. Wenn Sie seine Kumpels nicht mögen. Wenn Sie nicht mit Geld umgehen können. Wenn Sie Ihren Seitensprung beichten. Wenn Sie sich nicht mehr für ihn schick machen. Und wenn er eine echte Alternative zu Ihnen hat. Achten Sie immer darauf, dass die Geheimformel *RELAX* nicht zu kurz kommt. *RELAX* steht für das, was Männer gern mit Frauen machen: *RE*den, *LA*chen und Se*X*. Halten Sie sich daran, verlässt er Sie vielleicht nie.

Grundsätzlich hat kein Mann Bock darauf, seine Partnerin zu verlassen. Trennung bedeutet Stress und Debatte, abends alleine sein, keinen warmen Essensgeruch aus der Küche wittern, wieder mal auf der Piste unterwegs sein müssen, wenn vorhanden, auch noch Kinderverlust, selber abwaschen müssen, womöglich auch noch Sexentzugserscheinungen, niemals frische Blumen in der Vase, zu viel saufen, Unterhalt zahlen, nicht wissen, wohin im Urlaub, also alles ist blöd ohne Frau. Sonst würde er ja nach der Trennung nicht sofort wieder versuchen, sich eine Neue zu angeln, aber genau das wird er tun.

32. Darf ich ihn nach dem ersten Kennenlernen anrufen?

Nein. Obwohl ja eigentlich nichts dagegen spricht, dass Sie die Initiative übernehmen. Männer wollen erobern. Nicht erobert werden. Wenn Sie sich als Erste melden, denkt er: Dieser Bonbon ist schon gelutscht. Die will mich. Und schon sind Sie für ihn ein kleines bisschen uninteressant. Ebenso falsch ist es jedoch, wenn Sie ihm Ihre Telefonnummer geben. Das würde bei ihm nämlich genau dieselbe Reaktion auslösen. Nun fragen Sie natürlich völlig zu Recht, wie es denn dann funktionieren soll: Sie dürfen ihn nicht anrufen, und Ihre Nummer dürfen Sie ihm auch nicht geben?

In der Tat ist das ein Problem. Der Königsweg ist, dass Sie sich »zufällig« wiedertreffen. Vielleicht kann ein gemeinsamer Bekannter das geschickt einfädeln? Oder Sie wissen, wo er abends oft anzutreffen ist, bzw. er weiß, wo Sie sich herumtreiben? Oder Sie erwähnen nebenbei, wo Sie arbeiten? Er wird Sie schon irgendwo auftreiben, wenn er Interesse an einem Wiedersehen hat. Bleiben Sie cool, warten Sie ab. Und tun Sie niemals den ersten Schritt. Das ist altmodisch, das ist ja wohl total von gestern, aber es ist wahr. Wenn sich die psychische Grundstruktur des Mannes in den letzten 3000 Jahren nicht wesentlich verändert hat, warum sollte sie es dann in den letzten 100 Jahren getan haben? Es gelten immer noch die alten Regeln, so wie sie zwischen Oma und Opa galten. Auch wenn das so museumsreif klingt wie der Ruf nach einem deutschen Kaiser. Und um gleich mal ein mögliches Missverständnis auszuräumen: Der Autor dieses Buches beschreibt die lustig-bunte Beziehungswelt zwischen Mann und Frau nicht aus eigener Sicht oder so, wie er sie gerne hätte! Hören Sie also auf, ihn zu beschimpfen. Sondern der Autor malt nur die Wirklichkeit ab, wie sie ist und wie Sie sie auch kennen würden, wenn Sie die Männer kennen würden. Wir sprechen hier ja nicht davon, wie Männer ticken könnten oder wie Männer ticken sollten. Sondern davon, wie Männer ticken.

33. Woran merke ich, dass er an mir interessiert ist?

Ganz einfach: Er wird versuchen, Sie wiederzusehen. Aber woran merken Sie, ob er WIRKLICH an Ihnen interessiert ist? Dass er also nicht nur mit Ihnen ins Bett will? Auch das ist so einfach zu durchschauen wie eine Männerseele: Wenn er ernsthaft was von Ihnen will, wird er nicht gleich mit Ihnen ins Bett wollen. Sondern er wird all das tun, was er hasst: Nächtelang mit Ihnen reden, viel kuscheln, Füßchen wärmen usw., wir hatten das Thema ja schon.

Sie sollten deshalb nur dann in der ersten Nacht mit ihm ins Bett gehen, wenn Sie Ihrerseits auf einen One-Night-Stand aus sind. Es wird dann wohl auch dabei bleiben. Wobei ja nichts gegen einen ONS einzuwenden ist. Ein Drama erleben Sie nur dann, wenn Sie mehr Emotion investieren als er und wenn Sie den verdammten Fehler machen, das zu zeigen. Dummerweise mögen 62 % aller Frauen Liebe und Sex nicht voneinander trennen, das erschwert die notwendige Coolness ungemein. Allein an der verhängnisvollen Frage »Bleibst du heute Nacht hier?« sind schon Millionen Beziehungen gescheitert, bevor sie begonnen hatten. Mit solchen Fragen treibt man Männer erst in die Unterhose und dann in die Flucht.

Ein wunderschönes Plädoyer für den ONS ohne schlechtes Gewissen stammt von der Partnerschafts-Autorin Inka Steyn. »Stellen Sie sich vor, Sie haben Heißhunger auf Pommes mit Ketchup. Also begeben Sie sich zu einem Imbiss und bestellen das. Knusprig und dampfend lacht Sie der Inhalt der Pappschale an. Sie wollen gerade mit der Plastikgabel in die erste Fritte stechen, da ertönt eine Stimme, die sagt: Du bist aber leicht zu haben! Sie drehen sich um, da ist keiner. Dann merken Sie's: Die Pommes haben sich beschwert!«

So würden Männer auch reagieren, wenn eine Frau zum ONS bereit ist, meint die Autorin in der Zeitschrift »Allegra« und beklagt: »Alle Welt empört sich plötzlich, uiuiuiui, das darf man aber nicht! Und das nur, weil ich noch nicht eine Anstandsfrist von zwei, drei Wochen Überraschungseier-Schenken und Kaffeetrinken und SMS-Botschaften hin- und herschreiben hinter mich gebracht habe... Pommes bestelle ich ja auch nicht drei Wochen im Voraus und gehe dann jeden Tag am Imbiss vorbei, um ein bisschen mit der Imbiss-Frau zu plauschen, damit das auch wirklich was wird in drei Wochen mit den Pommes und mir...« Ob ein Mann an Ihnen interessiert ist, das sagt Ihnen auch seine Körpersprache. Es ist eigentlich ganz einfach. Und es ist egal, was er sagt: Sein Körper lügt nicht. Wendet er sich Ihnen vollständig zu? Mit dem Oberkörper, im Sitzen auch mit den Beinen? Gehen Sie davon aus, dass er was von Ihnen will. Unterhält er sich quasi »über die Schulter« mit Ihnen? Sorry: Das Ziel seiner Sehnsucht finden Sie in der Richtung, in die sein Körper weist.

Legt er den Kopf schräg, wenn er Sie anschaut? Dann denkt er genau in diesem Moment an Sex. Und zwar mit Ihnen. Er verhält sich ganz genauso wie ein kleiner Kater, der am Bauch gestreichelt werden möchte: Erst legt er das Köpfchen schief und schaut Sie sehnsüchtig an, dann legt er sich hin und streckt alle viere von sich. Letzteres verbietet sich auf Partys in der Regel von selbst, aber er würde schon ganz gern. Und zwar jetzt und hier.

Fährt er sich ständig mit den Händen durch die Haare? Schnipst er imaginäre Staubkörnchen vom Jackett? Klarer Fall von erotisch motivierter Putzhaltung (EMP): Er »putzt« sich für Sie, so wie das Vogelmännchen vorm Begatten auch tun. Eindeutig positives Signal.

Presst er nach einem Satz ganz kurz die Lippen zusammen und stülpt sie leicht nach innen? Dieses buchstäbliche »Sich auf die Zunge (bzw. die Lippen) beißen« ist ein untrügliches Signal dafür, dass er eben nicht ganz die Wahrheit gesagt hat. Männer tun das oft nach Bemerkungen wie: »Ich bin glücklicher Single« oder »In einer Beziehung bin ich absolut treu«.[23] Machen Sie den Gegentest mit einer Zwischenfrage zum Thema! Zeigt er dann das gleiche Symptom, können Sie sogar Gift drauf nehmen. Lässt er beim Sprechen die Schultern nach vorn hängen? Das ist kein Anzeichen für mangelndes Rückgrat, sondern ein Signal für äußerste Sympathie. Er würde Sie jetzt gern in den Arm nehmen, aber die Höflichkeit oder sonst was hindern ihn daran. Nur seine Schultern, die hat er nicht unter Kontrolle. Glückwunsch! Oder rasch auf Abstand gehen, je nachdem. Schaut er mitten im Gespräch plötzlich woanders hin, und das sogar auffallend? Männer tun das immer dann, wenn sie an einer Frau absolut desinteressiert sind. Sie tarnen das aber gern. Zum Beispiel schauen sie angestrengt zur Decke, so als wenn sie ihre nächsten Worte genauestens abwägen möchten. Nee, nee: Die schauen von Ihnen weg. Ein Mann, der sich für Sie interessiert, der sucht den Augenkontakt. Das gilt allerdings mit einer winzigen Einschränkung: Beim Gespräch hin und wieder mal kurz den Raum checken, wer gerade wo mit wem steht, das ist okay. Das tun Sie ja schließlich auch ganz gern.

Verschränkt er die Arme vor der Brust? Diese so genannte »Türsteherhaltung« signalisiert deutliche Distanz, die auch künftig gewahrt bleiben soll. Machen Sie sich keine Hoffnung. Der will nix von Ihnen. Stützt er sich mit ausgebreiteten Armen am Tresen auf oder noch deutlicher: Verschränkt er die Hände hinterm Kopf? Er will Sie beeindrucken und gleichzeitig andere Bewerber auf Distanz halten. Wissenschaftlich nennt man das die »Axilla-Präsentation«, eine im Tierreich weit verbreitete Maßnahme zum Abgrenzen des männlichen Territoriums gegen unerwünschte Eindringlinge. Unter den Armen befinden sich bekanntlich die Schweiß- und Pheromondrüsen. Deren Ausdünstungen (finden Sie eklig? Ist aber so!) sollen Sie willig und anderen Männern Angst machen.

Nun stellen Sie sich mal einen Mann vor, der Oberkörper und Beine direkt auf Sie zielen lässt, dabei den Kopf schräg legt, sich abwechselnd durch die Haare fährt und Staubfussel pflückt, wenn er nicht gerade die Hände hinterm Kopf verschränkt: Wenn der Sie nun auch noch mit großen Augen anstarrt und dazu die Schultern nach vorne hängen

---

23 *Quelle: Experten der Zeitschrift »Allegra« (»Read his lips«)*

lässt, gibt's nur noch eine Frage: »Zu mir oder zu dir?« Wollen Sie das nicht, sollten Sie unbedingt bei Drei auf dem nächsten Baum sein.

Wir wollen das Beispiel mit Erpel und Ente noch ein wenig vertiefen. Derjenige Erpel, der die Sympathie der Ente gewonnen hat oder gerade dabei ist, sie zu gewinnen, der nickt ständig ruckartig mit dem Kopf auf und ab. Und was macht die Ente? Sie macht es ihm nach. Ruckauf, ruckab: So zeigen sie sich und dem anderen Erpel, wer hier zu wem gehört und wer mit wem was anfangen möchte. Sie tun also gut daran, die positiven Körpersignale des Mannes genau zu imitieren, wenn Sie mit ihm mitgehen möchten. Er realisiert das vielleicht nicht bewusst, weil er ein Mann und deshalb blöd ist, aber sein Unterbewusstsein wird es realisieren. So wird dann letztendlich doch noch alles gut.

Schon mal was von Körpersprache gehört? Klar. Die haben Sie mit der Muttermilch eingesogen, denn Ihre Mutter war auch eine Frau. Schade ist nur, dass es keine wirklich neuen Tipps zu diesem Thema gibt. Machen Sie es also getrost so wie Ihre Urgroßmutter, denn der Mann als solcher hat sich in den letzten 100 Jahren, wenn überhaupt, nur unwesentlich weiterentwickelt. Er fällt immer noch auf dieselben kleinen Tricks rein. Schauen Sie woanders hin, wenn er Sie anstarrt. Fahren Sie sich mit den Händen durch die Haare. Lächeln Sie auch ohne Grund. Schlagen Sie die Beine übereinander. Schauen Sie kurz zu ihm hinüber und dann wieder weg. Lassen Sie die Zunge zwischen den Lippen spielen. Usw., usw., usw. Sie kennen das Spiel doch. Das sind immer noch die Signale, auf die Männer abfahren.

Übrigens sollten Sie überlegen, was Sie beim ersten Date anziehen. 80 % aller Männer finden luftige Sommerkleider, die viel Haut zeigen, fürs erste Rendezvous okay. 83 % haben nichts dagegen, wenn Sie bei diesem wichtigen Termin Jeans tragen. Sie sollten aber hauteng sein und einen sexy Po betonen. Netzstrümpfe und »sackartige Kleider« (was immer ER darunter verstehen mag) fallen durch. Interessant: Nur jeder vierte Mann findet High Heels beim ersten Treffen okay.[24] Das ist ja vielleicht komisch: Genau die finden Männer doch an und für sich äußerst sexy! Aber Sie können die High Heels ja dann beim zweiten Date anziehen, sozusagen als Steigerung.

---

24 *Umfrage des Cora Verlages*

34. Darf ich vorm ersten Date sagen, dass ich mit ihm schlafen will?

Im Prinzip können Sie das gerne machen: Abgesagt hat deshalb noch kein Mann. Und wenn, dann können Sie ihn sowieso in die Tonne treten. Aber warum wollen Sie schon vorher alles verraten? Was bringt es Ihnen? Nichts. Wenn Sie zu einem Mann aus heiterem Himmel sagen: »Übrigens, ich möchte eine Affäre mit dir haben«, dann wird er das durchschauen (es sei denn, er hat nichts in der Birne). Er wird es gedanklich ablegen in dem Ordner »Was Frauen so veranstalten, wenn sie besonders cool wirken wollen«. Ändern wird es nichts: Entweder will er was von Ihnen, oder er will nichts von Ihnen. Warten Sie's doch einfach ab.

Natürlich können Sie Ihre Strategie auch um 180 Grad drehen und ihm vor dem ersten Date sagen, dass Sie keinesfalls mit ihm ins Bett wollen, und zwar weder an diesem Abend noch überhaupt. Uiuiui, wie schlau Sie doch sind! Sie werden seinen Kampfgeist wecken, und er wird alles daransetzen, Sie ins Bett zu kriegen! Glauben Sie das? Dann kennen Sie die Männer nicht. Das Gegenteil ist der Fall. ER wird eine schlichte Kosten-Nutzen-Rechnung aufmachen: Taxi, essen gehen, Getränke, noch was in der Bar nebenan, Taxi zu ihr, Taxi zu mir, macht 150 Euro und das für ein bisschen Gequatsche? Nee, da sag ich doch lieber gleich wieder ab, gucke fern und treffe mich vorher auf ein Bierchen mit meinem Kumpel in der Kneipe nebenan. Bringt mir mehr und spart bares Geld. Also klammern Sie das Thema vorm ersten Date einfach grundsätzlich aus.

35. Könnte er sich für ein reines Sex-Verhältnis erwärmen?

Es gibt ja tatsächlich Frauen, die keine Lust auf eine Beziehung haben. Aber auf Sex schon. Also wünschen sie sich eine rein sexuell motivierte Beziehung, was natürlich keine Beziehung in dem Sinne ist, sondern eben nur ein Sex-Verhältnis. Die Antwort heißt: Ja, das kann funktionieren. Kein Mann wird sagen, nö, auf ein reines Sex-Verhältnis habe ich keine Lust. Entweder kriege ich dich ganz oder gar nicht. Ja super, wird der Mann sagen. Dann machen wir entspannten Sex, ich kann danach wieder heim zu Frau und Kind oder zurück in meine Single-

Höhle, ich bin zu nichts verpflichtet, und alles wird gut. Außerdem fällt ja der ganze blöde Beziehungsstress weg, denn wie soll Stress entstehen, wenn man gar keine Beziehung hat?

Die Lebenserfahrung lehrt uns allerdings, dass dieses schöne heitere Modell so in der Regel nicht funktioniert. Das ist ungefähr so wie bei der platonischen Beziehung. Sie funktioniert meistens auch nicht. Und warum? Weil es nur zwei Möglichkeiten gibt: Entweder ist der Mann ein Depp, der außer sexuellen Qualitäten nichts mitbringt. Dann wird Sex mit ihm sehr schnell langweilig. Oder er ist kein Depp, sondern ein richtig guter Typ, der auch noch sexuelle Qualitäten hat. Dann kann man sicher sein, dass die Frau ihre guten Vorsätze binnen weniger Wochen vergisst und spätestens dann Alarm schlägt, wenn der Mann noch weitere Kontakte zu anderen Frauen pflegt, obwohl doch genau das in einem lockeren Deal wie diesem erlaubt sein müsste.

Andersherum gilt das natürlich auch: Mit einem nichtssagenden Dummchen wird der Mann ein paar Mal schlafen und sich dann verziehen. Von einer tollen Frau, die Persönlichkeit und Charisma mitbringt, wird er über kurz oder lang mehr wollen als »immer nur das eine«. Man kann also getrost die Prognose wagen: Das rein sexuell motivierte Verhältnis ohne Beziehungscharakter ist eine nur auf den ersten Blick verlockende Idee, die in der Praxis über kurz oder lang zum Scheitern verurteilt ist.

36. Darf ich beim ersten Sex die Initiative ergreifen?

Auf jeden Fall. Früher war das ausschließlich die Aufgabe des Mannes. ER rückte näher an die Dame seines Herzens ran. ER legte den Arm um sie. ER fing an zu fummeln. ER öffnete den ersten Blusenknopf. Alles war SEIN Job. Das ist zum Glück vorbei, es hat sich sogar umgedreht in den letzten Jahren: Heute weiß ein Mann, dass er bei diesem Thema sowieso nichts zu sagen hat. Die Frau bestimmt, ob, wann und wo. Allenfalls das »Wie« kann er noch mitbestimmen. Männer, die sich auskennen, geben sich betont gelassen und entspannt, auch wenn sie nur zu gern an- bzw. zugreifen würden.

Männer warten einfach, bis die entscheidenden nonverbalen Signale ausgestrahlt werden. Sie wissen ganz einfach: Wenn's so weit ist, lässt sie es mich schon wissen. Es hat schon manch einer zu früh geknutscht. Aber noch nie hat jemand zu spät damit angefangen.

37. Warum müssen wir überhaupt so viele Spielchen spielen?

Das ist eines der Mysterien zwischen Mann und Frau, die wahrscheinlich niemals ganz aufgeklärt werden. Fragen Sie, wen Sie wollen: Kein Mensch, ob Mann oder Frau, hat Bock auf diese seltsamen Spielchen, bevor man dann endlich zusammenkommt oder auch nicht. Ein Drama, ein Hin und Her, »eigentlich will ich ja gar nicht«, »eigentlich will ich doch, aber nur ein bisschen«, ein falsches Wort kann alles zerstören, keiner weiß Bescheid, ein Anruf zu früh und es ist aus, ein Wort zu spät und es ist auch aus, ja keine SMS zur falschen Zeit, ja nicht zu früh melden, ja nicht zu spät melden, ja nicht zu früh miteinander ins Bett, ja nix verpassen, ja nicht zu viel Interesse zeigen, kurzum: Alle wollen dasselbe, aber alle machen es sich sooo schwer. Aber das gilt doch nicht nur für Männer. Das gilt für Frauen genauso. Es ist das ganz normale, natürliche, bescheuerte menschliche Balzverhalten. ER geht in die Offensive – SIE zieht sich zurück. ER ruft nicht an – SIE kommt angekrabbelt. ER will mit ihr ins Bett – SIE wollte eigentlich auch, aber jetzt nicht mehr. ER zeigt Desinteresse – SIE nimmt die Sache in die Hand. Völlig beknackt? Ja! Und dürfen Sie IHM sagen: »Pass mal auf, ich hab keine Lust auf diese Spielchen«? Sorry: Nein. Da müssen Sie durch.

Wie unsicher Männer bei diesen Anfangsspielchen sind, zeigt eine Umfrage: 60 % würden sich vorm ersten Rendezvous gern von einem Dating-Berater gute Ratschläge mitgeben lassen![25] 40 % davon möchten endlich lernen, lockerer aufzutreten. 8 % sind eher wortkarg; sie erhoffen sich vom Berater eine Liste mit Gesprächsthemen. Und immerhin 10 % haben offenbar geradezu panische Angst davor, was falsch zu machen: Sie könnten sich eine Live-Beratung während des Dates per Knopf im Ohr durchaus vorstellen. »Hitch – Der Date-Doctor« mit Will Smith war im Frühling 2005 also mit gutem Grund in Deutschland gut besucht. Und wer ihn sich angeschaut hat, sah ziemlich viele Männer im Kino sitzen.

---

25 *Umfrage der Online-Dating-Plattform »match.com«*

Diese verdammten Psycho-Spielchen haben aber auch ihr Gutes. Sie als Frau können beim Spielen ziemlich genau feststellen, was für einen Fisch Sie da an der Angel haben. Gerade in der Baggerphase können Männer sich nämlich ganz schlecht verstellen, weil sie schwanzgesteuert sind und ihr Gehirn in dieser Zeit definitiv nicht korrekt funktioniert. Wird zwischen Ihnen beiden auch später ein gesundes »Fifty-fifty-Verhältnis« bestehen, wo sich Geben und Nehmen, Nähe und Ferne einigermaßen die Waage halten? Kann er loslassen, oder neigt er zum Klammern? Wird er Sie respektieren oder als seinen Besitz betrachten? Werden Sie Achtung vor ihm haben können, oder macht er sich schon anfangs zum Affen? Ist er überhaupt in der Lage, sich gegen Sie durchzusetzen? Ist er eher stark oder eher schwach? Hat er das typisch männliche Gen der Strategieplanung, das ihn – wenn auch auf Umwegen – letztlich doch zum Ziel führt? Hat er Geduld mit Ihnen? Kann er mit Frauen umgehen? Ist doch besser, Sie kriegen all das frühzeitig heraus!

Sie sollten die Spielchen aber aufs notwendige Mindestmaß beschränken. Gehen Sie davon aus, dass der Mann, so wie wir ihn heute haben, ohnehin mit dem Thema Frauen durch ist. Sein leuchtendes Vorbild ist der Kumpel, der sich überhaupt nicht mehr binden mag und nur noch mitnimmt, was sich ihm in den Weg stellt. Der seit Jahren keine Beziehung mehr hatte, die länger dauerte als bis zu dem Moment, in dem er sich ihren Vornamen gemerkt hatte. Der schon deshalb keinen Beziehungsstress kennt, weil er ihn gar nicht erst anfängt. Der über diese Blümchen-Zupf-Spiele (»sie will mich, sie will mich nicht«) echt nur lachen kann. Der Mann hat schlichtweg keinen Bock mehr, und deshalb sollten Sie seine zarte geschundene Seele nicht mit zu viel Hin und Her belasten. Halten Sie ihn ein wenig hin, checken Sie ihn ab, aber dann gehen Sie mit ihm ins Bett oder lassen es eben. Machen Sie keinen Stress, das Leben ist schwer genug und keinesfalls ein Mädchenpensionat.

38. Sind große Brüste wirklich so wichtig für ihn?

Natürlich findet er es gut, wenn was in der Bluse ist. Trotzdem kommt es auf den Gesamteindruck an. Schauen Sie: Ein Auto muss auch nicht unbedingt dicke Puschen haben, um geil auszusehen. Es kommt auch hier aufs Ganze an. Eine S-Klasse zum Beispiel, also an sich ein schönes Auto, ist tiefergelegt und mit mega-dicken Reifen eine oberpeinliche Karre, mit der nicht mal ein Hinterhof-Lude losfahren möchte. Vorausgesetzt, er achtet auf seinen Ruf. Also, es kommt nicht auf die Größe der Brüste an, obwohl kaum ein Mann etwas gegen eine stattliche Oberweite hat. Eine wunderbare Ausstrahlung, schöne Augen, eine sehr, sehr gute Figur und eine gut gestylte Frisur können kleine Brüste ohne weiteres wettmachen.

Unterm Strich kann man sagen, dass große Brüste für einen Mann ziemlich unerheblich sind: Ungefähr so wichtig wie ein Riesenglied für Sie.

39. Warum starren uns die Männer immer so an?

Im Gegensatz zu Chinesen starren sie überhaupt nicht. In China gilt es nämlich nicht als unhöflich, Frauen anzustarren. Deshalb versuchen die Chinesen erst gar nicht, heimlich zu glotzen. Frau K., die erst kürzlich durch China reiste (ohne Reisegruppe, ganz auf eigene Faust), erzählt: »Das war unglaublich! Zwei Tage und zwei Nächte saß ich mit vier Chinesen in einem Zugabteil, und die haben die ganze Zeit geglotzt, als wenn ich ein fremdes Tier wäre. Das wurde aber noch übertroffen, als ich mich in der drangvollen Enge des Abteils umgezogen habe. So was habe ich noch nie erlebt.«

Nun ist natürlich fraglich, ob man sich als Frau in einem chinesischen Zug vor vier mitreisenden einheimischen Männern umziehen sollte, oder ob das nicht auf eine gewisse Verkennung der ortsüblichen Gepflogenheiten schließen lässt, aber davon mal abgesehen und um auf die hiesigen Männer zurückzukommen: Frauen glotzen auch. Und zwar täglich im Schnitt auf zwei fremde Männer, wobei sie für jeden der zwei 90 Sekunden brauchen.[26] Hochgerechnet verbringen sie vier Wochen ihres Lebens nur mit dem Anstarren von Männern.

Männer starren allerdings mehr, das stimmt schon: Täglich circa 16 Minuten, die sich auf durchschnittlich acht verschiedene Frauen

---

26 Quelle: »BILD am SONNTAG«, 29.10.2006

verteilen. Aufs Männerleben hochgerechnet kommen dabei immerhin sechs Monate zusammen. Also: Warum tun sie das?

Männer haben ihre Körpersprache eindeutig schlechter unter Kontrolle als Frauen. Sie kennen diesen scheinbar unbeteiligten Blick unter halb geschlossenen Wimpern nicht, mit dem eine Frau blitzschnell einen Mann abscannt.

Wenn sie gucken, dann gucken sie richtig. Das macht Männer einerseits liebenswert berechenbar; man sieht ihnen alles gleich an. Aber andererseits kann es natürlich auch ein bisschen nerven. Interessant ist übrigens dieser Unterschied: Männer gucken Frauen nicht zu allererst in die Augen, dazu sind sie wahrscheinlich viel zu schüchtern, sondern sie glotzen auf Busen, Po und Beine. Frauen hingegen schauen erst in die Augen und dann auf den Po.

Aber wenn es Sie nervt, dass Sie ständig von Männern angestarrt werden, dann überlegen Sie doch mal, wie genervt Sie erst wären, wenn kein Mann Sie mehr anstarren würde.

40. Sollte ich ihm einen Seitensprung gestehen?

Ja klar, wenn Sie die Beziehung ohnehin beenden möchten. Das wäre sogar eine elegante Lösung, die ihm den Abschied extrem erleichtert. Er kann Sie nun für eine Schlampe halten, der nachzutrauern nicht lohnt. Wahre Kennerinnen der Männerseele sollen sogar schon Seitensprünge gebeichtet haben, die niemals stattgefunden haben. Sozusagen als psychisches Schmerzmittel. Wenn Sie die Beziehung aber aufrechterhalten möchten: Nein. Gestehen Sie nicht. Er kann Ihnen erzählen, was er will. Von wegen Verständnis und kann ja mal passieren und ich komm schon drüber weg und bla bla bla. Er hat kein Verständnis, es darf in seinen Augen keinesfalls passieren, und er kommt nicht drüber weg. Die Qualität der Beziehung, wenn es noch eine Qualität gibt, wird leiden. Und zwar so dramatisch, dass Sie sich noch oft wünschen werden, Sie hätten nie, nie, nie gebeichtet.

Trauen Sie auch seinem verständnisvollen Schweigen nicht. Nach einer Weile gerät das Thema scheinbar in Vergessenheit, Sie haben wieder Sex miteinander, alles ist gut? Nichts ist gut für ihn. Sondern: Er hat beschlossen, sein schmerzhaft nagendes Leid, seine existenziellen Selbstzweifel, seine gesamte schwer depressive Seelenlage künftig vor Ihnen zu verstecken. Die meisten Männer kennen zwei Arten von Seitensprüngen! Die eine ist verzeihlich. Das sind ihre eigenen Seitensprünge. Die andere ist nicht verzeihlich. Das sind die Seitensprünge ihrer Partnerin. Und wenn Sie das für unlogisch halten: Es ist unlogisch. Aber es ist wahr.

So ganz unlogisch aber vielleicht doch nicht. Bei Seitensprüngen sind Männer immer noch von der menschlichen Frühgeschichte geprägt, haben Forscher jetzt festgestellt.[27] Für das Überleben des Rudels war es früher notwendig, dass die Männchen ihre Kinder selbst zeugten, um kein (möglicherweise schlechteres) Erbgut in die Sippschaft eindringen zu lassen. Deshalb reagieren sie aggressiver als Frauen auf einen Seitensprung. Die hingegen legen mehr Wert auf emotionale als auf körperliche Treue, weil die emotionale Abkehr des Mannes in der Frühzeit den Tod der Frau und ihres Kindes bedeuten konnte. So erklären die Forscher, warum Frauen auf Seitensprünge »deutlich gelassener« als Männer reagieren.

Aber es bedarf gar nicht solcher wissenschaftlicher Erkenntnisse, um den Mann und seine aggressive Reaktion auf Ihren Seitensprung zu erklären. Sehen wir die Lage doch mal praktisch: Er ist echt die arme Sau, die kaum mal etwas richtig hinkriegt. Was er auch macht, Sie finden es falsch. Wie er auch ist, es ist daneben. Er hat seine Wurzeln verloren. Er schlingert durchs Leben wie ein Korken auf dem Wasser, als Spielball der gesellschaftlichen Wellen und weiblich geprägter wechselhafter Windrichtungen. Er darf kein Macho mehr sein, er wird als Softie verlacht, er schiebt den Kinderwagen, und wenn nicht, wird er schief angeglotzt, er ist natürlich für die Gleichberechtigung der Frau, aber die hat längst die Macht übernommen, also müsste er eigentlich für die Gleichberechtigung des Mannes kämpfen, seine Frau redet am liebsten mit Schwulen, eigentlich braucht sie überhaupt keinen Mann mehr, er versteht die Frauen nicht, er hat keine männliche gesellschaftlich akzeptierte Identität, als Verkäufer bei Wal-Mart darf er nicht mal mehr die Kassiererin anbaggern, und eigentlich ist er ein Fall fürs Antidiskriminierungsgesetz. Dass Sie ihm treu sind, gibt ihm vielleicht noch einen gewissen Halt. Und dann wundern Sie sich, wenn er angesichts Ihrer Affäre ausrastet??

---

27 *Universität Bielefeld, 2005*

41. Warum spricht mich kein Mann an?

»Ich sehe einfach zu gut aus. Kein Mann traut sich, mich anzusprechen. Und wenn, dann schreckt ihn mein Job ab. Ich bin zu erfolgreich. Damit können Männer nicht umgehen.«[28] Die Frau, die das beklagt, liegt gar nicht so falsch. Der Durchschnittsmann ist aus gutem Grund ängstlich, verbittert und unsicher. Er hasst diesen abschätzenden kalten Blick der Karrierefrau, mit dem er umgehend katalogisiert und gescannt wird. Er weiß: Herzenswärme, Treue und Liebenswürdigkeit sind keine gefragten männlichen Eigenschaften. Die Frau von heute sucht vielmehr jemanden, der haargenau zu ihr passt. Alter, Aussehen, Status und Einkommen sind Kriterien, die zählen. Und genau diesen Eindruck erweckt die schöne, erfolgreiche Frau, die da allein mit ihrem Drink in der Bar sitzt. Da kann er doch gleich aufgeben!

Es liegt daran, dass man heute alles exakt im Voraus zu planen versucht. Über fünf Millionen Singles füllen auf den rund 2500 Partnerschaftsbörsen im Internet lange Fragebögen aus, bevor ihnen auch nur ein einziger möglicher Kontakt angeboten wird. Partnerschafts-Experte Harald Braun in der »Welt am Sonntag«: »Wer sich dann später offline auf der Basis möglichst übereinstimmender Daten in einer Bar trifft, um sich dort beim ersten gemeinsamen Erfrischungsgetränk näher zu kommen, nimmt sich zwangsläufig als Handelsware wahr, die es an den Mann oder die Frau zu bringen gilt.«[29]

»Männerbeschaffungsmarketing« heißt der neue Top-Titel in der amerikanischen Partnerschafts-Literatur.[30] Die Autorin stellt eine These auf, die viele Frauen auch hierzulande für die einzig wahre halten: Suche dir den passenden Mann so, wie du dir ein Auto oder die richtige Kosmetiklinie suchst. Nach festgelegten Kriterien. Ein weiterer Renner in Amerika ist wohl auch nicht ganz zufällig der »CQ-Test« der Psychologen Glenn D. Wilson und Jon Cousins: Mit ihm kann man praktischerweise den »Kompatibilitäts-Quotienten« ermitteln, lange bevor es zum ersten Herzklopfen kommt. »Der moderne Single hat die allgemeinen Geschäftsbedingungen der Partnersuche längst

---

28 Hamburger Marketing-Expertin (33), tatsächlich äußerst attraktiv
29 »Vom Suchen und Finden der Liebe«
30 von Rachel Greenwald, www.FindAHusbandAfter35.com

verinnerlicht«, stellt Harald Braun fest. Und genauso wirkt die Frau mit dem Drink. Sie muss sich wirklich nicht wundern, wenn sie allein an der Bar sitzen bleibt. Übrigens: Nur noch jeder zweite Mann glaubt, dass bei der Liebe unter anderem auch Schicksal im Spiel ist.[31]

Es kann natürlich auch sein, dass Sie einfach nicht gut aussehen und Sie deshalb kein Mann anspricht! Sie sind ungepflegt! Sie haben vielleicht fettige Haare! Oder Sie ziehen sich unmöglich an! Oder Ihre Lache ist zu schrill! Oder die Freundin in Ihrer Begleitung schreckt alle Kerle ab! Oder Sie gucken arrogant! Tatsächlich kann es tausend Gründe geben, warum Sie allein an der Bar sitzen bleiben. Aber vielleicht gehen Sie ja überhaupt nicht in eine Bar. Dann müssen Sie sich natürlich auch nicht wundern, wenn keiner anbeißt. Es wird ja wohl kaum einer bei Ihnen zu Hause klingeln und sagen, »Hallo, hier bin ich, und wie man hört in der Stadt, gehen Sie nur selten aus, also dachte ich mir, ich komme mal vorbei.«

Was dachten Sie denn, wie man heute einen Klasse-Mann kennen lernt? Wo versteckt er sich, wo läuft er rum? Dass es keine mehr gibt, ist dummes Zeug. Natürlich gibt es sie – genauso wie es sie vor 100 oder 1000 Jahren gab. Nur war das Auftreiben früher leichter (und die Auswahl geringer: In der Regel passierte das im eigenen oder höchstens im Nachbardorf; heute sucht man global und findet – weniger). Ganz leicht haben es ja offenbar die Halterinnen von Hunden; also wer einen Kerl sucht, sollte sich unbedingt einen Hund anschaffen: Auf Freilauf-Hundespielwiesen kommt man, das sagen viele Untersuchungen, ganz leicht ins Gespräch und zu mehr. Es gibt sogar Internet-Foren für innige Beziehungen zwischen Hundehaltern.[32] Aber das Problem ist nicht das »Wo«, sondern das Problem ist das »Wie«.

42. Warum macht er plötzlich Sport?

Kein gutes Zeichen. Kann gut sein (muss natürlich nicht), dass er eine andere Frau im Auge hat. Auf jeden Fall sollten Sie wachsam bleiben. Es ist nämlich so: Wenn Sie ihm sagen, dass er langsam zu dick wird,

---

31 Umfrage der »Freundin«
32 zum Beispiel www.date-a-dog.de

geht das bei ihm wahrscheinlich zur einen Seite rein und zur anderen wieder raus. Sie hat er ja sowieso. Doch Schöne gibt's auch anderswo. Nur eine einzige Bemerkung von der hübschen kleinen Praktikantin in der Firma, die nun so gar nicht auf Dicke steht, kann ihn zum Abschluss eines Jahres-Abos im Fitness-Center verleiten.

Und wenn er was mit ihr hat und beim doch recht anstrengenden Sex eine gewisse Atemlosigkeit feststellt, wird er umgehend und gegen alle orthopädische Vernunft mit den Vorbereitungen zum nächsten Marathon beginnen. Aber auch wenn er gar nicht fremdgeht, sollten seine sportlichen Ambitionen Sie beunruhigen. Denkbar und gar nicht so selten ist nämlich, dass er gerade einen neuen Lebensabschnitt vorbereitet. In dem Sie eine eher untergeordnete Rolle spielen. Männer, so viel ist sicher, haben auch ihr Klimakterium. Es prickelt und juckt. Physisch und psychisch. Soll das denn wirklich schon alles gewesen sein?, so fragen sie sich, schauen missmutig im Spiegel an sich herunter und finden sich gar nicht mehr so toll wie früher. Genau das ist der Moment, in dem sie beschließen, »alles neu« zu machen. Und was »alles« heißt, das weiß man nicht so genau: Neues Outfit, neue Figur, neue Frisur, alles auf jünger, alles sehr stylig und durchtrainiert, aber letztlich heißt das meistens auch: Alles für eine andere Frau. Auch wenn sie noch nicht einmal wissen, wer das denn sein könnte!

Aber natürlich und ganz ohne Frage gibt es auch Männer, die ohne jeden Gedanken an eine Affäre und ohne den dringenden Wunsch nach Selbstbestätigung mit Sport anfangen, weil sie den desolaten Zustand ihrer persönlichen Fitness nicht mehr ertragen mögen. Solche Männer kann man doch eigentlich nur bei ihren Plänen unterstützen. Und trotzdem die Augen offen halten.

43. Wenn er fremdgeht, hat er dann ein schlechtes Gewissen?

Es kommt natürlich darauf an, wie die Qualität Ihrer Beziehung ist, wie ernst er es mit Ihnen meint und wie sein Charakter ist. Der Fremdgeher als solcher, also der Durchschnitts-Schlawiner, hat beim aushäusigen Sex tatsächlich ein schlechtes Gewissen. Aber nicht lange. Weil er es ganz gut zu beruhigen weiß. Er sucht (und findet) die Gründe für sein Fremdgehen nämlich stets bei Ihnen. Sex mit Ihnen ist langweilig, oder Sie haben ja meistens doch keine Lust, oder Sie sind eine nörgelnde Zicke, oder Sie sind immer so kompliziert, oder Sie sind total passiv im Bett, oder Sie lassen sich gehen, oder Sie sind irgendwie aseptisch, oder – na, irgendwas wird ihm schon einfallen. Trotzdem möchte er Sie keinesfalls missen!

Er wird sich aber nicht auf Dauer schuldig fühlen und seine mentale Kraft lieber auf die Frage konzentrieren, wie er den Seitensprung (und die künftigen natürlich) geheim halten kann. Diesen Typ nennt man den »An sich«-Typ. Weil er »an sich« mit Ihnen sehr glücklich ist und weil er Sie »an sich« wirklich liebt. Nur manchmal vergisst er eben, dass es Sie gibt. Dann denkt er nur – »an sich«. Für ihn ist fremdgehen so wie Sauna. Oder ein Besuch beim Masseur: hingehen, entspannen, rauskommen, wohl fühlen. Was hat das mit Ihnen zu tun? Genau: Nichts.

Mit diesem Typ Mann werden Sie kaum über seinen Seitensprung und die bohrende Frage nach dem »Warum« reden können. Sie werden auf eine Mauer des Schweigens stoßen.

Und das ist auch gut so. Denn Sie würden ihn sowieso nicht verstehen, und er versteht Ihre Fragen nicht. Gehen Sie lieber auf einen Marktplatz in Shanghai und fragen Sie den ersten Fischhändler, dem Sie begegnen, ob er Matjes für Ihren Labskaus hat. Der versteht mehr von Ihrem Problem als Ihr beim Seitensprung ertappter Partner. Der kann seinen Seitensprung nicht erklären, so viel Mühe Sie sich auch geben. Und warum kann er das nicht? Warum umgeben sich Männer mit einem Panzer der Schweigsamkeit, wenn sie einer Frau etwas »erklären« sollen? Weil die Wahrheit alles zerstören würde. Die Wahrheit ist nämlich, und Männer spüren das in solchen Momenten instinktiv: Dass Männer und Frauen miteinander harmonieren, ist eine der größten gesellschaftlichen Lügen der letzten beiden Jahrtausende. Männer und Frauen KÖNNEN nicht miteinander harmonieren. Also was soll er Ihnen jetzt sagen. »Ich liebe dich, aber du bist nun mal eine Frau, und ich bin ein Mann, deshalb wird das nie was?«

Er kann nichts sagen. Deshalb flüchtet er in Schweigsamkeit. Schweigen ist der Regenschirm des Mannes, wenn der Wolkenbruch weiblicher Fragen flutähnlich auf ihn einprasselt. Er wird den Schirm des Schweigens erst dann zuklappen, wenn der Regen nachlässt und keine Fragezeichen mehr auf ihn eintropfen. Reden wird er dann allerdings auch nicht. Geben Sie sich da keinen Illusionen hin.

Sie halten das vielleicht für bedauernswert. Aber es ist sehr fraglich, ob die Wahrheit Sie wirklich weiterbringen würde. Männer gehen aus den blödesten Gründen fremd. Es könnte also sein, dass eine wirklich ehrliche Antwort Sie erst recht auf die Palme bringen würde. Oder wie reagieren Sie, wenn er sagt: »Sie ist halt mitgegangen.« – »Sie war eben da und du nicht.« – »Ich war eben scharf auf sie.« – »Ich hatte zu viel getrunken.« Na toll: Das soll's gewesen sein? Ja, das ist es meistens. Bei Männern.

44. Warum finden Männer Frauen geil, die Zigarre rauchen?

Weil das so schön nach Oralverkehr aussieht, ist doch klar. Wenn Sie auf einer Party lasziv an einer Zigarre nuckeln, bleiben Sie garantiert nicht lange allein.

Für Nichtraucherinnen: Eine Banane essen oder ein Eis am Stiel lutschen erzeugt bei Männern denselben Effekt.

45. Warum sagt er nicht mehr, dass er mich liebt?

Vielleicht ganz einfach deshalb, weil es nicht die Wahrheit wäre? Schon mal drüber nachgedacht? Na gut, er liebt Sie, und das wissen Sie auch ganz genau (behaupten Sie jedenfalls), aber er SAGT es nicht mehr. Und das wurmt Sie. Sie wollen es HÖREN. Frauen sammeln kleine und große Komplimente wie süße Beeren im Körbchen ihres Ego. Mal hier ein Kompliment, mal da ein Kompliment, so haben sie es gern. Frauen sind emsige Sammler. Männer hingegen sind Jäger. Sie pflücken keine Brombeeren, wenn sie die Sau jagen. Sie beschränken sich aufs Wesentliche.

Aber könnte der Kerl nicht wenigstens hin und wieder mal was Nettes sagen? Erstens: Wenn ihm danach ist, wird er es schon tun. So lange gibt es keinen Grund zur Besorgnis, denn er liebt Sie ja (behaupten Sie jedenfalls). Zweitens: Sie müssen den Mann in seiner Beziehung immer so betrachten wie den Mann in seiner Firma. Morgens geht er hin, krempelt die Ärmel hoch und macht seinen Job. Vorher geht er aber nicht etwa zu seinem Chef und sagt: »Hey Boss, du bist ein so toller Chef, es macht so einen Spaß, hier zu arbeiten, und was ich schon lange mal sagen wollte, danke für alles.«

Das wäre doch auch blöd, oder? Der Chef würde ihn für etwas überspannt halten und die Kollegen für einen Schleimer. Nein: Ein Mann zeigt mit seiner exzellenten Arbeit, dass er seine Firma liebt. Ihr Mann zeigt nonverbal, dass er Sie liebt. Zum Beispiel, indem er gerne mit Ihnen Sex hat oder indem er die kaputte Steckdose repariert. Das ist Liebe. Er braucht dazu keine Worte. Also lassen Sie ihn einfach endlich mal in Ruhe.

46. Kann er ganz ohne Hintergedanken mit mir ausgehen?

Nein, das ist unwahrscheinlich. Es sei denn, Sie haben sich bei ihm um einen Job beworben und er möchte Sie nur etwas näher kennen lernen, um Ihre Eignung zu testen. Aber macht man das nicht sowieso in der Firma?

Fragen Sie doch mal anders herum. Männer denken zielgerichtet und praktisch, außerdem sind die meisten ziemlich geizig und haben einen Igel in der Tasche. Warum sollte er richtig Geld ausgeben und Sie zum Essen einladen, wenn er sich nicht irgendetwas davon erhofft? Das macht doch wirklich keinen Sinn. Männer sind immer an Sex interessiert, wenn sie eine Frau so ganz nebenbei und scheinbar unbeteiligt fragen, ob man »nicht mal einen Wein zusammen trinken« möchte. Natürlich gibt es Ausnahmen, aber das wissen Sie ja sowieso.

Sie sollten nie mit einem Mann ausgehen, mit dem Sie sich kein Verhältnis vorstellen können. Die Welt ist voll mit Frauen, die es trotzdem tun. Diese Frauen müssten sich eigentlich schon an der Vorspeise den Magen verderben, der Hauptgang müsste Gammelfleisch sein und der Nachtisch irgendwie verdorben. Das wäre gerecht. Denn diese Frauen verscheißern den Typ, der von ganz anderen Voraussetzungen ausgeht als sie. Das jedoch ist fies und gemein.

Damit wir uns nicht missverstehen: Es ist durchaus legitim, mit einem Mann essen zu gehen und dabei festzustellen, dass man es besser gelassen hätte. Es ist ebenso legitim, wenn der Mann sagt: Okay, das war ein ehrenwerter Versuch, aber sie ist es doch nicht, weil, sie quatscht mir zu viel dummes Zeug (oder ähnliches). Es ist ebenfalls legitim, wenn er sagt (oder Sie sagen): Alles klar, spannende Geschichte, aber bitte nicht heute Nacht. Morgen vielleicht, oder nächste Woche, man wird sehen. Nur: Sich von einem Kerl einladen lassen, mit dem man never-ever etwas anfangen würde: Das geht nicht.

ZWEITES KAPITEL
DER MANN UND SEINE FIRMA

47. Warum interessiert ihn sein Job mehr als ich?

Ist es bei Ihnen zu Hause so wie in dem Schlager: »Dann heirate doch dein Büro, du liebst es doch sowieso«? Das wäre der Normalfall. Männer lieben ihre Firma auf jeden Fall mehr als die eigene Frau. Die Firma ist ein verlässlicher Hort. Dort weiß ein Mann, was er zu tun hat. Bei der eigenen Frau weiß ein Mann nie, was er zu tun hat. Und meistens macht er alles falsch.

Die Firma honoriert ehrliche Arbeit. Die Frau honoriert ehrliche Arbeit nicht (jeden Heiligabend dasselbe Theater: »Der Baum steht schief!«). Die Firma bleibt einem treu. Bei der Frau kann man da nicht so sicher sein. Die Firma ist ein Refugium: Da hat man seinen Schrank bzw. Schreibtisch, wo alles seit Jahren an derselben Stelle liegt. Zu Hause wühlt die Frau in den Klamotten rum, was sich nicht gehört, aber sie räumt nun mal ständig auf, das ist »typisch Frau«.

Ginge es in einer normalen deutschen Firma so zu wie in einer normalen deutschen Ehe, hätten wir noch ein paar Millionen Arbeitslose mehr. Wir hätten nämlich Millionen Arbeitnehmer, die freiwillig kündigen würden. Die Ehe ist Schauplatz des realen Wahnsinns und der systematischen Vernichtung von Persönlichkeiten, ferner das Schlachtfeld eines immerwährenden Kleinkrieges, der nur mit dem Ziel geführt wird, dass einer über den anderen die Oberhand hat. Jede Firma, die wie eine normale deutsche Ehe geführt würde, ginge blitzschnell Pleite. Die Firma ist aber zum Glück keine Ehe. Sie ist der Ort, wo sich ein Mann bewähren kann. Da kennt er sich aus. Mit Frauen kennt er sich nicht aus.

Brauchen Sie noch mehr Antworten? Na gut, hier kommen noch welche. Vermutlich verdient Ihr Mann in der Firma das Geld, das Sie gemeinsam (oder Sie allein) ausgeben. Schon aus dieser Perspektive ist klar, dass die Firma für Ihren Mann einen höheren Stellenwert haben muss als Sie. Wären Sie denn auch mit ihm zusammen, wenn er damals absolut ohne berufliche Perspektive oder arbeitslos gewesen wäre? Wären Sie heute noch mit ihm zusammen, wenn er Ihnen nichts, rein gar nichts bieten könnte?

Selbst wenn Sie soeben zweimal mit einem freudigen JA geantwortet haben: Ihr Mann sieht das anders. Für ihn ist die Firma und damit sein Einkommen »die« Basis für alles andere: Familie, Beziehung, Eigenheim,

Auto, Hobby, Anerkennung, Selbstwert. Und er hat ja auch Recht damit. Vollkommen Recht! Ohne Job ist der Rudelführer Ihrer Beziehung wie ein Leitwolf ohne Zähne oder wie ein Rentner ohne Kukident.

Wenn Sie einen Mann verstehen wollen, dürfen Sie sich nie in Konkurrenz zu seiner Firma sehen. Erst kommt der Job. Dann kommen Sie und die Kinder. So ist das. Natürlich gibt es Ausnahmen! Männer, die sich einen Tag freinehmen, wenn ihre Frau niederkommt. Die im Kreißsaal dabei sind, auch wenn in der Firma alles liegen bleibt.

Eine ganz andere Frage ist jedoch, ob Sie die Leidenschaft Ihres Mannes für seine Firma nicht auch noch ständig anheizen. »Warum ist der Herr Meier Abteilungsleiter und du nicht?«, »Kannst du nicht auch mal Karriere machen?«, »Geh doch mal hin und sag dem Chef deine Meinung!« Lesen Sie sich diese drei Sätze mal in einer sehr hohen und sehr zickigen Tonlage laut vor. Dann wissen Sie, was gemeint ist. Gleichzeitig nörgeln Sie aber rum, wenn ER nicht zum Geburtstag von Ihrer Mutter pünktlich um 17 Uhr am Kaffeetisch sitzt. »Nie bist du da, wenn du mal gebraucht wirst!« (Wieder in einer sehr hohen und sehr zickigen Tonlage laut vorlesen, bitte.) Hallo: Ihr Mann wird in der Firma gebraucht und sonst nirgendwo. DAS ist seine Welt. DAS ist sein Leben. Wissen Sie, wann Ihr Mann Sie liebt? Wenn Sie ihn seinen Job machen lassen und nicht reinreden.

Ein Arbeiterviertel in Hamburg, abends gegen 22 Uhr, vier Männer an einem Stammtisch. Darunter ein Familienvater. Zwei Söhne. Irgendjemand sagt: »Nölt deine Frau nicht rum, wenn du hier noch ein Bierchen trinkst?«[33] Der Mann, er ist Heizungsinstallateur und heißt Lars, glaub ich, hat richtig strahlende Augen. Er sagt: »Nein. Die lässt mich. Schließlich hab ich heute ja auch vier Überstunden gekloppt. Das ist 'ne Super-Perle, die ich da zu Hause habe.« Die anderen schweigen ergriffen, nicken weise, und irgendwer bestellt noch eine Runde.

Sehen Sie – das ist Liebe aus Männersicht. Schöner kann das ein Mann nicht sagen: »Das ist 'ne Super-Perle.« Wenn Ihr Mann das von Ihnen sagt, können Sie wirklich glücklich sein. Aber was tun Sie dafür? Lassen Sie ihn wirklich seinen Job machen, ohne zu murren? Gönnen Sie ihm auch den notwendigen Auslauf? Haben Sie genug

---

33 Nölen, hamburgisch für Meckerei

Gelassenheit seinen Vorlieben gegenüber? Oder lassen Sie Ihren Frust, wenn Sie welchen haben, an ihm aus? Wann haben Sie das letzte Mal mit ihm darüber geredet? Wissen Sie wirklich, wie er darüber denkt? Wundern Sie sich immer noch darüber, dass ihn sein Job mehr interessiert als Sie?

48. Warum kriecht er seinem Chef in den Arsch?

Allein bei der Frage zuckt ein Mann schon zusammen, so als hätte man ihm in den Bauch geboxt. Männer kriechen ihren Chefs nicht in den Arsch. Sie verhalten sich allenfalls strategisch klug, um bestimmte Ziele zu erreichen. Also: Hoffentlich haben Sie ihn darauf nie angesprochen. Es ist so ungefähr die größte Beleidigung, die Sie ihm zufügen können. Und – es geht Sie absolut nichts an! Seine Firma ist sein Revier. Er will alleine entscheiden, was er dort macht. Sie sollten Ihren Mann unterstützen, bewundern und so oft wie möglich loben. Kritisieren dürfen Sie ihn beim Thema Job nie. Der einzige Effekt, den Sie erreichen würden, ist der, dass er Ihnen nichts mehr erzählt.

Das heißt nun natürlich nicht, dass Sie immer nur schweigen und nicken sollen, so nach dem Motto: »Ja, mein Gebieter, wie toll bist du doch, du wirst das schon machen, ich schaue zu dir auf« usw. Im Gegenteil. Starke und kluge Frauen sind gefragt! Starke Frauen wissen immer genau, was in der Firma von ihrem Mann läuft. Kluge Frauen geben ihm das Gefühl, dass sie ihn gedanklich begleiten und an seiner Seite stehen, wenn sie gebraucht werden.

Wenn er Sie nach Ihrer Meinung fragt – bitte schön: Dann können Sie die natürlich sagen. Aber bitte diplomatisch klug und ganz vorsichtig. Sie dürfen auch mal fragen, wie der Tag gelaufen ist. Haben es aber zu akzeptieren, wenn er darüber nicht reden möchte. Ihr Mann und seine Firma, das ist ein ganz sensibles Beziehungsgeflecht.

Wenn Sie das Gefühl haben, Ihr Mann kriecht seinem Chef in den Arsch, muss das übrigens noch lange nicht der Wahrheit entsprechen. Vielleicht macht er sich unentbehrlich, indem er alle ungeliebten Aufträge übernimmt, unbezahlte Überstunden macht und sich sogar am Wochenende im Betrieb nützlich macht? Vielleicht ist das seine gar nicht so unkluge Art der Arbeitsplatzsicherung? Vielleicht bewundert er tatsächlich die höhere Kompetenz und die Führungsqualität seines Chefs und ordnet sich ihm deshalb unter, also aus rein fachlichen Gründen? Vielleicht ist er ein konservativer Typ, mit dem Erreichten zufrieden und hat überhaupt keine Lust, sich mit dem Chef anzulegen und woanders neu durchzustarten? Alles legitime Beweggründe für ein Verhalten, das Sie vielleicht nur als Arschkriecherei missverstehen. Also Vorsicht mit solchen Unterstellungen.

Ehrlich ist Ihr Mann nur anderen Männern gegenüber. Sie haben damit nicht viel zu tun. Wären Sie ein Kerl, ja, dann könnten Sie miteinander reden. So nicht. Er wird Ihnen auch nicht die Wahrheit sagen. »10 Leute fliegen bei uns raus, und ich hoffe nicht, dass ich dabei bin«: So was sagt ein Mann nicht zu seiner Frau. Das bespricht er mit seinem Kumpel. »Ich renoviere am Wochenende die Wohnung von meinem Boss, das ist zwar Shit, aber es sichert meinen Arbeitsplatz« – kein Thema für Sie beide, nun wirklich nicht. Das ist ein Thema unter Männern. Sie sollten ein bisschen mehr Vertrauen in ihn investieren. Er weiß schon, was er macht. Und wenn es so weit ist, dann wird er schon mit Ihnen reden.

49. Darf ich mich für seinen Job interessieren?

Ja, aber Sie dürfen nicht aufdringlich sein. Ein Mann will natürlich mit seiner Frau über die Firma reden können. Kann er das nicht, sucht er sich eine Geliebte, die ihm zuhört und ihn versteht. Die auch mal auf SATC[34] verzichtet, wenn er Ärger mit dem Chef hat. Ein Mann will aber selbst bestimmen, wann geredet wird, worüber und in welchem Umfang. Und er will die Debatte jederzeit selbst beenden können. Schließlich ist es sein Job und nicht Ihrer.

Wenn er aber mal sein Herz ausschüttet: Konzentration! Merken Sie sich Zwischentöne, Namen, Fakten! Wer spielt in seiner Firma welche Rolle? Wer scheint verlässlich zu sein, wer ist gefährlich? Wer hat was zu wem gesagt und warum? Wenn Sie dann am nächsten Abend andeuten, Sie hätten sich das alles noch mal in Ruhe überlegt und ob er Ihre Meinung dazu hören möchte, und wenn Sie dann mit erstaunli-

---

34 *SATC = Sex and the City*

cher Kenntnis der Zusammenhänge und einem guten Gedächtnis aufwarten, dann haben Sie ihm offenbar wirklich gut zugehört. Das mag er. Dann hält er Sie schon wieder für eine »echte Perle«.

50. Gehört er im Job zu den Guten oder zu den Luschen?

Vertrauen Sie nicht seinen Erzählungen. Die können gnadenlos gefälscht sein. Anglerlatein. Vielleicht stellt er sich zu Hause als unentbehrlich und des Chefs größte Stütze dar. Aber sein Chef verdreht nur die Augen und ist froh, wenn Ihr Liebster möglichst wenig Unheil anrichtet. Nein – beobachten Sie einfach, wie Chefs und Kollegen mit ihm umgehen. Achten Sie auf Körpersprache, wer redet wie viel, wer hört zu und nickt, wer geht auf wen zu, wer berät sich mit wem. Auch wenn sich alle anscheinend gut verstehen: Die Firma Ihres Mannes ist ein Rudel kannibalischer Haie. Jeder belauert jeden. Jeder wartet darauf, dass der andere einen Fehler macht. Jeder fragt sich, welchen Standpunkt der Chef wohl vertritt, um ihn dann möglichst eine Sekunde vor ihm selbst zu vertreten und sich somit einen Pluspunkt einzuhandeln.

Die Firma Ihres Mannes ist voll mit Jein-Sagern, die gleichzeitig den Kopf schütteln und nicken können – um sich in dem Moment für eines von beiden zu entscheiden, in dem der Chef seine eigene Meinung sagt. Wissen Sie, wie das geht? Herr Meier hat einen Vorschlag, den er mutig und wortreich präsentiert. Einen Moment herrscht Schweigen. Die Jein-Sager schütteln gleichzeitig den Kopf und nicken, was eine seltsame Diagonaldrehung des Kopfes zur Folge hat. Der Chef sagt: »Meier, das war die schwachsinnigste Idee, die ich heute gehört habe«, und alle schütteln jetzt nur noch den Kopf. Der Chef sagt: »Meier, Klasse.« Und alle nicken. Sie haben es nämlich auch gerade sagen wollen und sowieso neulich schon in anderem Zusammenhang genauso angeregt, nur vielleicht noch etwas konsequenter, als Meier das eben völlig zu Recht … (usw.).

Kotz-würg! Wenn Ihr Mann der Meier war, sollten Sie stolz auf ihn sein. Er traut sich wenigstens was. Wenn Ihr Mann anderer Meinung als der Chef ist und das jetzt sagt, sollten Sie ebenfalls stolz auf ihn sein. Zu den Luschen gehört er jedenfalls nicht. Wenn Ihr Mann aber diese leicht drehende Kopfbewegung macht, verlassen Sie ihn: Er ist eine Lusche.

Oder Sie haben diesen Typ zu Hause: An sich ist er ja der Größte im Job, aber es gibt da ein kleines Problem, denn der Chef erkennt seine Qualitäten einfach nicht an, und die Kollegen kapieren es auch nicht. Das ist ungerecht, das erzeugt Frust. Und wo lässt der Mann seinen Frust ab? Bei Ihnen. In diesem Fall haben Sie es schwer. Solche Männer sind nämlich die reinsten Mimosen, wenn Sie ihnen gut zureden wollen. Was sollen Sie denn auch sagen: »Hör mal, alle halten dich für eine Flasche, nur du selber nicht, das müsste dir doch mal zu denken geben!« So vielleicht? Nein danke, falscher Spruch. »Du musst ihnen halt immer wieder zeigen, was du wirklich kannst!« Schon besser, so kann er sein Gesicht wahren. »Die paar Jahre reißt du noch auf der linken Arschbacke ab, und dann machen wir uns ein schönes Leben« zeugt von Ihrer tief empfundenen Solidarität. »Wie viele Bewerbungen hast du heute geschrieben?«, hat schon wieder so einen versteckten weiblichen Vorwurf in sich, davon ist abzuraten. »Schau mal, ich hab hier eine Stellenanzeige für dich ausgeschnitten« ist absolut legitim. Und »Was hältst du davon, wenn ich mal ein paar Jahre arbeiten gehe, und du kümmerst dich um den Rest« ist der beste Vorschlag, der Ihnen einfallen kann – auch wenn er wahrscheinlich niemals Gebrauch davon machen würde.

Workaholics sind meistens keine Luschen. Sie hätten sonst nicht so viel zu tun. Das gilt allerdings mit einer Ausnahme. Männer, die auf ihre Frau keinen Bock mehr haben, flüchten sich auch gern in die Firma. Je später sie nach Hause kommen, desto weniger müssen sie ihre Frau ertragen. Am besten, die schläft schon vorm Fernseher. Dann hat man seine Ruhe und muss sich diese endlose Litanei nicht mehr anhören. Sex muss man auch nicht mehr machen, noch ein, zwei Bierchen und ab ins Bett: Das ist schön. Wenn ein Mann also ständig bis in die Puppen in der Firma bleibt, gibt es drei Möglichkeiten: Entweder ist er ein richtig guter Spitzenmann, oder er flüchtet vor Ihnen, oder – na, lesen Sie in den Kapiteln übers Fremdgehen nach.

51. Wie nett darf ich zu seinem Chef sein?

Gehen Sie davon aus, dass jeder Mann bei diesem Thema extrem reizbar und empfindlich ist. Auch Ihrer. In Gegenwart seines Chefs ist er nämlich nicht mehr das Alphatier, als das er sich zu Hause so gerne sieht, sondern nur noch ein Rudelmitglied. Sitzt man nun in gemütlicher Runde zusammen, vielleicht ist auch noch Alkohol im Spiel, und sein Chef macht Ihnen Komplimente, so werden bei ihm alle Alarmglocken klingeln. Nicht weil er glaubt, Sie fangen mit dem Chef was an. Sondern weil er fürchtet, Ihnen gegenüber sein Image zu verlieren. Sie hingegen glauben vielleicht, dass es seiner Karriere dienlich ist, wenn Sie den Chef umgarnen? Schwerster Fehler! Dem Chef des Mannes gegenüber geben Sie sich distanziert, freundlich und stets unverbindlich. Aus Gesprächen, die die Firma betreffen, halten Sie sich dezent heraus. Über Witze, die der Chef auf Kosten Ihres Mannes macht, lächeln Sie so eiskalt, dass kein zweiter Witz folgen wird. Hin und wieder flüstern Sie Ihrem Mann etwas ins Ohr oder berühren ihn kaum merklich, sodass beim Chef der Eindruck tiefster Harmonie entsteht. Widersprechen Sie Ihrem Mann nie. Je weniger Sie überhaupt sagen, desto besser. Halten Sie sich nicht an diese Regeln, so steht Ihnen noch am selben Abend eine Szene ohnegleichen bevor, darauf können Sie Gift nehmen. Und das mit vollem Recht.

Finden Sie diesen Standpunkt reaktionär und absolut von gestern? Fühlen Sie sich (wie so oft bei der Lektüre dieses Buches) auf die Rolle des Heimchens am Herd reduziert? Kinder und Küche, da fehlt doch nur noch das dritte K (das war übrigens die Kirche, falls es Ihnen entfallen ist). Sehen Sie es mal so: Im täglichen Leben haben Sie alle Freiheiten und Ihren Mann sowieso voll im Griff. Sie bestimmen doch, wo's lang geht. Sie haben das Sagen in der Familie. Halten Sie sich doch wenigstens da zurück, wo die letzten Domänen Ihres Mannes sind. Sie sind doch stark genug, um auch mal zurückstecken zu können! Sie müssen sich doch nichts mehr beweisen! Wer wirklich souverän ist, kann auch mal die Klappe halten und einfach nur nett lächeln. Mehr verlangt er nicht von Ihnen.

Wenn der Chef Ihres Mannes Sie ausfragt, wie der liebenswerte Mitarbeiter denn so privat ist und was er so treibt, ist äußerstes Fingerspitzengefühl gefragt. Da Sie vermutlich nicht wissen, was den Mann wirklich interessiert, sollten Sie mit wenigen Worten nichts sagen. Starten Sie keine eigene Strategie nach dem Motto »Ich wollte dir doch nur helfen, Schatz«. Die Strategie geht nach hinten los. Und sprechen Sie Ihren Mann in Gegenwart seines Chefs niemals, niemals, niemals mit seinem Kosenamen an. Männer hassen das. »Hase, welches Mittel nimmst du noch mal gleich gegen deine Blasenschwäche?« Na, super. Da liegen Sie ganz, ganz vorn!

52. Wie ist das für ihn, wenn er arbeitslos wird?

Ungefähr so, als wenn einer Frau beide Brüste amputiert werden. Ein Teil seiner Identität ist weg. Der Ast, auf dem er saß, wurde abgesägt. Männer definieren sich über ihren Job. Kein Mann fühlt sich deswegen minderwertig, weil er statt fünf nur zwei Kinder hat oder weil er immer nur Mädchen und keine Jungs zustande bringt oder weil er mal keinen hochkriegt. Aber ohne seinen Job ist der Mann nichts. Wenn Männer in der Kneipe von ihrem Job erzählen, dann leuchten ihre Augen mehr, als wenn sie von ihrer neuen Braut erzählen. Und das Schlimmste ist: Trost von der Frau hilft überhaupt nicht. Denn trösten heißt, ihn zusätzlich erniedrigen.

Kaum ein Mann verlässt seinen Job wegen einer Frau. Aber viele Männer verlassen ihre Frauen für ihren Job. Natürlich nicht so, dass sie sagen: Schatz, mein Chef braucht mich, ich reiche jetzt die Scheidung ein. Sondern indem sie so viel Kraft in den Job investieren, dass das Scheitern ihrer Ehe für sie absolut voraussehbar und unbewusst auch einkalkuliert ist. Erst kommt der Job, dann kommt die Ehe. Und wenn das scheitert mit dem Job, dann sind sie ganz schlecht dran. »Ich war bei der Geburt von meinem Sohn nicht dabei, weil ich gearbeitet habe«, sagt der Tourenplaner einer großen Spedition (43). »Ich war auch bei seiner Einschulung nicht dabei. Die Ehe ist schlecht geworden. Hab ja auch nichts investiert, also keine Zeit, keine Kraft und so. Jetzt ist der Junge 14, ich komme kaum an ihn heran, meine Frau redet nicht mehr so wie früher mit mir, und in der Firma haben sie mir gekündigt. Was habe ich jetzt noch? Nichts.«

Männer, die plötzlich arbeitslos werden, verfallen leicht in eine echte Depression. Man erkennt sie kaum wieder. Ihre Augen verlieren den Glanz, weil sie keine Achtung mehr vor sich selbst haben. Allzu sehr haben sie sich von ihrem Job abhängig gemacht. Aber natürlich gibt es auch die anderen. Sie als Sozialschnorrer zu bezeichnen, geht vielleicht ein bisschen weit. Aber sie haben im Grunde gar keine Lust zu arbeiten und betrachten die Arbeitslosigkeit als eine Art willkommenen Dauerurlaub. Man muss sich nun etwas einschränken, aber nicht so sehr. Das soziale Netz ist ja dicht geknüpft. Vielleicht haben sie ihren Job verloren, weil sie »was mit dem Rücken« haben; mehr wissen die Nachbarn nicht. Aber die staunen, was der frischgebackene Arbeitslose alles im Garten schafft: Der gräbt um und renoviert seine Hütte, der baut sich einen Pool und packt an, wo immer körperliche Arbeit gefragt ist, der hat eine Frau, die arbeiten geht, und der liegt schon vormittags entspannt in der Sonne. Um diese Arbeitslosen muss man sich nicht sorgen. Sie verfallen in keine Depression und vermissen eigentlich nichts. Sorgen machen muss man sich allerdings um den Staat, der hier nicht durchgreift.

Auch solche Männer standen für Interviews zur Verfügung. Ihre Arbeitslosen-Bilanz: Mehr Freizeit, mehr für die Kinder da, besserer und vor allem auch mehr Sex, entspannteres Leben, höhere Lebenserwartung, endlich wieder ein richtiger Freundeskreis, schöne Grillpartys im Garten auch mitten in der Woche, kaum verringerter Lebensstandard und im Grunde unterm Strich eine Verbesserung der Lebensqualität.

Die Regel sind solche vermeintlichen Glückspilze aber nicht. Was kann eine Frau aber tun, wenn sie einen Plötzlich-Arbeitslosen zu Hause hat und ihn nicht einmal trösten darf, weil er sich sonst zusätzlich erniedrigt fühlt?

Die Antwort ist einfach: Aufbauen. Alle seine Stärken aufzählen, immer wieder, gebetsmühlenartig wiederholt. Sein Selbstbewusstsein aufpolieren, als wäre es eine blind gewordene Silbergabel aus der hintersten Ecke der Besteckschublade. Arbeitslose brauchen nichts so sehr wie die ständige Bestätigung ihrer Qualitäten. Wenn eine Frau das macht, dann sagen die Männer in der Kneipe bei ihren Kumpels auch noch nach dem sechsten Korn (den sie natürlich besser nicht trinken sollten): »Aber meine Frau. Die steht zu mir. Wie 'ne Eins. Verstehst du? Wie 'ne Eins.« Tja, und das – ist doch schon mal was.

DRITTES KAPITEL
DER MANN
UND DIE
FREIZEIT

53. Warum zieht es ihn immer in den Bastelkeller?

Ist das der Fall? Dann sollten Sie sich einige Gedanken machen. Er lebt wahrscheinlich deshalb noch mit Ihnen zusammen, weil es so herrlich bequem ist. Er hat aber schon lange keine Lust mehr, jeden Abend Ihr liebes Gesicht zu sehen. Deshalb flüchtet er dorthin, wo Sie nicht so oft sind. In den Keller. Wenn er alleine in die Kneipe ginge, wo er jetzt noch lieber wäre als im Bastelkeller, dann hätten Sie Grund zur Klage, und er hätte Stress. Er hat aber keinen Bock auf Ihre Klagen, und schon mal gar nicht auf Stress. Den hat er tagsüber genug. Also geht er runter in den Keller. Dagegen können Sie ja nicht viel sagen, denn wahrscheinlich bastelt er sogar etwas für Sie beide, ein Regal fürs Schlafzimmer oder so.

Aber nun ist natürlich nicht jeder Mann, der abends im Bastelkeller verschwindet, seiner Frau überdrüssig. So einfach ist das ja nun alles auch wieder nicht. Der Bastelkeller (es kann auch was anderes sein! Sie wissen schon: Bastelkeller ist ein Synonym für andere männliche Fluchtburgen), der Bastelkeller also ist – genau – seine Fluchtburg. Da Sie als Frau die Gestaltung der gemeinsamen Räume fest im Griff und genauso hingekriegt haben, wie Ihnen das gefällt, ist der Mann als solcher eigentlich nur Gast in seiner eigenen Wohnung. Er hat sie nicht eingerichtet. Sein Geschmack hat sich nicht durchgesetzt. Seine Farben sind das nicht an der Wand. Seine Bilder hängen dort auch nicht. Im Kühlschrank steht vielleicht sein Bier, aber Männer leben nicht im Kühlschrank. Sie greifen nur hinein. Warum sollte sich der Mann also in einer Wohnung wohl fühlen, an die er sich allenfalls gewöhnt hat – die aber keineswegs seinen Bedürfnissen und Geschmacksvorstellungen entspricht?

Sicher: Er kommt abends dorthin zurück, er nimmt Sie in den Arm, er sagt, Schatz, wie schön hast du wieder den Tisch gedeckt, und die schönen Kerzen, und alles gut. Nix gut. Er würde das alles ganz anders machen.

Vielleicht hasst er dieses schummerige Licht, das Sie so gern verbreiten. Vielleicht wird er impotent von den Räucherstäbchen, die Sie für erotisch anregend halten. Vielleicht findet er Ihr Lieblingsbild an der Wand total kitschig. Vielleicht fragt er sich, was wohl seine Kumpels von ihm denken würden, wenn sie ihn in dieser gruseligen

Umgebung sehen würden. Wo man eventuell sogar noch Hausschuhe anzieht, wenn man reinkommt, weil der weiße Teppich neu ist.

Oje! Ihr Haustier, falls Sie eins haben, fühlt sich in Ihrer Wohnung wohler als Ihr Mann. Aber er würde das niemals zugeben. Denn Sie würden ihn nicht einmal ansatzweise verstehen und schon gar nicht sagen: Schatz, ab sofort leben wir mal so, wie du das willst. Ich geh jetzt zwei Wochen zu meiner Mutter, du räumst inzwischen alles raus und wieder rein, so wie du das willst, und in der Umgebung, die du dann geschaffen hast, werde ich mich wohl fühlen. Ha! Never-ever! Und Sie wissen warum! Weil ER keinen Geschmack hat! Weil ER das totale Chaos anrichten würde! Schauen Sie mal, da haben wir es: Sie als Frau halten ihn irgendwie für einen partiellen Idioten, stimmt's?

Und weil das ein Mann nicht mag, geht er eben in den Bastelkeller. »Zufrieden bastelt Groß und Klein. Hier ist er Mann, hier darf er's sein.«[35] Weitere Gründe für den Bastelkeller: Er teilt Ihren Fernsehgeschmack nicht, aber Sie haben die Macht über die Fernbedienung. Er hat keine Lust, mit Ihnen zu schlafen, und bastelt, bis Sie eingedämmert sind. Er darf in der Wohnung nicht rauchen, dort unten schon. Er bastelt wirklich gern wäre natürlich auch ein akzeptabler Grund.

Der Mann braucht mal seine Ruhe. Er muss mal nachdenken über alles. (Fragen Sie nicht, worüber. Das zerstört den Reiz.) Er muss mal mit sich ins Reine kommen. Er muss den Tag für sich Revue passieren lassen und sich auf den kommenden vorbereiten. Pläne entwickeln und verwerfen, Strategien andenken und verbessern. Er muss mal in Selbstgesprächen all das sagen, was er sich am Tage zu sagen nicht getraut hat. Er muss sich mal selber auf die Schulter klopfen. Er muss mal mit seinen Gegnern abrechnen, ohne dass die sich wehren können. Er muss mal einen trinken, ohne dass Sie mürrisch die Augenbrauen heben. Er muss einfach mal Mann sein dürfen. »Schatz, woran denkst du gerade?«, wäre jetzt die unpassendste Bemerkung der Welt. Sein normaler Tag sieht doch so aus: Er wacht auf und soll ganz lieb sein, am besten Sie mit Küsschen begrüßen, okay? Dann soll er frühstücken und dabei voll auf Sie eingehen, obwohl er morgens am liebsten überhaupt nicht spricht. Das ist Stress für ihn. Ab in die Firma, und der Stress geht weiter. Acht Stunden oder mehr funktioniert er, aber er lebt

---

35 frei nach Goethe, »Faust I«

doch nicht. Dann nach Hause. Und jetzt sind Sie da. Blablabla, was so alles passiert ist, endlich kommt der Mann nach Hause, und die Kinder, und die Nachbarn, und was nicht alles. So geht das nonstop bis zum Einschlafen. Vorher stellt sich noch die Frage nach Sex, aber entweder haben Sie keine Lust, oder er pennt vorzeitig ein, entweder verpasst er den richtigen Moment, oder er sagt das falsche Wort, kurz und gut: Das Leben des Mannes ist NICHT beneidenswert. Aber da ist dieser Bastelkeller. Seine Ruhe jedenfalls hat er dort, und das ist doch auch schon was, und diese gottverdammt notwendige Ruhe sollten Sie ihm nun wirklich gönnen. Es ist doch nicht viel, was er von Ihnen verlangt.

54. Warum kann man mit ihm nicht shoppen gehen?

Man kann mit ihm shoppen gehen! Nur etwas anders, als Sie das gewohnt sind. Für Sie ist Shoppen ein kommunikatives, sinnliches Ereignis. Für Männer ist Shoppen kaufen, bezahlen und gehen.

Es gibt Männer mit wenig Geld, die gehen in einen Discounter-Laden, probieren eine Jeans an, zahlen und gehen. Es gibt Männer mit viel Geld, die gehen in eine Nobel-Boutique, probieren fünf sündhaft teure Anzüge an, zahlen und gehen. Aber warum ist das so?

Es ist ein Relikt aus der Caveman-Zeit. Als wir alle noch in Höhlen hausten. Damals war es nämlich so: Der Mann ging zur Jagd. Er spürte das Wild auf, erlegte es und schleppte es nach Hause. Das war anstrengend genug. Alles andere wäre Zeitverschwendung und hätte den Rest der Herde nur verscheucht.

Sie aber haben in der Zeit, wo er nicht da war, was anderes gemacht. Mit Ihren Nachbarinnen und Freundinnen sind Sie in schützender Nähe der äußerst geschmackvoll dekorierten Höhle durch die sonnendurchfluteten Büsche gestreift, haben gekichert und gescherzt, die Kinder geherzt, Beeren gesammelt, hier mal geguckt, da mal geluschert, ein bisschen Wäsche in den Fluss gehalten, wieder rausgenommen, wieder ein bisschen gequatscht, den neuesten Tratsch aus der Nachbarhöhle erfahren, über Ihren Mann geschimpft, noch ein paar Beeren gesammelt, und schließlich sind Sie glücklich mit dem vollen Körbchen nach Hause gehüpft. An sich haben Sie nichts gemacht, außer einige Beeren zu sammeln. Aber der Tag war wunderbar. Und was Sie dem Alten alles zu erzählen hatten, als er mit dem Hirsch über der Schulter nach Schweiß und Blut stinkend nach Hause kam! Für ihn war das alles unwichtiger Weiberkram, und zugehört hat er damals so widerwillig wie heute.

Sehen Sie: So, wie Sie früher kichernd durch die Büsche gehüpft sind, hier ein Beerchen, dort ein Schwätzchen, so gehen Sie heute shoppen. Nur: Früher hat er abends gesagt »Ruhe, ich bin müde«, und Sie haben sich daran gehalten, weil er sonst ungehalten wurde. Heute quatschen Sie einfach weiter, weil Sie keinen Respekt mehr vor ihm haben. Bis er im Bastelkeller verschwindet oder in der Kneipe. Das exakt ist der Unterschied zwischen dem Neandertaler und uns: Frauen durften früher weniger quatschen. Deshalb wäre Ihr Mann manchmal ganz gern ein Neandertaler. Und genau deshalb benimmt er sich auch manchmal so. Zumindest im Bastelkeller (oben traut er sich nicht).

Wenn Sie also mit ihm shoppen wollen, dann gehen Sie am besten zweimal shoppen. Beim ersten Mal allein oder mit Ihrer Freundin. Da probieren Sie alles an, lassen sich unendlich Zeit, quatschen und sammeln und verwerfen und quatschen und begrabschen und lassen sich beraten und beraten sich gegenseitig, also Sie treffen Ihre konkrete Auswahl. Beim zweiten Mal nehmen Sie Ihren Kerl mit und sagen: Das will ich, wie findest du es? Und das, okay? Und das noch, und das war's, und jetzt gehen wir was Feines für dich aussuchen, Hasilein. Und da sagst du, was dir gefällt. So mögen die Männer das. Es ist doch alles im Grunde ganz einfach.

55. Wie kriege ich ihn zum Sport?

Besorgen Sie ihm eine Geliebte, und lassen Sie die dafür sorgen, dass er was für seinen Körper tut. Das ist mehr als ein blöder Scherz, denn es ist so: SIE kriegen ihn nicht dazu, wenn er das nicht von sich aus will. Sagen Sie ihm tausendmal, dass er zu dick wird, dass er mal um den Teich joggen soll und dass Sie seine Wampe nicht attraktiv finden. Es wird ihn einfach nicht interessieren. Er findet es allenfalls nervig, dass Sie ständig an ihm herumkritisieren. Warum soll er für Sie irgendwelche Action machen, die nichts als nur anstrengend ist? Sie hat er doch! Sie sind doch seine Frau!

Es gibt zwei Menschen, die ihn zum Sport animieren können: Das sind sein Arzt und seine Geliebte. Okay. Dass er eine Geliebte hat, wollen Sie nicht, also scheidet das aus. Bleibt der Arzt. Im Optimalfall haben Sie einen guten Draht zu dem Mediziner. Ein bisschen Show? Irgendwas mit Fettspiegel im Blut und einer daraus resultierenden recht geringen Lebenserwartung? Männer hängen am Leben, aber wie. Wenn der Arzt sagt: »Mach noch ein Jahr so weiter, und ich komme gern zu deiner Beerdigung« – dann hören sie umgehend auf zu rauchen und zu saufen, laufen wie die Wiesel um den Dorfteich und melden sich auch ohne Training sofort zum nächsten Marathon an.

Viele Männer warten sogar nur drauf, dass der Arzt ihnen so etwas irgendwann sagt. Weil sie dann einen Grund haben, was für die Gesundheit zu tun. Und weil sie in jeder Männerrunde mit ihrer Arztgeschichte sofort ungeteilte Aufmerksamkeit und grenzenlose Sympathie erzielen. »Also, mein Arzt hat gesagt … Noch ein Jahr so weiter … Es ist absolut Ultimo … Einfach zu gut gelebt … Die vielen Frauen, die Sauferei all die Jahre, ihr wisst schon …« Das sind medizinische Highlights wie Schusswunden. Das sind Momente, wo jeder am Stammtisch sinnend nickt und schamvoll ins Bierglas glotzt. Im Hintergrund fehlt jetzt nur noch die Titelmelodie von »High Noon«. Hier sitzen lauter Helden am Tresen. Aber einer von ihnen hat's echt geschafft. Der trinkt Wasser, joggt um den Feuerwehrteich und hat soeben mit der letzten Packung Zigaretten das Kneipenklo verstopft. »Ich brauch das nicht mehr.«

Ha! So macht gesund leben Spaß! Dann steht er auch noch als Erster vom Tresen auf und fährt ohne Promille mit dem Auto nach Hause! Der hat heute Nacht wahrscheinlich sogar noch Sex!!! Jaja, man müsste auch mal was tun.

Also: Der Arzt hat die Kompetenz, Ihren Mann auf die Aschenbahn zu jagen und ihn trotzdem Mann bleiben zu lassen. »Meine Frau findet, dass ich zu dick bin«, kommt an keinem Tresen gut. Außer dem Arzt gibt es dann natürlich noch die sehr viel jüngere Partnerin, die einen Mann zum Abnehmen animieren kann. Der »Joschka-Fischer-Effekt«. Als erheblich jüngere Frau mit einem älteren Partner werden Sie ihn vermutlich gar nicht zum Sport tragen müssen. Allein die Vorstellung, dass Sie ihn wegen eines Jüngeren mit Waschbrettbauch verlassen könnten, zwingt ihn auf die Aschenbahn.

Eine weitere Möglichkeit, wie man Männer zum Sport kriegt: Man geht selber hin. Dann erzählt man ganz nebenbei von den durchaus sympathischen Männern, die man dort trifft. »Würdest du mögen, echt!« Aber die haben allesamt eine erheblich versautere Figur als er, der über alles geliebte Mann. Nun soll er mal mitkommen, nur damit sie so richtig stolz auf ihn sein und ihn als den bestgebauten Kerl on earth vorstellen kann! So ticken Männer. Da gehen sie mit.

Sie können natürlich auch die ganze Ernährung umkrempeln, kein Bier mehr im Haus haben und Möhrchen statt Kekse anbieten. Hiervon ist jedoch wegen erheblicher Risiken und Nebenwirkungen abzuraten. Wenn ein Mann nicht mehr essen darf, wonach ihm ist, wird er sauer. Er fühlt sich bevormundet und gegängelt. Er wird das nicht deutlich äußern. Vielleicht lobt er Ihre Fürsorge sogar. Aber Sie kratzen mit jeder Möhre an seinem Ego, und jedes Müsli nimmt ihm einen Teil seiner Männlichkeit. Kann sein, dass er Sie eines Tages wortlos verlässt – wegen einer Frau, die ihn Currywurst mit Pommes essen lässt, wann immer ihm danach ist.

56. Soll ich ihn alleine ausgehen lassen?

Entschuldigung: Ein Mann ist kein Hund, auch wenn er sich manchmal so benimmt. Wenn Sie die Alternative haben, Ihrem Mann das alleine Ausgehen zu ermöglichen oder es zu unterbinden, haben Sie gar keinen Mann mehr zu Hause. Sondern ein enteiertes, geschlechtsloses Wesen. Ein Mann, der alleine ausgehen will, tut das. So, und nun kommen wir zum Thema, denn es gibt ja noch Zwischentöne. Also: Sie können sein alleine Ausgehen unterstützen, Sie können es schweigend tolerieren, Sie können es aber auch maulend hinnehmen. »Schon wieder deine Kumpels …?« Wählen Sie Alternative Nr. 1. Unterstützen Sie seine Kneipengänge. Aus mehreren Gründen.

1.) Sie steigen in seiner Achtung, weil Sie ihm seine Freiheit lassen. Und er steht vor seinen Kumpels gut da. Viele von denen kriegen tatsächlich Theater, wenn sie mal alleine wegwollen. Er kann behaupten: Ich hab meine Frau im Griff. Ich mache, was ich will.
2.) Auf die freie Wildbahn losgelassene Männer machen viel harmlosere Dinge, als die daheim gebliebenen Frauen glauben. Sie saufen

meistens nur. Die meisten Männer sind nämlich selbst für den Puff zu geizig und zu müde, außerdem haben sie darauf gar keinen Bock. Worüber die Jungs so reden, wenn sie mal losgelassen sind, das lesen Sie gleich.

3.) Der Mann als solcher braucht tatsächlich mal seinen Freiraum. Er hat ein Recht darauf, sich auch mal mit seinesgleichen zu treffen. Das geht nur in einer »frauenbefreiten Zone«.

4.) Sie haben mal wieder einen Abend ganz für sich, das ist doch auch nicht schlecht. Sie könnten die Zeit nutzen, um mal über Ihre Beziehung nachzudenken!

5.) Sie haben einen Mädels-Abend gut bei ihm. Denn erst neulich war er doch ohne Sie auf der Piste.

Übrigens: So ungefähr alle zwei Wochen mal alleine weggehen ist ein gutes, gesundes Mittelmaß – öfter will er gar nicht.

57. Worüber redet er mit seinen Kumpels?

Vorwiegend über die Firma. Das wird Sie überraschen, aber Frauen stehen für Männer wirklich nicht an erster Stelle. Die Kernfrage zwischen zwei Kumpels heißt: »Und – wie läuft's bei dir?« Jeder Mann weiß, dass damit nicht die Ehe gemeint ist. Sondern der Job. Wenn ein Mann einen anderen Mann fragt »Und – wie läuft's bei dir?«, wird der nicht von seiner Beziehungskrise zu reden anfangen, sondern sagen: »Gut!« Und dann kommt als allererstes eine Geschichte aus dem Job. Ein Dachdecker wird erzählen, wie er sich heute fast die Finger auf dem First abgefroren hat. Und was er für Schwarzarbeits-Aufträge reingekriegt hat. Ein Versicherungsagent (»Und – wie läuft's bei dir?« – »Gut!«) wird erzählen, dass er jetzt schon fast dran ist an dem Riesenpaket, dieser Mega-Versicherung, na ihr wisst schon, eine für alles, und halb so billig wie die Konkurrenz, nur die Leute kapieren das nicht, aber vielleicht schon nächste Woche … Das erzählt er immer so. Dann sitzt da noch ein Taxifahrer am Tisch. »Und – wie läuft's bei dir?« – »Schlecht.«

Das ist auch immer so. Alle Taxifahrer erzählen immer, dass alles scheiße läuft. Fünf Euro die Stunde ist schon viel. Die Stunden, wo sie 30 Euro machen, fallen irgendwie in ein schwarzes Loch des

Vergessens. Taxifahrer sind ständig schlecht drauf. Deshalb fragt sie meistens keiner mehr, wie's bei ihnen läuft. ER – also der, an den Sie jetzt gerade denken und wegen dem Sie dieses Buch überhaupt nur lesen – setzt sich nicht an den Tresen und sagt: Leute, gestern haben meine Perle und ich SO eine geile Nummer geschoben, das muss ich euch unbedingt sofort erzählen. Das ist Quatsch, da hört keiner zu. Die Firma ist es, was die Männer eint. Sie ist wichtiger als jede Frau, wie Sie aus dem vorigen Kapitel wissen.

Dann reden Männer, das gehört auf Platz zwei, gern über Maschinen. Bei den meisten ist es natürlich die im Auto. Kleingärtner interessieren sich brennend für die Motoren von Rasenmähern. In Hafenkneipen drehen sich die Gespräche unter Männern um Schiffsmotoren. Um Schiffsfarben und ihre unterschiedliche Qualität. Um Tiefgang und hydraulisch zu klappende Masten. Um die beste Werft, um den besten Schwarzarbeiter-Trupp (»die nehmen 10 % von der Werft und sind doppelt so gut, ich schwör's dir«).

Platz drei für das gemeinsame Hobby! Kommt einer in besagter Hafenkneipe gerade von einer Schiffsreise zurück und sitzt mit am Tisch, wird diese Reise in allen Einzelheiten diskutiert. Welche Schleuse wie und wann passiert wurde, wie viel Wind querab von welchem Hafen geblasen hat, welche Tonne von wo nach wo verlegt wurde. Darüber können Männer länger reden als Sie mit Ihren Freundinnen über die neue Herbstmode.

Tja, und Platz vier gehört der Polizei. Da muss nur mal einer erzählen, dass er letzte Nacht volltrunken in eine Kontrolle geraten ist, aber das Pustegerät war wohl kaputt, und er wurde mit höflichen Empfehlungen in die Nacht entlassen. Schon sind die nächsten zwei Stunden thematisch ausgebucht mit Geschichten, wo irgendjemandem auch mal so was passiert ist. Und überhaupt, neulich. Was ich da mit den Bullen erlebt habe! Ich sag es euch. Muss ich unbedingt mal eben erzählen. Sabbel-Sabbel-Sabbel.

Platz fünf gehört der Politik. Ein eher unerfreuliches Thema in diesen Zeiten. Aber irgendwann kommt jede Männer-Gesprächsrunde auf Politik, schließlich sitzt ja an jedem Dorfstammtisch mehr politische Kompetenz als im gesamten Plenum des Bundestages. Stammtische im Westen sagen, die Ossis sind Scheiße. Stammtische im Osten sagen, die Wessis sind Scheiße. Einzelne Themen, wie zum Beispiel der Irakkrieg oder die Karstadt-Krise im Herbst 2004, werden en detail diskutiert, wobei eigentlich keiner dem anderen richtig zuhört, sondern alle reden möglichst laut und möglichst lange. Ganz so wie im Fernsehen. Nur lustiger. Denn im Fernsehen trinken ja alle immer nur Wasser. Und ER trinkt mit seinen Kumpels alles. Nur kein Wasser.

Am Ende, wenn jeder außer dem stammtischtypischen Geizhals (den gibt's in jeder Runde) einen ausgegeben hat und alle eigentlich schon nach Hause wollen, geht es (Platz sechs der Hitliste) dann auch mal um Sie. Aber nicht um Sie persönlich. Nein – um die Frau schlechthin, um die Frau als solche. »Alle Frauen sind scheiße« ist der meistgehörte Satz an dieser Stelle, auch »als Schwule wären wir längst Millionär« wird immer wieder gern in den Raum geworfen, gefolgt von dem klassischen Stoßseufzer: »Wenn ich all das Geld hätte, das ich schon in Frauen gesteckt habe!«

Zwischendurch erzählen sich Männer auch gern mal ein paar Witze, reden über den Arsch der Kellnerin, erörtern die Wirkung von Rotwein mit Wodka und belästigen sich gegenseitig mit ausführlichsten Schilderungen ihres letzten Arztbesuches. Sie sehen, das ist alles absolut harmlos.

58. Darf ich ihn anrufen, wenn er nicht aus der Kneipe findet?

Wenn Sie ihn nach wie vor für einen Hund halten, ja. Die Beaufsichtigung bis an den Tresen (»wo steckst du eigentlich?«) ist dem Pfiff vergleichbar, mit dem man einen Hund bei Fuß ruft. Und nichts ist peinlicher, als wenn er wenig später tatsächlich hastig zahlt und die Runde verlässt. Die Blicke der anderen Jungs werden ihm halb mitleidig, halb belustigt folgen. Einerseits lässt er sich zum Affen machen. Andererseits hatten sie alle schon mal mit solchen Frauen zu tun oder haben es noch. Mal sehen, wessen Handy als nächstes klingelt. Darauf noch eine Runde. Und jetzt sagt garantiert irgendjemand: »Alle Frauen sind scheiße.«

Sind die Herren noch nüchtern genug, lösen Sie mit Ihrem Kneipenanruf vielleicht eine Grundsatzdebatte aus: Sollte man als Mann nicht sowieso lieber alleine leben? Auch eins der Lieblingsthemen an jedem Tresen. Die Vorteile liegen ja auf der Hand. Erstens spart man langfristig eine Menge Geld, wenn man die Scheidung überlebt. Zweitens kann man tun und lassen, was man will. Zum Beispiel hat man die Fernbedienung, kann die Füße auf den Esstisch legen und rülpsen. Man muss auch nicht mehr auf die Linie achten und kann saufen, was reingeht. Es wäre plötzlich auch absolut scheißegal, wo die getragenen Socken von gestern liegen. Man würde sie halt dann wegräumen, wenn sie einen stören. Vorher nicht.

Die Tresenrunde wird sich schnell darüber einig, dass das alles allein schon wegen der Kinder nicht geht. Auf die möchte man ja keinesfalls verzichten. Alle Männer lieben ihre Kinder. Auch wenn sie nicht immer so viel Zeit mit ihnen verbringen, wie das vielleicht angemessen wäre. Aber wenn es keine Kinder gäbe? Wäre man dann nicht tatsächlich alleine besser dran? An dieser Stelle meldet sich meistens jemand zu Wort, der etwas wirklich Rührendes sagt. »Ach nee. Lieber doch nicht. Dann wäre ja keiner da, wenn man abends nach Hause kommt.«

Das ist es also, was Männer bei ihren Frauen hält? Das ganz alltägliche »Hallo Schatz«, wenn sich der Schlüssel im Schloss dreht? Das Begrüßungsküsschen? Die frischen Blumen im Wohnzimmer? Das Heimelige, Gewohnte, Vertraute, Liebgewordene? Sie als Frau muss das doch freuen.

Rufen Sie ihn nicht an. Lassen Sie ihn in Ruhe. Der Kater von morgen ist Strafe genug. Am Tresen ist jetzt sowieso nicht mehr viel los. Der Kellner stellt die Stühle hoch und bläst die Kerzen aus. Der Kumpel, dessen Handy vorhin klingelte, ist auch schon längst zu Haus. Eine Runde noch auf unsere Frauen. So scheiße sind sie ja nun auch wieder nicht.

59. Wie wichtig ist sein Hobby für ihn?

Sehr wichtig. Das Leben eines Mannes besteht aus einem Korsett von Pflichten. Er ist fremdbestimmt. Ständig MUSS er irgendetwas tun. Er MUSS gut sein im Job. Er MUSS für die Familie sorgen. Er MUSS die Raten zahlen. Er MUSS sich zu Hause anständig benehmen. Er MUSS Ihnen zuhören. Er muss dies, er muss das. Die einzige Entspannung findet er in seinem Hobby. Dem KANN er nachgehen. Sein Hobby ist deshalb sogar lebenswichtig für ihn.

Sollten Sie sein Hobby teilen? Zwei Möglichkeiten: Entweder er möchte das gern – oder Sie lassen es besser. Gut denkbar und gar nicht so selten ist nämlich, dass er sein Hobby deshalb so liebt, weil es ihn mal für ein paar Stunden von Ihrer Gegenwart befreit. Weil er endlich mal mit sich allein sein kann. Deswegen liebt er Sie aber trotzdem! Denkbar ist aber auch, dass er Sie unheimlich gern dabei hätte und sehr darunter leidet, dass Sie so gar nicht an seinem Hobby interessiert sind.

Freizeit-Skipper zum Beispiel haben in aller Regel Frauen, die leicht seekrank werden und Boote grässlich finden. Also die falschen Frauen. Die wenigen Männer in den zahllosen Yachtclubs, die eine schiffsbegeisterte Frau haben, werden von den anderen glühend beneidet. Und wenn Sie dann noch bei einer Bootsbesichtigung als Erstes in den Maschinenraum klettern und erst danach die Pantry[36] sehen möchten, gelten Sie in jedem Hafen unter Männern als Lottosechser.

Manchmal ergeben sich aus einem gemeinsamen Hobby wahrhaft skurrile Geschichten. Bei den Recherchen zu diesem Buch erzählte ein Familienvater folgende Geschichte: »Meine Frau und ich besuchten meinen Freund auf seinem Boot. Von da an war meine Frau infiziert, ja schiffsverrückt. Kurz danach kauften wir uns auch ein Boot, das allerdings stark reparaturbedürftig war. Um es bezahlen zu können, haben wir sogar die Sparschweine der Kinder geplündert! Die nächsten Monate verbrachte ich ziemlich viel Zeit an Bord und habe alles in Ordnung gebracht. Dabei haben wir uns wohl irgendwie auseinander gelebt. Und jetzt sind wir geschieden.«

Ist das nicht mal wieder typisch Frau? Erst redet sie ihn in den Kauf hinein. »Au ja, das wollen wir auch haben!« So ein Boot ist ja wirklich was Schickes. Kosten darf's natürlich nicht die Welt, also einigt man sich auf eine schwimmende Schrottlaube. Er (Handwerker) freut sich, dass es nun die Möglichkeit einer gemeinsamen Freizeitgestaltung gibt, krempelt die Ärmel hoch und fängt an, ein Schmuckstück aus dem alten Kahn zu machen. Für wen? Für sich? Nicht nur! Für sie, für die Kinder, für die ganze Familie. Als er fast fertig ist, zieht sie ein langes Gesicht: So hat sie sich das ja nun nicht vorgestellt, dass er jedes Wochenende an Bord herumbastelt. Und überhaupt, wozu

---

36 Schiffsküche

braucht man eigentlich einen Ehemann? Tschüs! Mach doch mit dem Boot, was du willst! So sind Frauen. Und darum können Männer sie meistens überhaupt nicht verstehen.

Diese hübsche Geschichte wird sogar noch getoppt, denn wir haben es hier mit einem männlichen Unglücksraben zu tun. Also: Bevor das mit dem Boot anfing, wurde die weitere Familienplanung diskutiert. Noch ein Kind, nein danke, da war man sich einig. Aber wie nun verhüten? Pille verträgt sie nicht, Präservative sind irgendwie blöd, und sonst fiel den beiden auch nix ein. Der Mann, ein wahrer Gentleman, schlug nun vor, sich die Samenstränge kappen zu lassen. Ja, super! Nun kann er keine Kinder mehr zeugen, die Frau ist weg, und zum Trost bleibt ihm nichts als ein halbfertiges Boot. Männer greifen manchmal wirklich auf voller Länge in die Scheiße.

60. Darf ich ihn ins Theater schleppen?

Ja! Obwohl die meisten Männer Theater hassen. Schließlich haben sie zu Hause genug davon. Das Einzige, was ihnen am Theater gefällt, ist das Bierchen in der Pause. Ein bisschen Bildung schadet einem Mann aber keinesfalls, und da dürfen Sie durchaus sanften Druck ausüben. Wenn Sie schlau sind, bereiten Sie das ein bisschen vor: Man könnte zum Beispiel vor dem Besuch eines Musicals (extrem unbeliebt bei den meisten Männern) ein bisschen was über die Geschichte lernen, die da gesungen und getanzt wird. Sie könnten ihm vorher erzählen, wer die Story komponiert hat und warum. Schließlich haben Sie ja Internet, um sich schlau zu machen. Sie dürfen ihm sogar ein Theater-Abo zu Weihnachten schenken. Auch wenn er innerlich so säuerlich guckt, als hätten Sie sich für ein Paar Socken entschieden.

Sie müssen es irgendwie schaffen, sein Interesse an Kultur zu wecken. Dahin führen viele Wege, nicht alle führen zum Ziel, und manche sind ziemlich blöd. Vielleicht gibt es im Stadttheater mal einen Tag der Offenen Tür, wo die ganze Backstage-Technik zu besichtigen ist? Das könnte ein spannender Ansatz sein, das könnte ihn auch mal interessieren. Danach kriegen Sie ihn leichter in eine Aufführung. Oder Sie stecken sich hinter die Frau von seinem besten Kumpel und kaufen Karten für alle vier, da sagt er bestimmt nicht nein. Eine ganz andere Frage ist, warum Sie ihn denn unbedingt zum Kulturgenuss vergewaltigen wollen, wenn er sich dafür überhaupt nicht interessiert. Möglicherweise, weil sie beide kaum etwas gemeinsam haben und Sie endlich mal wieder mit ihm über irgendwas reden möchten? Dann brauchen Sie vielleicht gar keine Theaterkarte, sondern einen guten Scheidungsanwalt.

Machen Sie sich keine Illusionen: Die Zwangsverpflichtung zum gemeinsamen Theaterbesuch wird ihn keinesfalls automatisch zu einem anderen Menschen machen, selbst wenn er mitgeht. Sondern er ist hinterher genau derselbe Typ, der er vorher war. Sie können einen Mann nicht ändern. Der Mann ist grundsätzlich kein anpassungsfähiges Wesen. Er ist, wie er ist. So akzeptieren Sie ihn, oder Sie verlassen ihn.

61. Warum guckt er so viel fern?

Weil er sonst mit Ihnen reden müsste. Fernsehen ist die bewährteste männliche Methode, sich um weiblichen Redefluss herumzudrücken. Männer reden nicht gern. Viel fernsehen ist aber nicht nur ein Zeichen für männliche Sprachlosigkeit. Sondern auf jeden Fall auch ein ernst zu nehmendes Warnsignal. Es bedeutet nämlich ein nicht unerhebliches grundsätzliches Desinteresse an der Beziehung. Lieber in die Glotze gucken als sich anschauen, lieber sich berieseln lassen als einander zuhören – da kann doch was nicht stimmen. Machen Sie den Härtetest: Einen Monat ohne TV. Danach sind Sie entweder getrennt – oder wieder frisch verliebt. Das ist sowieso eine spannende Überlegung: Wenn heute Abend jemand Ihr Kabel durchschneidet oder die Schüssel vom Dach klaut, oder wenn sämtliche Sender ad hoc ihr Programm einstellen würden, wenn also auf dem Bildschirm ab sofort nur noch grieseliger Schnee zu sehen wäre: Was würden Sie beide dann den ganzen Abend machen? Nicht nur heute, sondern auch in den nächsten Monaten? Sex? Reden? Lesen? Irgendwas spielen? Oder sich anschweigen? Wüssten Sie überhaupt noch etwas miteinander anzufangen? TV-Verzicht ist die beste Kläranlage für menschlichen Beziehungs-Unrat. TV-Verzicht »klärt« so manches.

Gehen Sie abends mit offenen Augen durch die Stadt: Hinter fast jedem Fenster blitzt es bläulich. Hinter diesen Fenstern hat niemand was Besseres zu tun. Das sind keine Pärchen, die sich gezielt für eine bestimme Sendung interessieren, sich schon drauf gefreut haben, die Sendung gucken und dann ausschalten. Das sind vermutlich zu 90 % Allesgucker, die nichts miteinander anzufangen wissen. Traurig? Ja.

62. Wohin möchte er wirklich in Urlaub?

Hoffentlich dorthin, wo Sie Urlaub machen, aber dann würde sich die Frage ja nicht stellen. Haben Sie das Gefühl, er will woanders hin? Die meisten Männer träumen von einem Abenteuerurlaub, verbunden mit einer Menge Komfort. Aber sie wissen, dass es zwecklos wäre, mit den Frauen darüber zu reden. Darum fügen sie sich lieber und fliegen zum neunten Mal nach Mallorca, immer in dieselbe Pension, immer an denselben Strand. Ist doch auch so schön für die Kinder. Und man kennt die Nachbarn doch schon. Die kommen auch immer wieder. Oder der Campingwagen an der Ostsee. Wäre doch schade, wenn er den Sommer über leer steht. Schließlich hat man ihn ja mal bezahlt, nicht wahr?

»Ich war noch niemals in New York, ich war noch niemals richtig frei …« Kein Mensch außer ihm selbst weiß, wo Ihr Mann wirklich gerne Urlaub machen möchte. Es gibt nur Hinweise: Bei welcher Art von Urlaub hören alle Männer sofort gierig hin und wollen unbedingt mehr wissen? Das sind:

1.) Wohnmobil-Urlaub. Am liebsten das größte und schönste Wohnmobil mieten, das auf dem Markt ist. Noch lieber so ein Riesenteil, mit dem die Schausteller unterwegs sind: vorn ein Sattelschlepper und als Auflieger die reinste Komfortwohnung mit Badewanne, Mikrowelle, elektrischem Bierdosen-Plattmacher und allem Pipapo. Zur Not tut es aber auch ein kleines Wohnmobil, und es muss auch nicht die Route 66 sein. Im Hochsauerland kann man auch Abenteuer erleben.

2.) Motorradurlaub. Dann aber bitte schon die Route 66, und natürlich geht das nicht mit den Kindern.

3.) Bootsurlaub. Es gibt viele zauberhafte Strecken, die man mit geräumigen Schiffen (glatt sechs Kojen!) und ohne Bootsführerschein befahren kann. In Deutschland zum Beispiel die Müritz in Meck-

Pomm. In Holland und Irland die ganzen Kanäle. Man wird kurz eingewiesen und schippert los, immer mit der Ruhe. Das ist Urlaub, von dem Männer träumen. Mit Angel und deutschem Bier.

Aber Ihr Mann ist so wie alle anderen auch: bequem, konfliktscheu und traditionsverhaftet. Also buchen Sie ruhig schon mal Mallorca, zum neunten Mal dieselbe Pension.

Wissen Sie, was Ihren Mann freuen würde? Wenn er mal selber und alleine entscheiden dürfte, was Sie im Urlaub machen. Von der Idee bis zum Buchen. Wenn Sie einfach nur mal mitkommen würden und sich im Übrigen raushalten. Sie könnten das ja umschichtig machen: Dieses Jahr entscheidet er, im nächsten Jahr sind Sie dran usw. Aber »die schönsten Wochen des Jahres« überlassen Sie ihm natürlich nicht so gern. Da möchten Sie schon ein Wörtchen mitreden, stimmt's? Am Ende kommt ein Kompromiss raus zwischen dem, was Sie möchten, und dem, was er möchte. Bestenfalls. Noch wahrscheinlicher ist, dass Sie sich mal wieder durchsetzen. Und feige, wie er ist, lässt er es mit sich machen.

63. Warum geht er lieber mit seinen Kumpels aus als mit mir?

Männer lieben Rituale. Die Treffen mit den Kumpels sind Rituale und deshalb für jeden Mann absolut heilig. Irgendwann muss er ja auch mal von Ihnen ausspannen und unter seinesgleichen sein. Zweimal die Woche ausgehen, also einmal mit den Kumpels und einmal mit Ihnen, wäre ihm wahrscheinlich zu teuer. Und da es mit Ihnen doch so herrlich gemütlich zu Hause ist, kriegen Sie ihn eben schwer mit dem Hintern vom Sofa. Außerdem muss er morgens früh raus, da ist mehr als einmal pro Woche sumpfen ohnehin nicht drin. Schritt eins für Sie: Gehen Sie genauso oft mit Ihren Freundinnen aus wie er mit seinen Kumpels. Machen Sie auch ein Ritual daraus. Den »Mädchenabend«. Schritt zwei: Lassen Sie IHN einen Abend in der Woche fürs Essen sorgen. Da gibt's einfach nix. Schritt drei: Verabreden Sie mit einem befreundeten Pärchen Treffen zu viert, und stellen Sie IHN vor vollendete Tatsachen. Er wird schon mitkommen.

Männerfreundschaften sind etwas ganz Besonderes und nicht vergleichbar mit der Qualität einer Beziehung zwischen Mann und Frau. Frauen kann man verlassen. Freunde nie. Wenn Sie etwas über Männerfreundschaften lernen wollen, schauen Sie sich »Bandits« mit Bruce Willis an.[37] Die Message: Frauen kommen, Frauen gehen. Freunde bleiben. Wenn's sein muss, sogar bis in den Tod. Die beiden Freunde in dem Film erschießen sich am Ende gegenseitig (oder nicht?). Einer der schönsten Filme über Männer, die es gibt.

Dennoch: Machen Sie sich Sorgen, wenn er Ihnen seine Kumpels vorzieht. Ein gutes Zeichen ist das keinesfalls. Sie können die Messlatte Ihrer Beziehung natürlich niedrig hängen und sich damit abfinden. Aber schön ist das nicht. Gebetsmühlenähnlich kann man immer nur wiederholen, was sich die meisten Frauen einfach nicht eingestehen wollen: Wenn Männer sich abwenden und keinen Bock mehr haben, dann ist die Beziehung in der Krise. Auch wenn sie nach außen noch haltbar erscheint: Sie gleicht einem Baum, der zwar noch steht, aber innerlich hat ihn schon längst der Wurm zerfressen und ausgehöhlt. Keine Substanz mehr. Im Wald macht der Förster ein Kreuz auf die Rinde, und demnächst kommt die Kettensäge. Die wenigsten Männer haben den Mut, die Kettensäge an ihre Beziehung zu setzen. Sie lassen einfach alles so, wie es ist, und gehen halt mit ihren Kumpels aus.

64. Warum will er meinen Freundeskreis nicht kennen lernen?

Wie gesagt sind die Freundinnen der eigenen Partnerin für viele Männer etwas Bedrohliches. Zugegeben: Das sind Männer mit einem eher schwachen Ego. Aber von denen gibt es eine Menge! Er weiß nicht, was Ihre Freundinnen über ihn wissen. Das macht ihn unsicher. »Worüber redet ihr Frauen eigentlich so?« Er fürchtet sich auch vor dem Urteil, dass Ihre Freundinnen über ihn abgeben könnten. Außerdem findet er sie alle zickig und doof. Er weiß, dass Sie sich mit den Mädels blind verstehen, was er von sich ja nicht gerade behaupten kann: Er versteht Sie ja nur in den seltensten Fällen. Deshalb ist er, so verrückt das klingt, eifersüchtig.

Nun gibt es in Ihrem Freundeskreis ja vielleicht noch ein paar Männer. Da wären als Erstes Ihre Ex-Freunde zu nennen, mit denen Sie

37 *USA 2001, mit Cate Blanchett in der weiblichen Hauptrolle. Die deutsche Fassung heißt »Banditen«. Regie führte Barry Levinson.*

sich natürlich immer noch super verstehen. Okay: Dass Ihr Typ mit denen nicht unbedingt Freundschaft schließen möchte, das können Sie noch so gerade eben nachvollziehen. Obwohl Sie es toll fänden, wenn's so wäre. Aber gut. Die möchte er aus gutem Grund nicht näher kennen lernen.

Als Zweites gibt es diejenigen Ihrer Freunde, die zwar hetero sind, aber mit Ihnen nie etwas hatten. Wieso kommen Sie auf die Idee, dass Ihr Typ die gerne kennen lernen oder sogar nett zu ihnen sein möchte? Ein Mann denkt so: Entweder sind sie scharf auf meine Frau und warten gerissenerweise ab, bis ich einen schweren Fehler mache. Oder sie hatten was mit meiner Frau, und sie gibt es nicht zu. Dass ein Hetero-Mann mit einer Frau befreundet sein kann, ohne mit ihr Sex zu haben bzw. haben zu wollen, geht einem Mann nicht in den Kopf (siehe Fragen 20/21).

Wobei man jetzt mal fragen muss, ob er nicht Recht hat mit seinem düsteren Verdacht. SIE haben einen Hetero-Freund, mit dem Sie nie was anfangen würden? Und der auch mit Ihnen nie was anfangen würde? Platonische Freundschaft zwischen Mann und Frau also, ganz ohne Hintergedanken? Leider gibt es so etwas nicht. Ihr Mann hat absolut Recht, wenn er diesen Männern in Ihrem Freundeskreis nicht über den Weg traut. Als Drittes gibt es noch Schwule in Ihrem Freundeskreis. Jede Frau hat einen schwulen Freund, und mit dem versteht sie sich immer besonders gut. Er hört so wunderbar zu, man kann mit ihm shoppen gehen, er will keinen Sex (na toll), und er ist ja SO verständnisvoll. Also ist er so ungefähr das Gegenteil von dem Typen, mit dem Sie das Lager teilen. Warum, bitte schön, sollte Ihr Mann dieses leuchtende Gegenbeispiel seiner eigenen Unvollkommenheit kennen lernen wollen? Gibt es dafür irgendeinen Grund? Aus Männersicht: Nein.

Wir können an dieser Stelle gleich die Familie mit einbeziehen. Obwohl sie eigentlich nicht zum »Freundeskreis« einer Frau gehört. Machen Sie ja nicht den Fehler, den neuen Mann an Ihrer Seite umgehend zu Ihrer Mutter zu schleppen. Der Besuch bei der Mutter der neuen Freundin ist für einen Mann so wie der Moment, in dem der Pfarrer sagt: Sie dürfen die Braut jetzt küssen. Etwas Endgültiges. Ein Versprechen auf lebenslang. Männer sind schon schreiend weggelaufen in dem Moment, in dem sie zum Kaffeetrinken bei der Mutter einer Freundin eingeladen waren. Also vereinbaren Sie erst dann einen Termin, wenn er von sich aus darum bettelt, endlich mal Ihre Sippschaft kennen lernen zu dürfen. Vorher nicht.

Zurück zu Ihrem Freundeskreis. Es ist ja in der Regel nicht so, dass er ihn total meidet. Also auf Partys kommt er ja wohl mit. Sonst können Sie ihn eh knicken. Nein: Er hat nur Angst vor zu viel Nähe. Er würde sich in diesem Kreis niemals öffnen. Er wird immer äußerst misstrauisch bleiben. Und das ist doch auch gar nicht so schlimm: Pflegen Sie Ihren Freundeskreis, lassen Sie ihm den seinen, und wo sich beide überschneiden, da ist es besonders schön. Schließlich ist Ihr Typ ja ein eigenständiges Individuum und wird durch die Partnerschaft nicht automatisch ein Teil von Ihnen.

65. Warum macht er mich auf Partys immer klein?

Weil er ein Arschloch ist. Ganz ehrlich: Dies ist ein Buch, das um Verständnis für Männer wirbt. Aber es ist kein Plädoyer für das Arschloch im Mann. Wenn er Sie in Gegenwart von anderen niedermacht, schießen Sie ihn in den Wind.

Aber die Frage hieß ja, WARUM er das tut. Wollen wir uns wirklich mit dieser Frage befassen? Na gut, ganz kurz. Er hat Komplexe, fühlt sich nicht ausreichend bestätigt, markiert deshalb den dicken Max und zeigt der Welt, dass er wenigstens zu Hause die Hosen anhat. Weil er seine Liebste in Gegenwart von Dritten niedermachen kann. Ein armer Wicht, den Sie sich da geangelt haben.

66. Wie viel Freizeit braucht er für sich allein?

Das Geheimnis einer guten Partnerschaft besteht nicht im Festhaltenmüssen, sondern im Loslassenkönnen. Entspannen Sie sich. Lassen Sie ihn in Ruhe. Geben Sie ihm Freiraum. Lassen Sie los. Lassen Sie ihn. Lassen Sie ihn seinen Job machen (allein), lassen Sie ihm seine Freizeitvergnügungen (allein), lassen Sie ihm seine Freunde und Kumpels (allein). Genießen Sie die Zeit, die er mit Ihnen verbringen möchte. Und fordern Sie niemals mehr von ihm. Dann könnte es sein, dass er bei Ihnen bleibt. Wohlgemerkt: Es könnte sein. Sicher ist das aber nicht.

VIERTES KAPITEL
DER MANN UND DAS GELD

67. Wie kann ich ihm Kohle aus der Tasche locken?

Oho, oho! Wollen Sie das denn? Na gut: Das wollen viele Frauen. Aber es ist schwierig. Von Natur aus hat er nämlich den Igel in der Tasche. Er gibt sein Geld also keinesfalls freiwillig her. Da müssen Sie sich schon was einfallen lassen! Grundsätzlich gilt folgende Regel: Je besser der Sex, desto großzügiger der Mann. Sorgen Sie für seine hormonelle Ausgeglichenheit. Lassen Sie ihn allein einschlafen, und er wird knauserig.

Für einen Mann besteht das Leben aus Geben und Nehmen. Geld ist für ihn dabei ein gleichwertiger Faktor im Vergleich zu anderen Zuwendungen, auch im Vergleich zu Sex. Mal gibt er Liebe, mal gibt er Zärtlichkeit, mal gibt er Geld, mal macht er Komplimente, mal bringt er Blumen mit, mal bringt er den Müll runter, was ist der Unterschied? Ein Mann unterscheidet da nicht. Ist alles für dich, Schatz.

Er gibt sogar gerne Geld, wenn er in Geberlaune ist. Lieber als den ganzen anderen Kram. Beim Blumenkaufen lauert die Politesse vor dem Laden und schreibt schon das Ticket, während er noch zahlt. Zärtlichkeit ist ziemlich stressig und zeitraubend, und er hasst es sowieso, Ihre Füße massieren zu müssen.

Seine gut gemeinten Komplimente gehen oft nach hinten los, weil er sie zwar gut meint, aber doch meistens irgendwie falsch formuliert. Im Müllkeller riecht es unangenehm, außerdem hat er weiß Gott was anderes zu tun, als volle Tüten runterzuschleppen. Was lernen wir daraus? Einmal die Amexco ritsche-ratsche ist eine sehr viel angenehmere Art, Ihnen seine Liebe zu zeigen. Denn dabei kann nicht so wahnsinnig viel schief gehen, und Sie haben dann ja auch immer so leuchtende Augen.

Aber er will was dafür zurück. Erst Zuwendung, dann Erotik, dann Sex. Wenn Sie mit ihm aber guten Sex haben und er ist immer noch knauserig, dann ist er wahrscheinlich geizig, und Sie werden Schwierigkeiten haben mit seinem Geld.

Es wird Sie vielleicht schockieren, aber es ist Tatsache: Die meisten Männer zahlen eigentlich ganz gerne, wenn sie guten Sex dafür kriegen. Das gilt für die Lady an der Straßenecke, aber es gilt auch für Sie, seine über alles geliebte Partnerin. Männer glauben tatsächlich, dass sie mit Geld so ziemlich alles kriegen können.

Aber dann ist Liebe für einen Mann doch fast dasselbe wie Prostitution!? Tja, das haben Sie jetzt gesagt. Gegenfrage: Kennen Sie nicht auch einige Frauen, bei denen die Grenze zwischen dem einen und dem anderen nicht so ganz klar zu ziehen ist? Kennen sie wirklich keine einzige Frau, die für großzügige Geschenke zu einigem bereit ist? Und was ist mit Ihnen?

Männer und Frauen passen vielleicht doch ganz gut zusammen. Denn die meisten Männer versorgen gern. Und die meisten Frauen lassen sich ganz gern versorgen. Eigentlich schade, dass man so was heutzutage nicht mehr laut sagen darf. Aber wir, also Sie und der Autor, wir sind ja unter uns, und Sie behalten das alles schön für sich. Okay?

68. Wie kriege ich die Macht über sein Geld?

Gegenfrage: Warum möchten Sie das? Eigentlich kann es doch nur zwei Gründe geben.

1.) Er kann nicht mit Geld umgehen, weil er im Grunde seines Herzens noch ein kleiner Junge ist.
2.) Sie haben ein finanzielles Ziel, das von seinem erheblich und grundsätzlich abweicht.

Trifft 1.) zu? Dann haben Sie den falschen Mann, aber damit sind Sie nicht allein: Im vorigen Jahrhundert zum Beispiel mussten die Frauen ihre Männer freitags am Werkstor abholen, damit sie den bar ausgezahlten Wochenlohn nicht in die Kneipe, sondern nach Hause trugen. Lohntüte her, hier haste 'ne Mark, aber trink nicht so viel durcheinander. Das war die krasseste Form von weiblicher finanzieller Macht. Und sie war notwendig. Weil die Kinder sonst hätten hungern müssen, und weil sich die Männer in der Kneipe eben wie kleine Jungs benahmen. Unsere Omas hatten alle den falschen Mann, könnte man daraus schließen.

Trifft 2.) zu? Dann haben Sie auch den falschen Mann. Warum haben Sie beide denn so unterschiedliche Ziele? Sind das wirklich nur unterschiedliche finanzielle Ziele, oder haben Sie beide ganz unterschiedliche Lebensziele? Passen Sie denn überhaupt zusammen? Darüber sollten Sie auch mal nachdenken. Im Übrigen werden Sie die Macht über sein Geld dann sehr leicht kriegen, wenn Sie ihm immer wieder sagen, dass er der Größte und Beste ist, und wenn Sie stets guten Sex mit ihm haben.

Aber das hatten wir ja schon. Männer sind schlichte Gemüter, man kann es nicht oft genug wiederholen. Also, die Macht über sein Geld. Die »Verfügungsgewalt«. Sie möchten bestimmen, wofür es ausgegeben wird. Stellen wir uns mal vor, Sie möchten gern ein Reihenhaus. Er aber gibt das ganze Geld immer für irgendwelchen technischen Kram aus, den kein Schwein braucht. So wird das nie was mit dem Reihenhaus, stimmt's? (Sie können das Beispiel ja abwandeln, sodass es zu Ihrer Situation passt.) Schon 200 Euro im Monat sind 2400 Euro im Jahr und 24 000 Euro in 10 Jahren, was plus Zinsen bereits eine anständige Anzahlung ergeben könnte. Aber diese 200 Euro im Monat gehen eben für irgendwas drauf. Nur nicht fürs Reihenhaus. Das ist in der Tat blöd.

Erste Möglichkeit: Stellen Sie ihm eine Falle. Machen Sie ein Spiel mit ihm. Es heißt: »Wer mehr spart, gewinnt.« Und es geht so: Die nächsten drei Monate bestimmt Ihr Mann alleine, was mit dem Geld gemacht wird. Sie fragen ihn wirklich wegen jedem Scheiß. Und Sie führen genau Buch. Mal sehen, was am Ende übrig bleibt. Die darauf folgenden drei Monate bestimmen Sie, was mit dem Geld gemacht wird. Er fragt Sie wirklich wegen jedem Scheiß. Und Sie führen wiederum genau Buch. Nur: In den letzten drei Monaten haben Sie natürlich jede Menge Möglichkeiten, die Kosten der Haushaltsführung so dramatisch zu senken, dass Sie am Ende mit mindestens drei 100-Euro-Scheinen mehr wedeln können als er in seiner Zeit. Ab sofort, so war die Abmachung, sind Sie fürs Geld verantwortlich. Übrigens ist »Wer mehr spart, gewinnt« ein Spiel, das in etwas abgewandelter Form zum Standardprogramm jedes Managerseminars für effektive Betriebs- und Personalführung gehört. Es ist ein schlichtes Rollenspiel, das man wunderbar manipulieren kann. Nicht fair, aber ungerecht.

Zweite Möglichkeit: Finden Sie Verbündete. Haben Sie sich schon einmal gefragt, auf wen Ihr Mann eigentlich hört? (Wenn schon nicht auf Sie.) Jeder Rudelführer hat einen Oberrudelführer. Jeder männliche Idiot vertraut einem noch größeren männlichen Idioten. Jedes Genie hat einen Mentor. Jeder Sohn hat eine Mutter. Also: Ihr Partner hat irgendeinen Flüsterer, gegen den Sie schlecht ankommen. Genau der oder die soll Ihr Verbündeter sein. Greifen Sie Ihren Partner auf der Jagd nach seiner Kohle von außen an, über Dritte. Wetten, dass er nichts davon mitkriegt, wenn Sie es schlau genug anstellen? Und wenn Sie genau diesen Flüsterer überhaupt nicht leiden können, was normal wäre: Ändern Sie das. Schließen Sie falsche Freundschaften. Es lohnt sich, denn schließlich geht es ja um SEIN GELD, an das Sie heranwollen. Überzeugen Sie den Flüsterer von Ihrer Idee, dann haben Sie Ihren Partner sehr schnell auf Ihrer Seite.

Dritte Möglichkeit: Lassen Sie sich scheiden! Natürlich nicht einfach so, sondern geschickt eingefädelt. Spielen Sie einige Jahre die liebende Ehefrau, nehmen Sie sich dann einen guten Anwalt, machen Sie sich schlau, rechnen Sie alles exakt durch und eröffnen Sie erst dann Ihrem vollkommen überraschten Mann die traurige Tatsache, dass es aus ist. Auch so können Sie die Macht über sein Geld bekommen. Und vielleicht werden Sie ohne ihn ja tatsächlich viel glücklicher. Und reicher obendrein.

Vierte Möglichkeit: Eröffnen Sie doch einfach die offene Schlacht! Sagen Sie ihm, dass und warum er nicht mit Geld umgehen kann, aber dass und warum Sie das sehr wohl können. Und dass es deshalb besser für ihn ist, wenn Sie die Macht über sein Geld übernehmen. Ein spannendes Spiel mit unsicherem Ausgang. Entweder ist er ein enteierter Weichling, dann lässt er sich darauf ein. Oder Sie haben einen echten Kerl an Ihrer Seite, dann haben Sie verzockt.

Fünfte Möglichkeit: Schleichen Sie sich wie ein Virus in seine finanziellen Planungen ein, immer ein Stückchen mehr. Schneiden Sie den Ausgabenkuchen in einzelne Tortenstücke und übernehmen Sie nach und nach eins nach dem anderen. Aber egal, für welche Möglichkeit Sie sich entscheiden: Wichtig ist auf jeden Fall, dass Sie mehr Sachkunde haben als er. Männer sind echt guten Argumenten durchaus zugänglich. Sie lieben sogar Frauen, die sachlich argumentieren können und Fachkenntnis beweisen. Machen Sie ihn aber bitte niemals klein, wenn Sie mit ihm diskutieren. Seien Sie äußerst diplomatisch. Fahren Sie ihm nie über den Mund. Erwecken Sie niemals den Eindruck, dass Sie besser informiert sind als er. Schweigen Sie ergriffen, wenn er seine Argumente vorbringt. Lassen Sie sich alles erklären. Und kontern Sie dann umso geschliffener, ebenso messerscharf wie butterweich. Das ist nicht leicht? Stimmt! Aber so kriegt man Männer an die finanzielle Leine. Nur so.

69. Wie kriege ich ihn zum Sparen?

Ganz einfach: Indem Sie sich erst mal fragen, worauf er denn gern sparen möchte. Machen Sie sich sein Ziel zu Eigen, auch wenn es nicht das Ihre ist. Er hätte gern ein neues Auto? Okay, dann wollen Sie auch ein neues Auto, und zwar genau das, was er gern hätte. Mit allen Extras, mit Spoiler, Leder und Klima. Dass man dafür etwas zurücklegen muss, wird selbst einem Lebewesen der Gattung Mann klarzumachen sein. Nehmen Sie ein in möglichst weiter Ferne liegendes, ein möglichst unerreichbares Ziel. Sie haben gleich den Vorteil, dass er Sie für eine ganz tolle Frau hält, denn Sie sparen ja mit ihm auf genau das, was er gern hätte. Gekauft wird das Teil natürlich nie. Überlegen Sie sich später, wie Sie seine Begehrlichkeit von diesem Ziel auf ein anderes lenken können, wenn das Geld erst mal da ist. Da fällt Ihnen zu gegebener Zeit schon was ein!

70. Muss er mir sagen, was er verdient?

Natürlich, schließlich leben wir nicht mehr im vor-vorigen Jahrhundert. Ihr Mann weiß übrigens genau, dass Sie ein natürliches Anrecht auf dieses Wissen haben. Und er hat ein verdammt schlechtes Gewissen, falls er einer dieser Dinosaurier ist, die ihr Gehalt vor ihren Frauen verschweigen.

Jede Wette: Alle Frauen seiner Freunde wissen, was die verdienen. Also: Wenn Sie tatsächlich nicht wissen, was Ihr Mann verdient, haben Sie irgendwas Grundsätzliches falsch gemacht. Allein schon die Frage ist ein Witz. Gestatten Sie eine Gegenfrage: Wie blöd sind Sie eigentlich? In welcher Zeit leben Sie? Fragen Sie Ihren Mann noch heute, was er verdient. Und wenn die Antwort ausbleibt, brauchen Sie einen Anwalt. Man nennt das heute »Fachanwalt für Familienrecht«. Es sind Anwälte, die Scheidungen einreichen. So einfach ist das.

71. Soll ich mich in die Finanzen einmischen?

Entweder immer – oder nie. Es ist eine Frage der Aufgabenverteilung: Es gibt Männer, die können besser mit Geld umgehen als ihre Frauen; dann ist es gut, wenn sie die Finanzen verwalten. Es gibt auch Frauen, die das besser können als Männer. WasIhr Mann jedoch abgrundtief hasst, ist folgendes typisch weibliche Verhalten: Er ist zuständig fürs Geld. Aber wenn er dann mal Nein sagt, weil Ihre saisonbedingten Wünsche nach einem neuen Paar Schuhe (übrigens Paar Nr. 72) nicht in seiner momentanen Planung vorkommen, ziehen Sie eine beleidigte Schnute, maulen rum oder verweigern gar sonst irgendwas. Entweder er verwaltet die Kohle. Oder Sie. Oder Sie machen das gemeinsam; dann haben Sie eine 50:50 gleichberechtigte Finanzverwaltung, und die ist ideal.

Wenn Sie sich also gerne raushalten, dann bitte ganz! Im Fußballverein Ihres Mannes läuft das übrigens problemlos: Einer im Verein hat die Hoheit übers Geld, und ohne dessen Zustimmung wird kein Cent ausgegeben. Und wissen Sie, warum das funktioniert? Weil Ihr Mann es dort nur mit Männern zu tun hat.

72. Warum gibt er lieber Geld für sein Hobby aus als für die Familie?

Möglicherweise tut er das gar nicht, sondern die Kosten für sein Hobby zählen für Sie doppelt. Das ist oft nur eine Frage der subjektiven Wahrnehmung. Wenn's aber so ist, bedenken Sie Folgendes. Ein Mann tickt so im Kopf: Das ganze Leben ackere ich für die Familie. Für mich fällt nichts dabei ab. Und das ist ungerecht. Ein Mann trennt klar zwischen »Familie« und »Ich«. Die Miete zum Beispiel ist für die »Familie«, nicht fürs »Ich«.

Das ist vielleicht nicht besonders logisch. Aber es ist männlich. Und wenn dann diese unheimlich starke neue Bohrmaschine vor ihm liegt und ihn anlächelt, dann denkt er eben: »Endlich mal was für MICH. Wie lange habe ICH mir nichts mehr gegönnt.«

Und dann kauft er sie. Auch wenn er schon zwei fast so gute im Keller liegen hat. Möchten Sie eine grobe Richtung, was noch normal ist und wo Schluss sein sollte? 5 % vom Nettoeinkommen fürs Hobby sollten Sie akzeptieren. Bedenken Sie außerdem, dass mit der neuen Bohrmaschine ja auch Ihr Lieblingsbild an die Wand gedübelt wird.

73. Was kann ich tun, damit er mehr verdient?

Nehmen Sie ihm auch noch die wenigen Pflichten ab, die bisher an ihm hängen geblieben sind. Das wäre doch schon mal eine gute Idee aus Männersicht.

Ein Mann kann sich nicht auf seine Karriere konzentrieren, wenn er abends auch noch den Müll wegbringen und die Kinder ins Bett bringen soll. Er tut ohnehin schon nichts von alledem? Schade, dann passt dieser Tipp nicht auf Sie. Lesen Sie doch bitte noch mal das Kapitel »Der Mann und seine Firma«: Da steht drin, was Sie keinesfalls tun sollten.

74. Warum will er nicht, dass ich arbeiten gehe?

Er könnte dafür gute Gründe haben. Nicht jeder Mann, der die Frau lieber zu Hause sieht als im Karrierestress, entspricht dem gängigen Klischee des tumben Paschas, der die drei K's für der Frau einzige Erfüllung hält. Obwohl es solche Deppen natürlich auch heute noch gibt. Vielleicht spürt er, dass es in einer Familie eine sinnvolle Aufgabenteilung geben muss.

So wie in einer Firma. Kommen Sie UND er abends ausgelaugt und mit leerer Batterie nach Hause, wer lädt dann wen wieder auf? Wer stellt sich auf wen ein? Soll er in seinem Job weniger leisten, damit er abends noch genügend Kraft für Sie und Ihre beruflichen Sorgen aufbringt? Es gibt nur ganz wenige Jobs, in denen man die Leistung einfach so etwas zurückschrauben kann, ohne gleich die ganze Existenz zu gefährden. Einen guten Job macht man ganz oder gar nicht. Und man ist froh, wenn man überhaupt einen hat. Vielleicht hat er ganz einfach Angst, dass dieses empfindliche Gleichgewicht im Familienverbund verloren geht. Dass Ihre Ansprüche an ihn steigen, wenn Sie sich künftig weniger um Haushalt und Familie kümmern können. Wenn

Sie bisher zu Hause waren und er Alleinverdiener war, so bedeutet Ihr Wiedereinstieg in die Berufstätigkeit eine grundlegende Veränderung des gesamten sozialen Konzeptes, auf dem Ihr Zusammenleben bisher beruhte. Sie müssen also, wieder ganz genau so wie in einer Firma, zunächst einmal ein tragbares Konzept ausarbeiten, wie das denn nun funktionieren soll.

Die meisten Männer stört diese unbekümmerte Naivität, mit der Frauen so etwas planen: »wird schon irgendwie gehen«, »du bist ja auch noch da«, »du kannst dich ja auch mal kümmern« usw.: Das sind doch alles keine schlüssigen Argumente! Vermutlich kriegen Sie sein Okay viel schneller, wenn Sie erst nachdenken und ihm dann einen Vorschlag machen. Ist er allerdings vernünftigen Argumenten nicht zugänglich, haben Sie möglicherweise tatsächlich einen tumben Pascha als Partner.

FÜNFTES KAPITEL

DER MANN UND SEIN STATUS-SYMBOL

75. Warum ist ein großes Auto so wichtig für ihn?

Der stärkste Hirsch hat das größte Geweih, der Löwenkönig hat die längste Mähne, der Hahn auf dem Mist hat das prachtvollste Gefieder. Und ausgerechnet Ihr Rudelführer soll sich mit zweitklassigen Autos zufrieden geben? In unserer gleichgeschalteten Gesellschaft hat ein Mann überhaupt keine Möglichkeit mehr, sich in der Außenwirkung von anderen zu unterscheiden. Kein Mann trägt ein Geweih, wenigstens kein sichtbares. Kaum ein Mann trägt eine Mähne, und wenn doch, dann jagen Sie ihn zum Friseur. Farblich unterscheiden sich Männer nur noch bei der Auswahl ihrer Krawatte. Und auch da sind sie nicht frei (wie viele haben Sie ihm schon verboten?). Es gibt nur ein Revier, wo ein Mann nach außen sichtbar Klasse zeigen kann. Das ist die Straße. Darum will er ein möglichst großes Auto. Sie als Frau können zum Beispiel Ihre Außenwirkung durch besonders elegante Klamotten, eine schicke Frisur, gefärbte Haare und Lippenstift verbessern. Ihr Mann kann das alles nicht. Er hat nur sein Auto. Das sollte natürlich nicht bedeuten, dass Sie im Frühling mit ihm über die Grundsatzfrage »Mercedes oder Mallorca« diskutieren. Männer diskutieren nicht gern. Lassen Sie einfach den Mercedes gewinnen.

Frauen wollen immer alles Mögliche ausdiskutieren. Ein Mann versteht nicht, was sich dadurch ändern könnte. Er kennt Ihre Argumente, Sie kennen seine. Er will ein größeres Auto, Sie wollen ein kleineres. Was bringt's, wenn Sie ihm die hohen Spritpreise vorhalten und er dadurch nichts kriegt außer ein schlechtes Gewissen? Wie sollte er Ihnen eindrucksvoll und frauenkompatibel verdeutlichen, dass es um mehr geht als nur um ein paar PS? Sie würden ihn nicht verstehen, und er will im Grunde gar nichts von Ihnen zu dem Thema hören. Da sich am Ende sowieso einer durchsetzen wird, ohne dass sich an der Sachlage durch dieses blöde Ausdiskutieren irgendetwas geändert hätte, können Sie das Ergebnis doch gleich vorwegnehmen: Einer macht, was er will, und der andere dackelt hinterher. So läuft das mit Ausdiskutieren, und so läuft das ohne Ausdiskutieren.

76. Würde er gern Cowboystiefel tragen?

Sagen wir mal so: Er wäre gern der Typ, der Cowboystiefel trägt. Er wäre sowieso gern ein ganz anderer als der, der er geworden ist. Frei möchte er sein. In seinen Träumen sieht er sich am Marlboro-Feuer sitzen und nicht am Küchentisch.

Die Zwänge, die ein Familienleben mit sich bringt, sind gegen seine Natur. Er ist ein gegen seinen Willen domestizierter Wilder. Er ist kein Wolf mehr, sondern ein bemitleidenswertes behäbiges Haustier, das auch noch Ihren weiblichen Launen ausgesetzt ist. Das ist tatsächlich ein trauriges Schicksal. Cowboystiefel alleine machen's natürlich nicht. Aber sie sind ein Symbol für alles, was er vermisst. Klar ist aber auch: Wenn er seine Träume verwirklichen könnte, würde er all das vermissen, was er jetzt hat, und wäre keinesfalls glücklicher damit. Wirklich kluge Frauen entlassen ihre Männer deshalb so oft wie möglich in deren Traumwelt. Und sie nörgeln niemals an ihnen herum. Ein einziger Tag mit der Angel am See kann einem Mann genug Cowboystiefel-Feeling für die nächsten vier Wochen geben. Wenn er dann noch eins der Kinder mitnimmt, ist es doch ideal. Ihm fehlt dann nur noch eins zum vollkommenen, frauenfreien Glück: dass ein Fisch anbeißt.

Auch wenn Sie alles wegschmeißen, woran er hängt (siehe nächste Frage): Lassen Sie bitte die Cowboystiefel im Regal. Und wenn er wirklich einen Fisch mitbringt: Übersehen Sie bitte das Packpapier vom Fischgeschäft.

77. Wie krieg ich seine ollen Lieblingsklamotten in den Müll?

»Beim Thema Mode wird der kleine Unterschied zur existenziellen Differenz«, meint die Partnerschafts-Autorin Christine Eichel in ihrem Essay »Du Tarzan, ich Jil Sander«:[38] »Ein Mann trennt sich leichter von seiner Partnerin als von der geliebten Cordhose mit dem hängenden Hosenboden ... Kein Wunder, dass diese dramatischen Wahrnehmungsunterschiede zuweilen in handfestem Streit eskalieren. Modemuffel kollidiert mit Fashion Victim, das ist die Kurzformel für den

38 »WamS«, 24. 4. 2005

geschlechtsspezifischen Dissens. Sie wirft ihm vor, dass er sich gehen lasse, er beschimpft sie als verschwendungssüchtiges Modepüppchen, und am Ende sitzt der Mann schmollend im eingelaufenen Jogginganzug vor dem Fernseher, während sie türenschlagend das Schlachtfeld verlässt, um ihren Kummer mit einer neuen Gucci-Röhrenjeans zu bekämpfen.« Männer sammeln ihre abgelegten Klamotten tatsächlich so liebevoll, als handele es sich um die letzten Erinnerungen an jene glorreiche Phase, in der sie noch tolle Hechte waren oder es zu sein meinten. Da es jedoch verschiedene männliche Klamottensammlertypen gibt, brauchen Sie auch verschiedene Ratschläge.

Der erste Sammlertyp ist harmlos. Er zählt zur Gattung des Homo ignorantis. Was den Kleiderschrank verstopft und ob er es überhaupt noch mal anzieht, interessiert ihn überhaupt nicht. Für ihn besteht die Existenzberechtigung eines Kleidungsstückes in der Tatsache, dass es im Schrank liegt. Also bleibt es da. Bis Sie es entsorgen. Sprechen Sie keinesfalls mit ihm darüber. Er wird es vermutlich nicht einmal merken. Übrigens glaubt dieser Typ Mann auch, dass Ihre Existenzberechtigung allein in Ihrer bloßen Gegenwart besteht. Sie sind da, also ist alles gut. Wären Sie nicht da, würde er es auch kaum merken.

Der zweite Sammlertyp ist schwieriger von seinen Klamotten zu befreien. Er zählt nämlich zur Gattung des Homo romanticus. Mit der alten Lederjacke verbindet er das erste Rendezvous mit seiner Verflossenen, mit der löchrigen Jeans jenen herrlichen Tag beim Angeln, mit den filzigen Wollsocken den ersten Skiurlaub und mit dem Holzfällerhemd natürlich jene güldenen Zeiten, als Sie noch nicht in sein Leben getreten waren und als Erstes alles wegzuschmeißen beschlossen, an dem er hing und hängt. Hier hilft nur sanfte Überzeugungsarbeit. Er soll seine geliebten Sachen ja behalten dürfen. Aber doch nicht im Kleiderschrank, wo man nur das aktuell Wichtige aufbewahrt! Er wird maulen, sich letztendlich aber doch für ein vorübergehendes Zwischenlager im Keller oder bei Oma auf dem Speicher erwärmen können. Hauptsache, die Sachen bleiben ihm erhalten. Als Mann wird Sie dieser Typ zeitlebens auf Händen tragen, jedenfalls mit seinen Augen betrachtet. Auch Sie sind ein Stück von ihm.

Nun kommen wir zum dritten Klamottensammlertyp. Dieser zählt zur Gattung Homo messiensis. Er ist ein Klamotten-Messie. Schwer zu beeinflussen, ganz schwer. Der Messie empfindet jedes Wegschmeißen eines geliebten Kleidungsstückes als eine Art hinterhältige Enteierung. Er bezieht seinen Selbstwert aus Besitz. Ich hab was, also bin ich was. Und mein belegter Teil im Kleiderschrank ist mindestens so groß wie ihrer. So denkt der Messie. Das macht ihn froh. Er ist bereit, wegen einer alten Jacke einen existenziellen Ehekrach vom Zaun zu brechen. Mit ihm sollten Sie nicht reden. Schmeißen Sie jeden Monat heimlich ein Teil weg, öfter nicht. In einem Jahr ist er um 12 Teile ärmer und hat es mit Glück nicht bemerkt. Der Messie-Mann ist übrigens als Partner vielleicht ganz anders, also hier gibt es keine Parallelen. Könnte aber sein, dass er noch mehr schwere Macken hat außer dieser.

Einen Tipp gibt es für alle drei Typen: nackte Erpressung. Entweder er lässt Sie ausmisten oder Sie brauchen einen neuen Kleiderschrank. Diesmal einen mit acht statt mit sechs Türen. Da die Wand aber zu schmal ist für acht, brauchen Sie eine neue Wand. Da die Wand zum Schlafzimmer gehört, brauchen Sie ein neues Schlafzimmer. Da kein anderes Schlafzimmer zur Verfügung steht, brauchen Sie eine neue Wohnung. Samt neuer Einrichtung. Vermutlich werden Sie nach dieser Debatte einige seiner alten Klamotten wegschmeißen dürfen.

78. Will er ein eigenes Haus, oder sagt er das nur wegen mir?

Das finden Sie leicht heraus, wenn Sie den »Advocatus Diaboli«[39] spielen. Sammeln Sie alle Argumente, die gegen das Eigenheim sprechen, und fragen Sie ihn, was er davon hält. Wenn er sie alle entkräftet, will er es. Gibt er Ihnen dankbar Recht, wollte er es noch nie.

Es gibt aber weitere Hinweise. Denken Sie mal zurück: Wer hatte die Idee, dass eine Mietwohnung nicht das Wahre ist? Wer war die treibende Kraft? Wer wollte »unbedingt« ein eigenes Haus? Sagen Sie jetzt nicht, »wir beide«. Fragen Sie sich, wer die »treibendere« Kraft war. Wer »unbedingter« wollte als der andere.

Es gibt Männer, die finden tatsächlich nichts so toll, als für ihre Liebsten eine Burg zu bauen und sie von der Zinne aus gegen Unbill

---

39 *»Advocatus Diaboli« (lat.) = Anwalt des Teufels. So nennt man jemanden, der aus Kalkül und um etwas zu erreichen bzw. herauszufinden das Gegenteil von der Meinung vertritt, die der Gesprächspartner hat – auch, wenn er vielleicht heimlich derselben Meinung ist.*

jeglicher Art zu verteidigen. Es gibt aber auch Männer, und das sind nicht wenige, die teilen zwar in der ersten Verliebtheit den ebenso typisch weiblichen wie bisweilen bescheuerten Wunsch, »was Eigenes« zu haben. So ein Haus stellt doch was dar, nicht wahr? Aber halt: Reicht dann das Geld, und ist es so weit, kommen Sie leider aus der Nummer nicht mehr raus. Viele bauen nur, weil sie vor 30 Jahren mal glaubten, dass Bauen gut für sie wäre. Das geben sie natürlich niemals zu, und so sichern sie Tausende Arbeitsplätze im heimischen Handwerk. Sozial, aber schwachsinnig.

Es gibt auch Männer, die glauben, sie machen alles mit links. Sie will ein Haus, na gut, also bauen wir ihr eins. Dann ist wenigstens Ruhe im Karton. Das bedeutet aber nicht, dass der Mann wirklich ein Haus will! Merke: Nicht jeder Mann neigt zur Sesshaftigkeit. In einem Haus bleibt man ja wohl wenigstens einige Jahre oder Jahrzehnte. Vielleicht ist gerade Ihr Mann ein Typ für die Mietwohnung: Weil er sich auf diese Weise immer einen kleinen Fluchtweg offen hält für den Fall, dass es mal nicht mehr klappt mit der Beziehung. Eine Wohnung kann man halt leichter kündigen, als ein Haus zu verkaufen.

Es ist deshalb dringend davon abzuraten, einen Mann in ein Haus hineinzuquatschen. Eventuell fühlt er sich, kaum eingezogen, eingeengt. Dann haut er ab.

Es gibt auch Männer (das könnte für Sie als Frau durchaus eine weitere Überlegung wert sein), die betrachten das Eigenheim als so eine Art Fußfessel: Wenn wir erst was Eigenes haben, dann gibt es in unserem Leben bestimmt keine Veränderungen mehr. Dann bauen wir was zusammen auf, und keiner von uns kommt mehr auf die Idee, das ganze Leben noch mal grundlegend zu ändern. Da atmet der Mann auf. Das hat er eigentlich immer gewollt, weil er konfliktscheu und diskussionsfaul ist. Nun braucht er sich nicht mehr ständig anzustrengen. Nun geht ja alles seinen Gang. Haus und Hypothek, Garten und Garage, Nebenkosten und Nachbarschaftspflege werden künftig die Themen in der Beziehung sein, und um die Beziehung an sich geht es eigentlich gar nicht mehr. Das ist eine Falle, die Sie garantiert zu spät erkennen werden und aus der Sie auch nicht mehr rauskommen.

SECHSTES KAPITEL
DER MANN UND DIE FAMILIE

79. Wie wird er ein guter Vater?

Definitionsalarm! Erst einmal müssen wir uns nämlich darauf verständigen, was ein guter Vater überhaupt ist. »Ein guter Vater hat viel Zeit für seine Kinder« ist eine ebenso gängige wie zweifelhafte Definition. Denn der Mann als solcher hat, was Sie vielleicht gerade vergessen hatten, auch noch einen Job zu machen. Und gleichzeitig einen guten Job zu machen und viel Zeit für die Kinder zu haben funktioniert in der Regel nicht. Außerdem wären dann alle Kapitäne von Containerfrachtern sauschlechte Väter.

Versuchen wir doch mal, uns auf eine andere Definition zu einigen.

1.) Ein guter Vater interessiert sich für seine Kinder? Ja. Wenn er da ist.
2.) Ein guter Vater spricht mit seinen Kindern? Ja. Ohne ständig den Oberlehrer rauszukehren.
3.) Ein guter Vater ist ein Vorbild für seine Kinder? Ja. Wenigstens in den wichtigen sozialen Verhaltensweisen.
4.) Ein guter Vater bringt seine Kinder voran? Ja. Er fördert sie sanft, aber nachhaltig.
5.) Ein guter Vater ist ein liebevoller Vater? Auf jeden Fall.

Aber: Ein guter Vater ist manchmal auch ziemlich streng und vielleicht unerbittlicher, als Sie es sind.

Können wir uns nun auf diese fünfteilige Definition einigen, sollten wir uns dem eigentlichen Thema nähern. Die Frage in der Überschrift hinter der Zahl 79 beinhaltet ja bereits, dass er es zur Zeit nicht ist. Nun halten wir uns einfach an die fünfteilige Definition, auf die wir uns gerade geeinigt haben, und arbeiten die einzelnen Kriterien ab.

»Ein guter Vater interessiert sich für seine Kinder ...« Das tut er also zumindest nicht ausreichend? Es ist nicht zwingend, dass die Ursache dafür bei Ihnen zu suchen ist. Aber es ist auch nicht ausgeschlossen. Wenn Sie zum Beispiel »alles« im Griff haben: die Schulprobleme, den ersten Liebeskummer, die Pubertät, das Zimmer-Aufräumen, den Ärger mit dem Mathelehrer und dem Pastor im Konfirmandenunterricht, den Streit ums Taschengeld und die Hausaufgaben: Welche Rolle spielt der Vater dann eigentlich noch in der Familie? Wozu haben Sie ihn bisher gebraucht, außer dass er mal auf den Tisch haut (»das erzähl ich deinem Vater«)? Männer, die nicht in die Erziehung eingebunden sind bzw. werden, dürften sehr schnell eine gewisse Interesselosigkeit entwickeln, und das ist vollkommen normal. Wenn ein Mann ein Auto hat, aber die Polizei verbietet ihm das Fahren, wird er das Auto in die Garage stellen und sich nicht viel drum kümmern. Ist er aber ständig mit dem Auto unterwegs, wird er es pflegen. Wenn Sie glauben, dass Sie für die Kinder zuständig sind, müssen Sie sich über seine Interesselosigkeit nicht weiter wundern. Sie ist die Folge davon.

Nun wollen wir aber natürlich nicht ständig die Frauen beschimpfen. Denkbar ist auch, dass Ihr Mann das Interesse an den Kindern aus Gründen verloren hat, die bei ihm zu suchen sind. Dann gibt es nur einen Weg: Sie müssen sein Interesse wieder wecken. Lassen Sie Vater und Kinder so oft wie möglich allein. Machen Sie sich einfach aus dem Staub. Besuchen Sie Ihre Freundin am anderen Ende der Republik, gehen Sie allein ins Theater, machen Sie ihn zum Kinder-Experten. Und warten Sie gespannt, ob sein Interesse neu erwacht. Es ist zu vermuten.

Nächstes Kriterium. »Ein guter Vater spricht mit seinen Kindern …« Er würde das ja vielleicht sogar tun, wenn Sie nicht ständig dazwischenreden würden. Viele Frauen quatschen immer dazwischen. Wissen immer alles besser. Müssen zu allem ihren Senf dazugeben. Halten Sie einfach mal den Mund, auch wenn es Konflikte zwischen Vater und Kind gibt! Aber Sie reden gar nicht ständig dazwischen? Dann muss man natürlich fragen, WAS Ihren Mann am Reden hindert. Ist es vielleicht das Fernsehen? Dann schmeißen Sie die Glotze raus. Man kann nicht miteinander reden, wenn der Fernseher läuft. Und wenn er ohne TV nicht leben mag, dann schmeißen Sie ihn raus. So einfach ist das Leben.

»Ein guter Vater ist ein Vorbild für seine Kinder …« Das heißt nun nicht, dass er sich das Rauchen abgewöhnen muss. Aber wenn er zum Beispiel ständig zu viel trinkt und dann ausfallend wird, haben Sie den falschen Mann und auch kaum Alternativen: Ein Zuhause mit Kindern eignet sich nicht wirklich als Entziehungsklinik. Ein gutes Vorbild ist er dann für die Kinder, wenn er gut mit Ihnen umgeht, also mit seiner Partnerin. Daran sehen die Kinder, wie man sich zu verhalten hat, und sie werden es wahrscheinlich für ihr späteres Leben übernehmen. Es kann deswegen passive Kindesmisshandlung sein, wenn Sie sich von Ihrem Mann zu viel gefallen lassen.

»Ein guter Vater bringt seine Kinder voran …« Es könnte sein, dass Sie alles blöd finden, was Ihr Mann den Kindern beibringen will, und dass er deshalb schon lange resigniert hat. Vielleicht sollten Sie da mehr Toleranz entwickeln. Es ist sowieso ziemlich egal, ob er die Kinder beim Thema »Wie angele ich einen Dorsch« oder beim Thema »Wie lerne ich Schönschrift« voranbringt. Wichtig ist nur, dass es überhaupt geschieht. Entwickelt er jedoch überhaupt keinen Ehrgeiz, was die Kinder angeht, und hält sich einfach nur raus, gilt auch hier wieder: Lassen Sie Vater und Kinder so oft wie möglich allein. Männer empfinden Frauen in der Kindererziehung oft ganz schlicht als störend. Sind sie auf sich gestellt, entwickeln sie ungeahnte Fähigkeiten, die sie in Ihrer Gegenwart vermutlich einfach verschweigen. Sie müssten mal Mäuschen spielen, wenn Sie weg sind und er mit den Kindern alleine ist! In der Regel wird dann erst mal aufgeatmet. Dann gelten zunächst gar keine Regeln, und jeder macht, was er will. Die Regeln stellen sich dann aber von ganz alleine ein. Vielleicht sieht die Küche hinterher aus wie Sau, aber es wird schon irgendwas Essbares auf dem Tisch stehen. Vielleicht sind die Zähne nicht so geputzt wie sonst, aber die Kinder werden es genießen. Weitergebracht hat sie, dass es Ausnahmen von der Regel gibt. Und – dass Mama ersetzbar ist. Das stört Sie doch hoffentlich nicht?

»Ein guter Vater ist ein liebevoller Vater …« Der nicht ständig genervt ist und immer nur seine Ruhe haben will. Der die Kinder nicht ständig herumkommandiert. Der nicht glaubt, dass immer alles nach seiner Pfeife tanzen muss. Ein Vater, der den Wert seiner Kinder nicht anhand von Schulnoten misst.

Einen Mann zu so einem Vater zu machen geht nur mit geduldiger Überzeugungsarbeit. Es geht keinesfalls im Streit. Wie's gehen könnte, zeigt Ihnen jeder Tennislehrer, der einen Anfänger trainiert: Er schickt ruhig und gelassen und mit unerschöpflicher Geduld lange, leicht zu kriegende Bälle übers Netz. Egal, wie hektisch und daneben die Bälle zurückkommen und ob überhaupt: Der Tennislehrer schickt neue Bälle rüber, einen nach dem anderen. Er regt sich nicht auf, er streitet nicht. Er ist die Ruhe selbst. Sie sind die Tennislehrerin, Ihr Mann ist der Anfänger, und die Bälle sind Ihre Argumente. Niemals scharf schießen, niemals verletzen, niemals die eigene Überlegenheit herauskehren. Nur lange Bälle. Alles klar?

80. Wie gehe ich mit seiner Mutter um?

Ist sie eine Nette oder eine Zimtzicke? Wäre Ersteres der Fall, würde Sie diese Frage nicht interessieren. Sie könnten dann zur nächsten Frage weiterblättern. Ist aber Letzteres der Fall, gibt's nur eins: Machen Sie sich die Dame zur Verbündeten.

Egal, wie ätzend sie ist. Mama ist vielleicht die einzige Frau, auf die Ihr Mann hört. Wer die Mutter im Sack hat, hat den Mann. Es ist ja nicht nur so, dass Söhne für Mütter immer Söhne bleiben, egal, wie alt sie werden. Es ist auch anders herum so, dass Söhne in der Mutter immer die Respektsperson sehen. Egal, wie alt sie werden.

Bei Ihnen spielt er vielleicht den trotzigen Macher, den ganz harten Macho. Bei Ihnen hat er die Hosen an. Bei Mama funktioniert das nicht so gut. Die kennt ihn schließlich noch aus der Zeit, als er in dieselben gemacht hat. Ein schnippisches »Junge, so geht das nicht« von Mama kann so viel verbessern wie siebenmal Ehestreit zum selben Thema. Schleimen Sie um die Dame herum, bis es Ihnen zu den Ohren rauskommt. Wenn das aber nicht geht, weil die Lage einfach zu verfahren ist: Halten Sie Abstand zu ihr. Und halten Sie sich mit Kritik zurück. Ihr Mann gibt Ihnen vielleicht sogar Recht; ändern wird es nichts. Die Mutter ist seine Nummer eins. Und das wird auch so bleiben.

81. Sollte er bei der Geburt dabei sein?

Anders gefragt: Wollen Sie hinterher noch Sex mit ihm? Noch anders gefragt: Finden Sie eine Geburt erotisch? Natürlich sind diese Männer toll, die mit der Liebsten zur Schwangerschaftsgymnastik gehen, auf der Gymnastikmatte sogar ihre geliebten Birkenstock-Sandalen ausziehen und aus lauter Liebe gleich mit Pressen lernen. Wun-der-bar. Solche Männer braucht das Land! Und das ist überhaupt nicht ironisch gemeint. Andererseits: Es ist kein einziger Fall bekannt, wo ein Mann sagt: »Erst seit ich bei der Geburt dabei war, habe ich mit meiner Frau so richtig guten Sex.«

Hingegen gibt es eine ganze Reihe von Männern, die sich bei der Geburt nicht wirklich wohl fühlen und hinterher erst recht nicht. Man hört sogar von Männern, denen die Teilnahme an der Geburt einen echten Schock versetzt, von dem sie sich lange oder gar nicht erholen mögen. Natürlich ist das ein vollkommen antiquierter und idiotischer Standpunkt. Aber Sie wollten wissen, wie Männer ticken. Jetzt wissen Sie's, was das angeht. Okay. Vielleicht WILL er ja unbedingt dabei sein? Und SIE wollen das auch. Na gut, dann mal los.

82. Soll ich ihn in die Erziehung reinreden lassen?

Männer sind komische Vögel. Sie kennen das von Ihrem: Wenn Sie als Frau sich in seinen Job einmischen, regt er sich auf. Aber er findet es ganz normal, abends nach Hause zu kommen und Ihnen kluge Erziehungsratschläge zu geben.

Das kann natürlich nicht funktionieren. Wenn die Kindererziehung Ihr Job ist, darf er mitreden. Aber nicht reinreden. Sie haben Ihre ganz persönliche, in Jahren getestete und stets verbesserte Erziehungslinie. Die gilt, solange Sie für die Kinder verantwortlich sind. Er wird das verstehen, denn in seiner Firma geht es genauso. Und genau damit können Sie die Fronten ein für allemal klären: Benutzen Sie seinen Betrieb als Beispiel. Eine Familie ist auch eine Firma. Sie funktioniert nach denselben Regeln. Entscheiden tut der, der die Verantwortung hat. Jede Wette: Diesen Vergleich wird er verstehen und akzeptieren. Weil er ein Mann ist.

83. Warum glaubt er, ich sei für die Kindererziehung zuständig?

Vielleicht glaubt er das gar nicht. Aber er ist faul. Jeder Mann ist faul. Und es ist bequem, sich rauszuhalten. Sie haben wahrscheinlich selber auch ein bisschen Schuld, weil Sie ihn nicht von Anfang an genug in die Kindererziehung mit eingebunden haben. Der entscheidende Fehler kann sogar ganz früh passiert sein. Als das Kind zur Welt kam: Welches Wesen war da für Sie das absolut wichtigste? Das Kind natürlich. Und wer war bis dahin das absolut wichtigste Wesen für Sie? Ihr Mann. Als Sie Mutter wurden, haben Sie Ihre Priorität verlagert und mit dem Baby eine Front gegen Ihren Mann aufgebaut.

Das haben Sie natürlich nicht bewusst gemacht, aber er hat es so empfunden. Gegen diese Front würde er niemals ankommen, das war ihm irgendwie dumpf klar. Und nach dem Motto »Dann mach doch deinen Scheiß alleine« hat er sich irgendwann innerlich verabschiedet. Darum glaubt er heute noch, dass Sie für die Kindererziehung zuständig sind.

Natürlich gibt es noch mehr denkbare Gründe, und nicht alle sind so irrational. Es gibt auch ganz vernünftige. Worüber beschweren Sie sich eigentlich? Ihr Mann geht arbeiten und schafft die Kohle ran. Das lastet einen Kerl schon aus. Kommt er abends müde nach Hause, können Sie ja wohl kaum erwarten, dass er auch noch Erziehungsprobleme regelt. Er macht seinen Job. Machen Sie doch einfach Ihren und kriegen Sie die Kinder groß, ohne ihn zu belästigen.

Vielleicht stellen Sie sich einen Mann vor, der so eine Art Multitalent ist. Erfolgreich im Job, sensationell als Vater, standhaft und stets bereit im Bett und auch noch so ein Typ zum Anlehnen. Die berühmte Sau, die gleichzeitig Wolle, Milch und Schnitzel liefert. Gibt's leider nicht. Vielleicht meint Ihr Mann ja nicht ganz zu Unrecht, dass Sie ihm wenigstens die Kinder abnehmen könnten?

84. Wie kriegen die Kinder Respekt vor ihm?

Wenn Kinder keinen Respekt vor dem Vater haben, liegt es leider meistens an der Mutter. Vermutlich können Sie den Kindern gegenüber die Klappe nicht halten. Manchmal reicht schon eine einzige abfällige Bemerkung, um das ganze schöne hierarchische System in der Familie zusammenbrechen zu lassen. Haben Sie was gegen Ihren Mann? Vermutlich ja. Aber warum behalten Sie das nicht für sich, wenn die Kinder dabei sind? Wenn Sie wirklich wollen, dass die Kinder wieder Respekt vor ihm kriegen, dann ändern Sie Ihr Verhalten. Und auch hier gilt: Lassen Sie Ihren Mann möglichst viel mit den Kindern gemeinsam machen. Halten Sie sich raus.

Natürlich kann es auch andere Gründe dafür geben, dass die Kinder keinen Respekt mehr vor dem Vater haben. Zum Beispiel, wenn er ständig betrunken ist. Dann wäre es vielleicht besser, wenn Sie mit den Kindern woanders wohnen würden.

85. Warum wollen so viele Männer keine Familie?

Es wird tatsächlich immer schwieriger, zeugungswillige Männer zu finden. Vor allem in der gut ausgebildeten Schicht um die 30 sind sie selten zu finden. Also genau diejenigen, die eigentlich Kinder machen sollten, wollen keine mehr. In dieser Bevölkerungsgruppe stieg der Anteil der Kinder-Unwilligen um 10 % allein in den letzten drei Jahren![40]

Wenn man mit Männern darüber redet, werden zunächst einmal finanzielle Gründe genannt. Klar. Jeder weiß, dass ein Kind bis zum Ende der Ausbildung so viel kostet wie ein Haus. Das zweite ist die Angst um den Arbeitsplatz. Sie ist bei Männern heute erheblich ausgeprägter als in der Generation ihrer Väter. Flexibilität ist gefordert. Blitzschnell wird ein Werk ins Ausland verlagert und man steht auf der Straße. Vielleicht gibt es einen neuen Job woanders, aber bestimmt nicht in derselben Stadt wie bisher. Kinder machen den Wechsel natürlich schwieriger.

Der dritte Grund verwundert. Offenbar haben die Männer ein merkwürdiges Wertesystem im Kopf. Dass Kinder das schönste Geschenk im Leben sind und durch nichts aufzuwiegen, sehen sie überhaupt nicht so. »Ich möchte mein Leben genießen«, sagen sie. Das Wort »Kinderglück« ist ein Wort von gestern. Für viele zählt es nicht mehr.

Männer mit guter Ausbildung sagen häufig, dass sie im Haifischbecken der Karriere mitmischen müssen (nicht wollen, sondern müssen!), und dass Kinder dabei hinderlich sind. Verfügbarkeit rund um die Uhr, Meetings bis spät in die Nacht und ja nicht den Anschluss verlieren: Der ganze Mann ist gefragt, und nur die besten kommen weiter. »Ich hab doch nicht acht Semester studiert und sieben Auslandspraktika gemacht, um die nächsten Jahre um 5 nach Hause zu fahren und mit meinem Kind zu spielen.«

Der Mann ist ein scheues Fluchttier geworden. Das kommt letztlich auch noch dazu. Immer weniger können sich vorstellen, dass ihre Beziehung tatsächlich ein ganzes Leben lang hält. Die Scheidungsquoten sprechen ja schließlich auch dafür. Also, sagt sich der Mann, werde ich mir doch nicht auch noch »ein Kind ans Bein binden lassen«. Beziehungen kann man schließlich beenden. Ehen kann man schei-

---

40 *BAT-Freizeitforschungsinstitut, 2006*

den lassen. Aber Vater – und das schreckt ab – ist man nun mal fürs ganze Leben. Die Kinderverweigerung der Männer hat inzwischen so dramatisch zugenommen, dass sie in nicht allzu ferner Zeit den Bestand unserer Gesellschaft oder zumindest unser relativ sorgenfreies Leben im dicht geknüpften sozialen Netz gefährden könnte. Und das nicht nur, weil uns die Einzahler für die Rentenkasse abhanden kommen. Ein Argument, das selbst den zeugungsunwilligsten Jungakademiker nachdenklich stimmen dürfte: In einem Land, dessen Elite sich nicht mehr fortpflanzt, sinkt die intellektuelle Leistungsfähigkeit der Gesamtbevölkerung automatisch ab, und zwar innerhalb weniger Jahrzehnte. Das Land stirbt vielleicht nicht aus, aber es kommen prozentual immer mehr Kinder zu Welt, die schlechte Startqualitäten und geringe Aussichten auf eine gute Ausbildung haben. Denn die sogenannte »Unterschicht« (ein Schlagwort, das uns im Herbst 2006 beschäftigte) plagt sich mit Skrupeln wie den oben genannten nicht herum und pflanzt sich munter weiter fort.

Sollte dieses einleuchtende Argument Ihren Liebsten nicht überzeugen, kaufen Sie ihm zwei mutmachende Bücher: »Wie Frauen ticken«[41] mit einigen Anmerkungen zum Thema Kinderkriegen und das neue Buch von »FAZ«-Herausgeber Frank Schirrmacher[42], in dem er die tragische Zukunft einer Gesellschaft mit null Bock auf Familie beschreibt. Mit am eindrucksvollsten ist seine Schilderung einer Gruppe Einwanderer, die im 19. Jahrhundert den Wilden Westen erreichen wollen. Eine Passüberquerung wird zu ihrem persönlichen Golgatha. Hier entscheidet sich, wem mit welchen Strategien das Überleben gelingt. Erfolgreich sind die Familienverbände und nicht – wie man vermuten könnte – die starken, jungen, männlichen Einzelkämpfer.

Er führt uns vor Augen, dass wir schlichtweg vergessen haben, dass Familien eine existenziell wichtige Funktion erfüllen und dass die gefahrlose und in allem versorgte Welt ein kurzfristiger Ausnahmetatbestand der Geschichte war. Das fast altmodische Wort Altruismus[43] ist einer der Schlüsselbegriffe in Schirrmachers Buch; der Altruismus, den man nur in der Familie lernen kann.

---

41 *Untertitel: »Über 100 Fakten, die aus jedem Mann einen Frauenversteher machen«*
42 *»Minimum. Vom Vergehen und Neuentstehen unserer Gemeinschaft«*
43 *Altruismus = das Gegenteil von Egoismus, also die gelebte Grundüberzeugung, dass einer für den anderen da zu sein hat*

SIEBENTES KAPITEL
DER MANN
UND
DER ALLTAG

86. Warum hören Männer nie zu?

Das kommt Ihnen nur so vor. Männer können hervorragend zuhören, zum Beispiel dem TV-Reporter beim Bundesligaspiel ihres Lieblingsclubs oder ihrem Chef in der Konferenz. Ihnen hört der Mann nicht zu, weil das, was Sie erzählen, ihn schlichtweg nicht interessiert. Männer haben so einen automatischen Filter im Kopf, der uninteressante Geschichten gar nicht erst in den Gedächtnisspeicher hineinlässt. Das kann man als Vorteil sehen: Männer müssen sich dank dieser Eigenschaft mit erheblich weniger auseinander setzen als Frauen. Oder als Nachteil: Es handelt sich hier um einen der wichtigsten Gründe, warum Männer und Frauen im Grunde überhaupt nicht zusammenpassen. Übrigens ist auch dies mal wieder der richtige Moment, um auf die frühgeschichtlichen Notwendigkeiten aus der Zeit der Jäger und Sammler hinzuweisen.

Damals auf der Jagd war es für den Mann unerlässlich, im finsteren Wald wesentliche Geräusche (zum Beispiel das Tappen des Wolfes auf moosigem Boden) von unwesentlichen Geräuschen (zum Beispiel das Zirpen der Grille im Morgenrot) zu unterscheiden. Die Frau hingegen in ihrer Höhle vertrieb sich die Zeit mit allerlei Geräuschen: Sie sang vor sich hin und plapperte Unfug, sie ratschte und lamentierte in einem fort und schuf auf diese Weise einen zwar vollkommen nutzlosen, aber doch äußerst heimeligen verbalen Klangteppich. Hören Sie beim Bügeln auch so gern Ihren Lieblingssender? Lassen Sie beim Kochen immer den Fernseher laufen? Hahaha, Sie leben halt immer noch in Ihrer Höhle. Früher wurde gezirpt, heute wird gezappt.

87. Warum vergessen Männer alles, was man ihnen erzählt?

Einerseits aus dem gleichen Grund wie bei der Frage davor. Sie haben nämlich erst gar nicht zugehört, können also auch nichts behalten. Andererseits sind sie in der Lage, den Kurzzeitspeicher des Gedächtnisses schneller und intensiver zu löschen, als Frauen das können. Wie viele unwichtige Details haben Sie im Kopf, an die ER sich überhaupt nicht mehr erinnert!

Zum Beispiel spielt es doch nun wirklich keine Rolle, welche abscheuliche Farbe das Kleid Ihrer zweitbesten Lieblingsfeindin auf jener unsäglichen Party vor, warte mal, fast genau zweieinhalb Jahren hatte. Das ist doch keinesfalls eine Sache, die man sich merken muss! Zumal Sie diese Tussi sowieso nicht leiden können! ER merkt sich nicht mal Dinge, die ihn eigentlich interessieren, zum Beispiel die Farbe dieses geilen Autos beim letzten Oldtimertreffen, um das er immer herumgeschlichen ist. Frauen gelten bei der Polizei übrigens als ergiebigere Tatzeugen als Männer, aber auch als unzuverlässigere: So viele weibliche Zeugen, so viele verschiedene Täterbeschreibungen. Aber jede Menge Details, vorgetragen mit absolut tödlicher Sicherheit.

88. Warum sehen Männer die Butter im Kühlschrank nicht?

SIE: »Bringst du mir die Butter aus'm Kühli mit, Schatz?« Zwei Sekunden Stille. Dann ER: »Wo iss'n die?« SIE: »Zweites von oben, hinterm Frühlingsquark, vor den Eiern.« ER: »Ach ja, jetzt seh ich sie auch.«

Klassisch, nicht wahr? Ja, klassisch. Das mit der Butter liegt an seiner Mutter. Er hat als Kind nie gelernt, mal selbst was in die Hand zu nehmen. Dafür hatte er sie. Sie hat ihm die Butter geholt, und wo sie die herhatte, das ging ihm am Arsch vorbei. Sie hat ihm die Schuhe hingestellt und womöglich auch noch zugebunden, als er schon die erste Akne hatte.

Andererseits weiß er genau, wo der doppelt-gefriemelte 5er-Bohrer in seiner Werkzeugkiste ist und unter welchem Stapel alter Zeitungen er vor fünf Jahren seine letzten Pornohefte versteckt hat, damit hat er kein Problem. Aber die Butter im Kühlschrank, die sieht er nicht – aus instinktiver Sehnsucht nach einer Frau, die alles für ihn tut. So wie Mutter es damals tat.

89. Warum ist er immer so kurz angebunden?

Wenn SMS nach Länge bezahlt würden, könnten die Anbieter von Männern allein gar nicht leben. Ausgesprochen lange SMS sind für einen Mann zum Beispiel solche: »ok«, »ja«, »nein«, »thxs«[44]. Die

44 *thanks*

SMS »fahre jetzt los« wäre bereits sinnloses Geschwätz, denn »jetzt los« reicht doch auch! Hauen Frauen in die Handytasten, lesen sich dieselben Messages so: »damit bin ich absolut einverstanden, freu mich schon auf dich, mein schatz, küsschen, schmatz«, »aber natürlich, mein engel, was dachtest du denn? bin gerade im bad und mach mich schön für dich«, »das halte ich für keine gute Idee, denn du weißt doch, dass wir heute abend bei meinen eltern eingeladen sind, aber wenn du keine lust hast, kann ich natürlich auch absagen ...«, »du bist sooo süß! danke, 1000 x danke!« und »hallo schatz, ich fahre jetzt gleich los, also ungefähr so in 10 minuten, und ich freu mich auf dich! Kannst du bitte schon mal die waschmaschine anschmeißen und den tisch decken? 1000 küsschen, dein mäuschen« (usw.).

Am Telefon sind Männer genauso kurz angebunden, und Frauen finden das manchmal sogar etwas beleidigend. Da flötet sie »Hallo mein Schatz, ich bin's« in die Muschel, und was sagt er? »Kann grad nicht, ruf zurück« und legt auf. Das tut man doch nicht! Kann er nicht wenigstens sagen: »Du, ich hab gerade Kundschaft, kann ich gleich zurückrufen?« oder so ähnlich.

Nein, kann er nicht. Denn wissen Sie, was Sie sagen, wenn er fragt, ob er gleich zurückrufen kann? Sie sagen: »Klar, ich wollte dir auch nur ganz kurz sagen, dass ...« Und jetzt erzählen Sie genau die Geschichte, die er soeben abwürgen wollte, was aus einem kurzen Dialog mindestens einen mittellangen macht, wenn sich der Rückruf nicht sogar erledigt. Auch deshalb sind Männer manchmal so kurz angebunden. Es ist eine Schutzfunktion.

Noch etwas. Für Männer hat der Dialog als solcher keinen kulturellen, künstlerischen oder gar lustvollen Wert. Der Dialog hat nichts mit dem Ausdruck von Gefühlen oder der Übermittlung von Botschaften zu tun außer einer: Nämlich der Nachricht, die der Dialog zum Thema hat. Eine Frau sagt mit der Ankündigung, dass sie jetzt losfährt, gleichzeitig, dass sie sich auf ihn freut, dass sie ihn vermisst und dass es bestimmt ein schöner Abend wird. Ein Mann sagt und will auch weiter gar nichts anderes sagen als nur, dass er jetzt losfährt. Es ist genauso wie bei der leidigen Frage: »Liebst du mich noch?«. Keine Frau ist damit zufrieden, dass der Mann antwortet: »Ja, warum?«. Aber kein Mann wird jemals begreifen, warum er eine klare Frage nicht mit einer ebenso klaren Antwort abschließen soll.

Die männlichsten aller Dialoge gibt es im gewerblichen Funkverkehr, zum Beispiel im Taxi- oder Polizeifunk, im Hafen- oder Luftverkehr. Reduziert aufs Wesentliche, kein Wort zuviel, jeder weiß Bescheid, und je nach Sitte und Gewohnheit wird sogar das »Ja, danke schön, hab alles verstanden, einen schönen Tag noch« ersetzt durch – gar nichts, sondern durch zweimaliges wortloses Anticken der Sprechtaste. So haben Männer das gern! Und wenn Sie einen zufriedenen Mann haben wollen, dann lassen sie ihn so wortkarg und aufs Wesentliche reduziert, wie er das gerne mag.

Sie werden aber auch schon festgestellt haben, dass Männer manchmal ganz unverhofft ihre mangelnde Sprachfähigkeit durchbrechen und drauflos plappern, als hätte man einen Schalter umgelegt. Das ist regelmäßig dann der Fall, wenn a) eine schöne fremde Frau in Hörweite ist (oho, da blüht er auf!), wenn er b) mit seinem Chef spricht und dabei wieder einmal seine eigene Unersetzlichkeit in der Firma geschickt unter Beweis stellen kann oder c), wenn er Ihnen irgendeinen komplizierten Sachverhalt aus Fußball, Politik oder allgemeiner Weltlage erklären darf. Bei a) sollten Sie milde lächeln, bei b) sollten Sie ihn nur bewundernd anschauen und schweigen und bei c) sollten Sie ihn wiederholt mit entzückten Zwischenrufen wie »echt?«, »ist das so?«, »wie schön du das erklärst!« oder auch »was du alles weißt!« unterbrechen.

90. Warum pinkeln Männer am liebsten im Freien?

Stimmt, das tun sie wirklich. Es kann sogar eine anständige Toilette in der Nähe sein. Nein, selbst bei der Gartenparty gehen sie zum Pinkeln nicht ins Haus, sondern am liebsten in den Garten vom Nachbarn. Was der wiederum ebenso wenig witzig findet wie Sie, aber wenn er selbst auf einer Party ist, macht er's auch.

Nun – es handelt sich hier um uralte Riten, die Sie als Frau nie richtig begreifen werden. Das Pinkeln im Freien erinnert ihn an die so viel besseren Zeiten, als es überhaupt noch keine Häuser mit Toiletten gab und der Mann als solcher noch frei war. Er verließ das Lagerfeuer (heute ist es wohl eher der Gartengrill), sicherte die Umgebung (die Straße), schlich mit federndem Schritt zum nächsten Mammutbaum (Nachbars Zaun) und entleerte seine Blase, so wie das Männer eben machen. Selbst an Bord eines Schiffes überkommt Männer der unstillbare Drang, direkt ins Wasser zu pinkeln. Auch wenn sie nachweislich nicht mehr stehen können und man vor diesem Versuch eigentlich erst die Rettungsboote runterlassen müsste: Nichts ist schöner als dieser direkte, unverfälschte, urtümliche Naturkontakt.

Übrigens sind auch ansonsten untadelige Männer vor derlei Unfug nicht gefeit: Unlängst überkam den Pfarrer der einzigen deutschen schwimmenden Kirche zu später Stunde das allzu menschliche Verlangen, seine Blase zu entleeren. Anstatt die Toilette des leicht schwankenden Gotteshauses aufzusuchen, trat er hinaus in Gottes nachtschlafende Natur, warf einen ehrfürchtigen Blick in die Richtung seines Vorgesetzten, sah dort einige Sterne glitzern, öffnete behände den mit einigen Knöpfen abgesicherten Verschluss seiner Pastorenhose, holte seinen den weltlichen Versuchungen aller Art dauerhaft widerstehenden kleinen Freund raus, pisste ins Wasser, fiel nach vorne über und segnete das Zeitliche. Man fand ihn erst zwei Tage später.

91. Warum schlingen Männer so?

Die Nachkriegsgeneration, also die etwas Gereifteren, haben dafür einen guten Grund: Als sie klein waren, gab's nicht so viel. Und wer am schnellsten aufaß, kriegte noch am ehesten Nachschlag. So was vergisst ein Mann nicht. So was merkt er sich fürs Leben. Da lag eben nur eine Steckrübe auf dem Tisch, und sieben hungrige Mäuler haben sie sich geteilt. Wer da am schnellsten kauen konnte, kriegte als Erster Nachschlag. Natürliche Auslese. Bei jüngeren Männern kommt diese leidvolle frühkindliche Erfahrung natürlich nicht in Frage, denn sie wuchsen verglichen damit in Saus und Braus auf. Bei ihnen ist es reines Desinteresse an Ihrer Arbeit als Köchin. Essen hat für sie nur den Sinn, satt zu machen und ist im Übrigen Zeitverschwendung. Für solche Männer liebevoll zu kochen ist vertane Zeit. Schenken Sie ihm zum nächsten Geburtstag 365 McDo-Gutscheine, dann haben Sie mehr Zeit für sich.

Allerdings bietet sich auch hier wieder ein Ausflug in die Frühgeschichte der Menschheit an. Am Lagerfeuer war es sinnvoll, die Nahrungsaufnahme möglichst zeitsparend zu gestalten. Aus dichtem Blätterwerk glotzten in der Dämmerung schon die grünen Augen von allerlei vierbeinigen Ungeheuern auf Feuer, Mensch und Keule, und man wusste nie so genau, ob sie nun Mensch oder Keule oder beides klauen wollten. So schlang der listige Jäger schnell herunter, was man ihm gebraten hatte, und ging dann wieder auf Streife rund ums Revier, stets den Tod im Nacken. Ihr Partner wird nach vollbrachtem Mahl auch wieder durchs Revier streifen: Vielleicht muss er den Rasen mähen, oder das Auto will gewaschen sein.

92. Warum können Männer nicht den Geschirrspüler einräumen?

Sie können das durchaus, aber wenn sie es perfekt tun würden, dann könnte man sie dazu verpflichten. Männer sind dumm, aber nicht blöd. Natürlich sind sie in der Lage, Geschirr zu stapeln. Das kriegen sie ja auch mit ihrem Werkzeug im Schuppen hin, und die Modellautos im Regal werden ja auch immer schön nach Größe und Typ ausgerichtet.

Aber den Geschirrspüler einräumen ist eine Tätigkeit, die der Mann als nicht angemessen empfindet. Er ist für die wesentlichen Dinge zuständig. Das Einräumen eines Geschirrspülers ist seiner nicht würdig. Jedenfalls nicht, solange es eine Frau im Haus gibt. Ist der Mann hingegen unverhofft ein Single, so entwickelt er sich blitzschnell zum ober-penibles Super-Geschirrspüler-Einräumer, und wehe, Sie wagen es dann, zwischen die parallel ausgerichtete Parade der benutzen Messerchen ein benutztes Gäbelchen zu stecken.

Da geht hier noch ein Tässchen rein und da noch ein Töpfchen, man muss das strategisch alles nur richtig planen und entsprechend stapeln und nicht so hirnlos alles durcheinander hineinschmeißen, wie Sie das als Frau tun. Und was das Abräumen angeht: Da haben Sie wahrscheinlich ziemlich konkrete Vorstellungen, was Tisch-Abräumen überhaupt ist, und wahrscheinlich haben Sie ihm mit Ihren Kommentaren über seine männliche Dämlichkeit längst die Lust dazu genommen, Ihnen bei dieser Hilfsarbeit zur Hand zu gehen. Also stellt er sich noch dümmer an, als Sie ohnehin schon glauben, dass er ist, und dann machen Sie es am Ende selbst und er hat seine Ruhe.

Männer können dies nicht, Männer können das nicht: Das sind doch sowieso alles nur Vorurteile. Natürlich können sie dies und das. Sie machen es nur nicht, weil sie keine Lust dazu haben. Genauso, wie Sie natürlich den Müll runtertragen könnten oder die Bierkisten hinauf, aber Sie haben dazu auch keine Lust, und deshalb tun Sie so, als wenn es zu schwer für Sie wäre. So achtet ein jeder auf seinen persönlichen Vorteil, und meistens kommt man damit ja auch ganz gut durchs Leben. Haben Sie noch niemals Ihre weiblichen Reize für irgendwas eingesetzt? Na sehen Sie. Am Geschirrspüler hat der Mann zwei linke Hände, und er weiß genau, warum.

93. Warum will er nicht von meinem Tellerchen essen?

Ein Mann schottet seine Intimsphäre, wo immer es gefahrlos möglich ist, so weit wie möglich gegen weibliche Einflüsse ab. Viel zu nahe hat er die Frau schon an sich heran- und in seine Domänen hineingelassen. Sie darf im Grunde alles, sie kann vieles tatsächlich besser, sie hat den natürlichen Respekt vor ihm sowieso verloren (jedenfalls in seiner Wahrnehmung) und eigentlich mischt sie sich doch in alles ein, was sie nichts angeht. Der Mann wird es einerseits genießen. Zum Beispiel gibt es welche, die lassen sich morgens die passenden Klamotten von der Frau heraussuchen und haben überhaupt nichts dagegen, obwohl das doch schon eine ziemliche Enteierung ist. Dann gibt es welche, die teilen ihre Hobbys gern mit ihrer Frau, haben also auch da kein echtes Eigenleben mehr. Oder sie geben ihren eigenen Freundeskreis im Laufe der Jahre auf (wie furchtbar!) und haben stattdessen einen gemeinsamen Freundeskreis mit ihrer Frau zusammen.

In der Wohnung dominiert der weibliche Geschmack. Autohändler wissen, dass die Entscheidung über Automarke, Farbe und Ausstattung überwiegend von der Frau gefällt wird, und haben sich längst darauf eingestellt. Selbst im »Tatort« sieht man Kommissare, die nur ihrem Kumpel gegenüber eine große Klappe haben und zum säuselnden Mäuschen werden, wenn mitten in der Verfolgungsjagd die Gattin anruft und herummosert, warum er immer noch nicht zu Hause ist (schon mal auf Ballaufs Kollegen Schenk geachtet?).

Damit kein falscher Eindruck entsteht: Diese schleichende Entmännlichung kann ja sehr angenehm sein und soll gar nicht kritisiert oder verächtlich gemacht werden! Im Gegenteil. Nur: Was hat der Mann eigentlich noch so richtig »echt« für sich? Von Generation zu Generation immer weniger, seit die alten Rollen und Klischees aufgeweicht und vermischt wurden. Der Mann reagiert darauf etwas seltsam. Er verlagert seinen schleichenden Unmut, der ihm womöglich gar nicht bewusst ist, auf Nebenkriegsschauplätze. Konfliktscheu und zum Auseinandersetzen viel zu faul, zum Auf-den-Tisch-Hauen sowieso schon viel zu stark domestiziert, zickt er bei kleineren Einbrüchen in seine vermeintliche Intimsphäre herum. Nun ist es eine typisch weibliche Eigenschaft, dem Mann ständig was vom eigenen Teller auf die Gabel zu packen und vor die Nase zu halten, auf dass er mal probiere. Nein! Nein! Nein! Er reagiert wie ein Kind. Er will das nicht, weil er es eben nicht will. Außerdem hat es was von Füttern, das kommt noch dazu.

Ebenso reagiert der Mann, wenn die Frau seinen Wagen fahren will, oder wenn sie seinen Nassrasierer benutzt. So richtig logisch erklärbar ist das ja auch nicht. Schließlich hat man ja auch mal Sex oder sogar Oralverkehr, also kann eigentlich kein hygienischer Grund vorliegen. Es ist … das unbestimmte Gefühl beim Mann, dass er sich wenigstens »irgendetwas« bewahren muss.

Das seltsame »Füttern bei Tisch« ist aber auch symptomatisch für die weibliche Marotte, den Mann als solchen ständig klein halten und irgendwie verächtlich machen zu wollen. Auch deshalb reagiert er darauf so allergisch. Es geht ja nicht nur darum, dass sie ihm eine Gabel voll Sahnegeschnetzeltem aufzwingen will, obwohl er gerade eine Scholle isst. Nein: Sie nennt ihn »Mäuschen«, wenn andere dabei sind (wie grottig!). Sie fegt ihm eine Schuppe vom Jackett, als sei er eine Nippesfigur (wie peinlich!). Sie rückt seine Krawatte zurecht, als sei er zum Binden viel zu blöd (wie lächerlich!). Sie guckt ihm seinen Aquavit in den Hals, als wäre er ein Alki und sie seine Guttempler-Bewährungshelferin (wie unangenehm!). Kurzum: Männer haben ihre guten Gründe, warum sie wenigstens das gut gefüllte Gäbelchen von Ihrem Teller ablehnen.

94. Mag er meine Küche, oder sagt er es nur?

Wir zitieren eine Frau: »Ethnologen und Kulturhistoriker sind sich einig: Die gemeinsame Nahrungsaufnahme ist mehr als pure Notwendigkeit, sie ist ein uraltes, friedvolles Ritual, das Menschen verbindet und

Gemüter besänftigt. Vor allem gilt die umsichtig servierte und euphorisch gelobte Leibspeise als gegenseitiger Liebesbeweis – so manches Bratkartoffelverhältnis früherer Generationen führte zu lebenslanger Zweisamkeit. Das wussten unsere Vorfahren, die den Auserwählten mit allem betörten, was Küche und Keller hergaben. Auch noch heute, trotz der angemahnten Revision alter Rollenklischees, ist es vor allem der weibliche Beziehungspart, der an das Glück aus dem Kochtopf glaubt …«[45]

Hübsch formuliert, nicht? Machen Sie einen Test. Kochen Sie all das für Ihren Mann, was er von seiner Mutter kennt. »Alles, was einst bei Muttern auf den Tisch kam, weckt bis ins hohe Alter sein Entzücken. Die doppelt gebutterte Wurststulle, der quietschsüße Vanillepudding seliger Sonntage, der Sandkuchen mit Wasserstreifen und natürlich alle Spielarten handfester Hausmannskost begeistern ihn.

Ist er von Mutters Küche aus Ihrer Hand begeistert, haben Sie bisher falsch gekocht. Fragt er schüchtern, wann es denn mal wieder die von Ihnen so liebevoll zubereiteten Müslis gibt, lagen Sie mit Ihrer Küche bisher goldrichtig.

Tja, Mutters Küche. Zum Beispiel Rinderroulade. Mit Schwarzbrot, Gurke und Speck drin, mit einem Bindfaden drumherum und einer dicken braunen Soße drauf. Aber sie muss zergehen, die Roulade. Auf der Zunge. Und es muss dazu Salzkartoffeln geben. Die man zermatschen kann in der Soße. Und es könnte als Gemüse Blumenkohl in Frage kommen. Schön kross. Auf dem Blumenkohl aber muss braune sämige Butter sein. Wissen Sie, das kriegen Frauen heute gar nicht mehr hin. Flüssige Butter, okay. Aber diese Butter mit irgendwas, die ein bisschen krümelt. Wer kann das heute noch. Über die Salzkartoffeln kann man noch diskutieren. Kartoffelbrei wäre auch eine Alternative. Aber nicht aus der Tüte. Sondern selbst gestampft. Immer ein bisschen Milch drauf beim Stampfen. In die Mitte vom Kartoffelbreiberg kann man eine Kuhle machen, und da kommt die Soße rein. Eine Frau, die das kann, würde jeder Mann vom Fleck weg heiraten. Also besorgen Sie sich schon mal das Rezept.[46]

45 *Christine Eichel, Buchautorin und Ressortleiterin bei »Cicero«, in der »WamS«*
46 *Sie merken schon: Auch der Autor dieses Buches hatte eine Mutter.*

95. Ist es ihm wichtig, was ich anziehe?

Natürlich. Sehr sogar. Auch wenn er gar nicht registriert, dass Sie was Neues anhaben. Woran das liegt? Es ist so wie mit seinem Auto! Solange es fährt, wird er nicht viel darüber reden. Zum wichtigen Thema wird es erst dann, wenn es kaputt ist. Ignoriert er Ihr Outfit, gefällt es ihm also. Erst, wenn er sich dazu äußert, ist irgendwas im Argen. Wie hätte er Sie denn gern? So sexy, dass alle Männer auf ihn neidisch werden. Aber nicht so sexy, dass Sie von anderen Männern angebaggert werden. Denn das macht ihm nur Stress. Fragen Sie übrigens nie: »Steht mir das?« Er kann dazu nichts sagen, was Sie zufrieden stellen würde. Weil er nicht Ihre Sprache spricht.

Genauso werden Männer niemals merken, dass Sie beim Friseur waren. Es sei denn, Ihre Haarfarbe hat plötzlich von tiefschwarz auf superblond gewechselt, oder von grau auf lila, dann schon, weil irgendwas in der Wohnung doch plötzlich so ganz anders ist als sonst. Ein Frisurwechsel fällt einem Mann nicht auf. Er guckt Sie doch gar nicht mehr richtig an! Das macht er nicht aus Desinteresse, sondern weil er ja auch nicht jeden Morgen wie angestochen um sein Auto herumrennt. Er setzt sich rein und fährt los, trotzdem liebt er die Kiste. Frauen scheinen jedes graue Haar zu registrieren, vielleicht haben sie ja sonst auch nicht so viel zu tun. Männer schauen sich ihre Frau maximal einmal im Monat richtig an. Am liebsten haben sie die Frau morgens auf der anderen Seite der Tageszeitung und abends neben sich auf dem Fernseh-Sofa; beide Positionen sind dem direkten Austausch von Blicken eher hinderlich.

96. Warum werden Männer so fett?

Weil sie zuviel saufen. Männer wären wahrscheinlich bis ins hohe Alter noch gertenschlank, wenn es kein Bier gäbe. Bei manchen schlägt übrigens auch Wein voll auf die Wampe durch. Männer, die durch Alkohol immer schlanker werden, gibt es zwar auch. Aber die sind in der Minderheit. Bei den meisten wird aus jedem Tropfen Alkohol das reinste Hüftgold. Man müsste die Frage deshalb umformulieren und sich fragen, warum Männer eigentlich so viel saufen.

Das ist ganz einfach zu beantworten. Männer saufen erstens so viel, weil sie ständig Stress haben. Wenn sie saufen, dann merken sie den Stress nicht so. Männer saufen zweitens so viel, weil ihre Kumpels auch viel saufen und weil sie glauben, dass viel saufen dazugehört. Drittens saufen Männer so viel, weil sie mit ihren Frauen oder mit ihrem Chef unglücklich sind und Frust schieben, man nennt das »frustsaufen«. Viertens saufen Männer so viel, weil sie das männlich finden. Fünftens gibt es eine ganze Menge Männer, die ohne Alkohol einfach unwitzig sind. Und sechstens welche, die sagen: »Ich kann auch saufen, ohne lustig zu sein.«

Es gibt aber auch Männer, die saufen gar nicht viel. Die halten sich an einer Apfelschorle fest und sind trotzdem witzig. Das sind natürlich die besten Männer, aus Frauensicht betrachtet. Aber komisch: Die werden auch immer fetter, irgendwie.

Die Männer und der Alkohol, das ist ein großes Thema. Man kann lange darüber diskutieren. Van Gogh war ein sensationelles Genie und hat gesoffen bis zum Abwinken, woraufhin er sich ein Ohr abschnitt. Was wollen wir, rückblickend betrachtet: Einen genialen versoffenen einohrigen Maler oder eine nüchterne Null mit zwei Ohren? Wahrscheinlich konnte van Gogh nur besoffen malen, und die Welt ist ihm unglaublich dankbar für seine Werke. Hätte er kein einziges Bild gemalt, aber beide Ohren behalten, würde heute doch kein Mensch mehr von ihm reden. Daraus lernen wir: Es gibt auch Männer, die wären ohne ihre Drinks uninteressant. Nur, leider, sie werden fett davon.

97. Warum hört er den tropfenden Wasserhahn in der Küche nicht?

Die Prinzessin auf der Erbse war ja auch eine Frau. Riechen, schmecken, fühlen, hören, das alles können Hunde besser als Menschen und Frauen besser als Männer. Besagte Prinzessin galt als äußerst zickig: Sie hatte nun schon das weicheste Bett im ganzen Schloss, aber dass unter den zwölf Matratzen eine Erbse drückte, das regte sie trotzdem maßlos auf und ließ sie nicht in den Schlaf finden.

Dem Wasserhahn das Tropfen abzugewöhnen ist natürlich kein Grund, nach Mitternacht die Rohrzange klar zu machen. Aber Sie können bei diesem ewigen Tropfen einfach nicht einschlafen, Sie Prinzessin auf der Erbse. Übrigens könnte man jetzt irrtümlich glauben, dass Frauen für die Jagd geeigneter seien als Männer, schließlich hören sie ja mehr und intensiver. Aber das stimmt so nicht, denn Frauen hören eben alles, das lenkt ab und kann tödlich sein – während Männer sich stumpf, aber äußerst ergebnisorientiert aufs Wesentliche beschränken.

98. Soll ich ihm im Streit widersprechen?

Das können Sie gerne tun, wenn es Sie erleichtert. Nützen wird es nichts. Der Mann als solcher ist weiblichen Argumenten nicht wirklich zugänglich. Und es gibt kaum ein Problem zwischen Mann und Frau, das in einer strittigen Auseinandersetzung geregelt werden könnte.

Ein Mann ist nur gewohnt, sich mit Männern auseinander zu setzen. Da funktioniert das. Er schreit, der Gegner schreit, und wer lauter schreit, der gewinnt. Oder, anderes Modell: Der eine ist der Chef, der andere ist nicht der Chef, und der Chef gewinnt. Das kann jeder Idiot nachvollziehen, oder? So funktioniert männliche Streitkultur. Mit Frauen funktioniert sie nicht. Frauen haben im Streit ja vielleicht die besseren Argumente. Die zu akzeptieren kommt für einen Mann der Spontan-Enteierung gleich. Er wird sie deshalb ignorieren.

Stattdessen flüchtet sich der Mann als solcher gern in fiesen Zynismus. Natürlich weiß er, was die Frau als solche garantiert auf die Palme bringt und unsachlich werden lässt. Schließlich kennt er Sie ja. Er wird leise, die Stimme messerscharf, ein leises Lächeln umspielt seine Lippen, und er sagt genau das, was Sie noch nie hören mochten. Sie explodieren, und genau das hat er gewollt. Weil er jetzt nämlich sagen kann: Mit dir kann man einfach nicht diskutieren. Deshalb ist die Frage, ob Sie ihm im Streit widersprechen sollten, generell mit Nein zu beantworten. Sie sollten eine bessere Gelegenheit abwarten als einen Streit. Denn ein Streit ist von allen Gelegenheiten die schlechteste.

Nun stellt sich natürlich sofort die Frage, wie Sie ihn denn nun konkret dahin kriegen, wo Sie ihn haben wollen. Wenn schon nicht im Streit. Nun: Das ist von Fall zu Fall unterschiedlich und wird immer an der jeweiligen Stelle in diesem Männer-Verstehe-Buch erklärt. Falls Sie also selektiv lesen und zu dieser Frage vorgeblättert haben, sollten Sie sich schämen und das Buch noch einmal anfangen. Diesmal von vorn, bitte. Und nicht mittendrin.

Männer hören immer dann auf Frauen, wenn sie Lust auf Sex haben. Diese Erkenntnis ist so alt wie die Menschheit. Vorm Sex kriegen Sie von ihm alles, was Sie wollen. Alle Versprechungen, dass er sich bessern will, Ihr Urlaubsziel, mehr Haushaltsgeld, das neue Kleid, schicke Schuhe und den Zweitwagen. Vorm Sex ist der Mann in Ihren Händen Wachs. Beim Sex ist es etwas blöd, von solchen Sachen anzufangen, und nach dem Sex kriegen Sie sowieso nichts mehr außer seinem Schnarchen. Regeln Sie alles, alles vor dem Sex. Seine Sinne sind geschärft, die Ohren gut durchblutet, er kann Sie also hören. Die Debatte wird nicht zu lange dauern, denn er hat ja noch was anderes mit Ihnen vor. Seine Laune ist auf dem Höhepunkt, denn er ist ein Testosteron-Junkie und setzt sich gerade einen Schuss. Er kann Ihnen faktisch nichts abschlagen, denn er ist dazu weder geistig noch körperlich in der Lage. Er kann im Moment auch nicht rechnen, sondern er hat seinen Kontostand vergessen. Das ist doch wunderbar. Es ist IHRE Chance.

99. Warum macht er nie das Klo zu?

Da muss man natürlich fein zwischen dem Deckel und der Brille unterscheiden. Den Deckel lässt er gern oben, wenn er sein großes Geschäft gemacht hat, weil er den zusätzlichen Griff zum Deckel für überflüssig hält und den Sinn nicht einsieht. Schließlich ist das Klo ja sauber und so ein Deckel ohnehin kein echter Schutz vor Rest-Gerüchen, denn er schließt ja nicht luftdicht ab.

Der Nächste, der aufs Klo will, wird den Deckel auf jeden Fall wieder hochmachen, also was soll die ganze Debatte? Ganz anders verhält es sich mit seiner Flasche Flens, also der mit dem Plopp-Verschluss: Sie werden nur selten einen Mann antreffen, der nicht nach jedem (!) Schluck Flensburger Pils den Verschluss zuploppen lässt.

Darauf angesprochen, wird er Ihnen einen Fachvortrag über Kohlensäuregehalt und Frischegrad so eines gepflegten Flaschenbieres halten und natürlich behaupten, dass sein Bier mit zwischendurch geschlossenem Plopp-Verschluss einfach länger schmeckt. Aber das ist

Quatsch, denn 99 % aller Biere haben überhaupt keinen Plopp-Verschluss und schmecken ihm trotzdem. Nein – beim Flens ist es das männliche Plopp-Geräusch, das ihn zum Schließen animiert. Männer würden am liebsten nach jedem Schluck Bier rülpsen, weil sie das an Zeiten erinnert, als Männer noch echte Männer waren und halt rülpsen durften, so viel sie wollten. Das Rülpsen haben Sie ihm abgewöhnt, also lässt er jetzt das Flens ploppen. Ein Klodeckel macht nicht plopp. Deshalb lässt er ihn offen.

Aber nun kommen wir zur eigentlichen Klobrille. Als den Frauen gar nichts Neues mehr einfiel, wie sie ihre Männer versklaven konnten, haben sie ihnen ja das Pinkeln im Stehen abgewöhnen wollen. Das Thema ist zu abgegrast, um hier noch einmal ausführlich erörtert zu werden, aber wenn der Ihre beim Pinkeln die Brille hochmacht, tut er es ja im Stehen.

Damit, so glaubt er, zeigt er sich als richtiger Kerl. Als einer der letzten Im-Stehen-Pinkler. Aber leider sind Sie ja nicht dabei und können das nicht sehen. Er lässt die Klobrille also offen, um Ihnen ein maskulines Zeichen zu geben: Sieh her, mein Schatz, du hast mich nicht versklavt, ich habe im Stehen gepinkelt, und die hochgeklappte Klobrille, die ist der Beweis. Alles klar? Man müsste eine Klobrille erfinden, die 30 Sekunden nach dem Hochklappen sagt: »Ey Alda, klapp mich runter, sonst gibt's was an die Backen!« Das ist ein Tonfall, den Männer verstehen.

100. Was verschweigt er mir?

Seinen One-Night-Stand (verschweigt er hoffentlich). Seine geheimen sexuellen Wünsche (verschweigt er leider). Seine Themen mit den Kumpels (verschweigt er zum Glück, das wollen Sie gar nicht wissen). Dass er Ihre Figur nicht mehr toll findet (verschweigt er, weil es nicht wirklich beziehungsförderlich wäre). Dass Sex mit Ihnen früher geiler war (verschweigt er, wenn er schlau ist). Dass er schon lange wieder anderen Frauen hinterherschaut (verschweigt er ohne Grund; das wussten Sie doch sowieso). Dass er der These »Allein lebt sich's glücklicher« vorbehaltlos zustimmen würde (verschweigt er, weil er Sie und vor allem die Kinder trotzdem nicht verlieren möchte).

Seine Geliebte (verschweigt er, solange die mit ihrer Rolle zufrieden ist, dann vermutlich nicht mehr. Denn Männer spielen gern den Helden). Seine Angst, beim Sex zu versagen (verschweigt er, weil er sich schämt). Dass er in der Firma out ist (verschweigt er, weil er um sein Image in der Familie fürchtet). Was ihm der Arzt gesagt hat (verschweigt er, weil er Sie nicht beunruhigen will und weil Sie ihn sonst zum Gesundheitskasper machen würden). Dass er wirklich große Angst vor der Zukunft hat (verschweigt er, weil er es lieber mit sich alleine ausmachen möchte). Dass er gar nicht der tolle Typ ist, der er immer zu sein versucht (verschweigt er auch, weil er sich schämt).

101. Warum muss man ihm ständig hinterherräumen?

Weil seine Mutter das früher für ihn gemacht hat. Weil er in Gedanken schon wieder Kriege führt. Weil jede schmutzige Socke im Wohnzimmer seine Duftmarke ist, mit der er sein Revier markiert. Weil er Sie damit ärgern will. Weil er schusselig ist. Weil seine Ex sich darüber nie beklagt hat. Weil er schon beim Anziehen geistig in der Firma ist. Weil er es einfach gemütlich findet, wenn die Sachen so herumliegen. Das waren doch schon mal acht gute Gründe.

Aber wussten Sie, dass der Streit ums Zimmeraufräumen auf der Hitliste von Auseinandersetzungen zwischen Eltern und Kindern auf Platz eins steht? Warum räumen Kinder ihre Zimmer so ungern auf? Weil sie sich am wohlsten fühlen in einer kuscheligen Oase des Chaos. Alles liegt durcheinander, und du legst dich mitten hinein. Das ist der unausgesprochene Wunsch der Kinder. Der mit dem Wunsch von Eltern nach einem »anständig« aufgeräumten Kinderzimmer allerdings nur selten kompatibel ist. ER ist nun als Kind ständig dazu gezwungen worden, sein Zimmer aufzuräumen. Jetzt ist er zwar den Jahren nach erwachsen, aber im Grunde seines Herzens immer noch ein Kind.

Endlich kann er seine Traumvorstellungen wahr machen. Endlich kann er alles da liegen lassen, wo es ohnehin schon liegt. Darum macht er das. Jetzt stellt sich aber natürlich sofort die Frage, warum das Chaos ihn nicht stört und Sie durchaus. Die Antwort darauf ist ganz einfach: Sie haben die Rolle seiner Mutter übernommen, das wissen

Sie nur nicht. Genauso wie seine Mutter früher, so quengeln Sie jetzt rum: Räum dies weg! Mach das sauber! Und er hat dafür genauso wenig Verständnis wie früher, als er noch ein kleiner Junge war.

Abhilfe? Klar. Räumen Sie ihm nichts mehr hinterher, lassen Sie alles, wie es ist, und warten Sie ab, was passiert. Merke: Wenn man Kinder lange genug im Chaos versinken lässt, kriegen sie auch irgendwann den Rappel und ihre Ordnungsphase. Nur haben die meisten Mütter dafür nicht genug Geduld.

102. Warum sind viele Männer so unreinlich?

Tatsächlich klagen viele Frauen, dass ihre Männer einfach unreinlich sind. Also sie wischen sich nicht mal den Hintern richtig ab. Na gut, das müssen wir wohl mal so hinnehmen. Es gibt auch Männer, die entfernen weder Nasen- noch Ohrenhaare und müssen auch sonst in den Mindeststandard persönlicher Körperpflege hineingeprügelt werden. Nun leuchtet es wahrscheinlich jedem ein, dass Frauen mehr Wert als Männer auf Äußerlichkeiten legen: Sie pflegen und putzen sich halt gern. Aber warum hält ER sich nicht mal an die Selbstverständlichkeiten? Schlecht erzogen wahrscheinlich. Was Hänschen nicht lernt … Sie als Frau haben eigentlich nur die Möglichkeit, eine Packung Hakle Feucht ins Bad zu stellen oder Krach mit ihm anzufangen oder beides. Sie können sich auch weigern, seine Unterhosen auch nur anzufassen. Sie könnten mal ein ernstes Wort mit seiner Mutter wechseln. Oder Sie sehen schweigend und lächelnd darüber weg, aber das kann's ja wohl auch nicht sein.

Viele Männer haben tatsächlich nie gelernt, sich korrekt zu pflegen. Vom Hotel Mama sind sie gleich in die erste feste Beziehung hineingeschliddert und danach in die zweite, und irgendwann tauchten Sie als Muttersatz am Horizont des Lebens auf. Diese Männer haben sich definitiv niemals wirklich um sich selbst kümmern müssen. Da war immer jemand, der ihnen alles abgenommen und ihre schlechten Angewohnheiten klaglos ertragen bzw. rausgewaschen hat. Wenn Sie jetzt anfangen, alles zu ändern, haben Sie einen schweren Weg vor sich: Männer, das wissen wir inzwischen, kann man nicht so einfach ändern.

103. Warum macht er ständig Flachwitze?

Weil er flach ist! Männer mit Tiefgang machen keine flachen Witze und wenn, dann nicht in Ihrer Gegenwart. In reinen Männerrunden ist es allerdings bisweilen ein Sport, sich gegenseitig an Niveau zu unterbieten. Männer machen dann seltsame Dinge. Sie stellen zum Beispiel Tische in der Kneipe zu einer Pyramide zusammen, sodass eine Art Podium entsteht, klettern rauf, setzen sich an den obersten Tisch und fangen an zu saufen. Wer zuerst runterfällt, muss die Rechnung zahlen. Das sind Männer, die zum Teil am nächsten Morgen mit Anzug im Büro erscheinen und den Damen erzählen, wie sie ihren Job zu machen haben.

Der Flachwitz als solcher kann aber natürlich auch eine reine Provokation sein. Dann nämlich, wenn er genau weiß, dass Sie solche Witze nicht mögen. Weil Sie ihn sowieso ständig unterdrücken und knechten, rächt er sich eben mit Flachwitzen. Im Prinzip hat der Mann als solcher auf jeden Fall einen ziemlich blöden Humor. Er lacht sozusagen über jeden Scheiß. Wenn sich aber zwei Männer in Ihrer Gegenwart über einen schwachsinnigen frauenfeindlichen Witz kugeln und gar nicht mehr aufhören mit Lachen, dann werden Sie von ihnen tatsächlich mit Absicht ausgegrenzt und provoziert.

Flachwitze werden aber auch gemacht, weil Männer stark wirken wollen. So nach dem Motto: Schaut mal her, ich mache in Gegenwart meiner Freundin oder Frau flache Witze, ich trau mich was, ich hab die Hosen an. Das gibt es öfter, als man denkt! So ganz sicher sind sich diese Männer nicht, ob sie wirklich die Hosen anhaben, darum probieren sie es einfach mal aus.

104. Warum wollen Männer technisch begabter als Frauen sein?

»Gib mal her, lass mich mal machen«: Meinen Sie das? Im klassischen Rollenverständnis unserer Großeltern war die technische Überlegenheit ein klares männliches Erkennungsmerkmal. Eines von vielen, die es damals noch gab. Im Laufe der Jahre wurden die männlichen Domänen dann eine nach der anderen zusammengestrichen. Viele Frauen verdienen mehr als ihre Männer, viele Frauen haben keine Lust mehr auf Kinder/Küche und auf Kirche sowieso nicht, einige fahren besser Auto als ihre Männer und können sogar fehlerfrei einparken, Frauen reden dazwischen und mit, Frauen machen nicht mehr freiwillig den Abwasch und holen die Flasch' Bier auch nur noch in der Werbung, und selbst da trinken sie sie vorher selber aus. Sogar in der Politik mischen sie mit.

Der Mann hat eigentlich gar keine richtige Funktion mehr. Selbst zum Kinderzeugen braucht man ihn nicht unbedingt, und für Sex schon mal gar nicht. Wundert es Sie da, dass er wenigstens mit Schraubenschlüssel und Wasserrohrzange besser umgehen können möchte als Sie? Es ist übrigens eine tödliche Beleidigung für einen Mann, wenn er sich mit hochrotem Kopf um die Lösung eines technischen Problems bemüht, und dann kommen Sie, nehmen ihm das Werkzeug aus der Hand und schaffen es im Nu. Sie sollten solche vermeintlichen kleinen Triumphe keinesfalls auskosten, denn sie können unerwartete und dauerhafte Spätfolgen haben. Beispiel: Er kriegt eine Flasche nicht auf, weil der Korken klemmt oder weil er mit dem Korkenzieher nicht umgehen kann. Lassen Sie ihn. Nehmen Sie ihm nicht die Flasche aus der Hand. Sagen Sie nicht, gib mal her. Und wenn, dann setzen Sie hinterher wenigstens Ihren bewundernden Unschuldsblick auf und machen eine versöhnliche Bemerkung nach dem Motto: »Du hattest es doch schon fast! Das war ganz leicht, mein Schatz«.

Wenn Sie sich technisch austoben wollen, dann sollten Sie das tun, wenn er bei der Arbeit ist. Keine Angst, trauen Sie sich. Seine Tricks sind einfach und leicht zu lernen. Zum Beispiel sollten Sie niemals irgendwas mit dem falschen Werkzeug anfangen. Ein Küchenmesser ersetzt keinen Schraubenzieher und der Hacken von Ihren Pumps keinen Hammer. Auch ist Schraubenzieher und Schraubenzieher keinesfalls das Gleiche. Es gibt mehr Größen als Nähnadeln in der Kurzwarenabteilung, und wenn man den falschen Schraubenzieher benutzt, dann geht die Schraube kaputt. Das ist doch der Grund, warum er so eifersüchtig über seinen Hobbykeller wacht und immer alles so schön sortiert da unten: Er muss auf einen Griff das passende Werkzeug finden; das ist das A und O.

105. Interessiert ihn überhaupt, was ich tagsüber erlebe?

Nö. Er hat ja selbst genug damit zu tun, was er tagsüber erlebt hat. Entweder sind Sie auch im Berufsstress. Dann gibt es vermutlich zwischen seiner und Ihrer Welt absolut keine Überschneidungen, und dementsprechend will er auch nichts davon hören. Oder Ihre Welt besteht aus Haushalt und Kindern, und dann will er schon mal gar nichts davon hören. Frauen wollen sich ständig mitteilen, Männer wollen ständig ihre Ruhe haben. So brutal einfach ist das.

Sie können natürlich versuchen, sich mal in Ihren Mann hineinzuversetzen. Stellen Sie sich einfach vor, Sie hätten einen ganz tollen Job. Also vielleicht sind Sie das einzige weibliche Vorstandsmitglied in einem Konzern. Oder Sie sind Pilotin eines Jumbo-Jets. Oder Chefärztin einer Chirurgie. Oder die Drei-Wetter-Taft-Tante (morgens Peine, mittags Pattensen, abends Paris).

Nun kommen Sie abends gestresst nach Hause, und Ihr Typ legt extra die Kittelschürze ab, um Ihnen – aufgeregt um Sie herumflatternd – die abscheulichsten Klatsch- und Tratsch-Nachrichten aus der vollkommen uninteressanten Nachbarschaft zu unterbreiten, ferner erstaunliche News nach dem Motto, das Jüngste hätte sich heute doch tatsächlich zum ersten Mal selbst den Hintern abgeputzt. Dabei macht Ihr Typ große Kulleraugen und erwartet nach jedem Satz von Ihnen ein hingerissenes »Ah« und »Oh« und »Tatsächlich« und »Erzähl mehr davon« und »Was du nicht sagst«. Schweigen Sie auch nur ein einziges Mal an der falschen Stelle, zieht Ihr Mann eine Schnute, mault »Nie hörst du mir zu« und bindet sich wieder die Kittelschürze um, mit der er grollend und geschirrklappernd in der Küche verschwindet. Jetzt haben Sie vielleicht einen vagen Eindruck davon, was Ihr Mann allabendlich über sich ergehen lässt.

»Wir ficken, und du verlierst die Fähigkeit zu sprechen«, schleudert Al Pacinos Frau ihm bei diesem wunderbaren Ehestreit in »Heat«[47] entgegen, und das gilt für Millionen Beziehungen. Wobei sie natürlich froh sein kann, dass der hitzige Kommissar überhaupt noch Spaß an Sex hat, bei so vielen Toten. Er wehrt sich dann sinngemäß so: »Was soll ich sagen, wenn du mich fragst, wie der Tag war? Ach, Schätz-

---

47 USA 1995, der andere tolle Kerl ist Robert De Niro, Regie: Michael Mann

chen, alles wie immer. Weißt du, da läuft so ein Irrer durch die Stadt, der schneidet 14-Jährigen die Kehle durch, also das sah wirklich nicht schön aus mit dem vielen Blut im Kinderzimmer, und dann war da der Nuttenmord, echt den Bauch aufgeschlitzt, von oben bis unten, und dann hab ich zwei Leuten den Kiefer brechen müssen, also ein ganz normaler Tag, Schatz, und wie war's bei dir? Willst du das? Ja? Und was bringt das?«

Mit ähnlich spannenden Geschichten könnte Ihr Liebster vermutlich nicht einmal aufwarten. Aber verarbeiten tut er den Tag auch am liebsten alleine. Denn auch in ihm steckt ein kleiner Al Pacino. Und Ihre Welt wird nie die seine sein.

106. Wann darf ich ihn auf Partys unterbrechen bzw. verbessern?

Gar nicht und niemals! Wenn andere dabei sind, haben Sie den Schein zu wahren. Was ein Mann sagt, stimmt immer. Zumindest nach außen hin. Unterbrechen oder verbessern Sie ihn selbst dann nicht, wenn er totalen Mist erzählt. Sie würden allen Anwesenden damit zeigen, was Sie von ihm halten. Nämlich wenig bzw. nichts. Wenn Sie den Wortmüll nicht mehr aushalten, den er so von sich gibt, dann wechseln Sie einfach den Standort. Einzige Ausnahme: Wenn er SIE verächtlich macht oder runterzieht mit seiner Story, dann dürfen Sie natürlich Kontra geben. Falls Sie das nötig haben.

Meistens geht es ja um Geschichten aus seiner Firma. Bei jedem Glas Bier rutscht er eine Position höher, stimmt's? Nach sechs Bier ist er wahrscheinlich Vorstandsmitglied oder duzt sich wenigstens mit einem. Das ist normales Anglerlatein, das braucht er für sein Ego. Nehmen Sie's gelassen hin, so richtig ernst nimmt das sowieso keiner. Es gibt tatsächlich kaum etwas Peinlicheres als eine Frau, die ihrem Mann ständig dazwischensabbelt. Womöglich sogar dann, wenn er nur einen harmlosen Witz erzählen will. Doch, etwas Peinlicheres gibt es: Wenn sie ihm in Gegenwart von anderen Menschen das Brotkrümelchen vom Mund abtupft oder die Schuppen vom Jackett abstaubt.

107. Darf ich ihm Kosenamen geben?

Wenn er sich nicht beschwert … Nein, nein: Der Satz geht anders weiter, als Sie wahrscheinlich dachten. Wenn er sich nicht beschwert, dann ist er schon so weichgekocht, dass er eigentlich nur noch langweilig ist. Also: Die meisten Männer finden Kosenamen mit vollem Recht insgeheim ziemlich lächerlich. Sie sagen nur nichts, weil sie Konflikte noch mehr scheuen als Kosenamen. »Schatz« geht ja noch. Gegen »Schatz« hat kaum ein Mann was einzuwenden. »Schatzi« ist schon strittig. »Dicker« ist grenzwertig. »Tiger« oder »Mausebärchen« geht gar nicht. Und wenn ein erwachsener Kerl im Format 2 mal 2 Meter von seiner Angetrauten ständig in der Öffentlichkeit mit »Hase« angeredet wird, dann verliert er dabei zumindest in den Augen anderer Kerle jedes Mal ein kleines Scheibchen seiner Männlichkeit. Okay: Es gibt Ausnahmen. Aber irgendeiner sagt hinterher bestimmt zu seinem »Schatz«: »Wenn du mich ein einziges Mal Hase nennst, bin ich weg. Schatz.« Und das – ist auch gut so. Also verzichten Sie lieber drauf: Er hat doch einen Vornamen, oder?

Diese ganzen Verniedlichungen haben ja eine gewisse Aussagekraft. Sie werden wahrscheinlich nicht zufällig gewählt von der Frau. Sie sind in der Regel dazu geeignet, den Mann zur Witzfigur zu machen. Meistens kommen diese Namen aus dem Tierreich. Es sind aber immer harmlose Tiere, vor denen sich keiner fürchtet, wie eben besagter Hase, das Hasilein oder das Häschen. Die Maus oder das Mausi oder noch schlimmer das Mausilein jagt einem auch keinen echten Schrecken ein. Selbst der an sich nicht ungefährliche Bär wirkt harmlos und nur noch tapsig, wenn man ein -chen dranhängt. Nennen Sie Ihren Kerl doch gleich »Loser« oder »Käsekasper«, das wäre wenigstens ehrlich.

108. Wie gewöhne ich ihm seine schlechten Manieren ab?

Gegenfrage: Warum hat er schlechte Manieren? Drei Möglichkeiten. Entweder hat seine Mama ihn schlecht erzogen. Oder er hat seine guten Manieren in Ihrer Beziehung verlernt. Oder er will Sie mit schlechten Manieren ärgern. Lesen Sie nun drei Antworten zum Mann als solchem.

Möglichkeit eins trifft zu, also Mama hat ihn schlecht erzogen und, er war schon immer so: Vergessen Sie's. Was Hänschen nicht lernt... Wenn es beispielsweise im Haushalt seiner Kindheit üblich war, dass der Hausherr im Unterhemd rülpsend vorm Fernseher sitzt, dann werden Sie Ihren Partner nicht umdrehen können. Entweder ist ihm die Erinnerung an die Zustände daheim derart unangenehm und peinlich, dass er sogar im Bett die Krawatte anlässt, oder er kopiert die Bilder seiner Jugend. Ändern können Sie daran nicht viel.

Möglichkeit zwei trifft zu? Also früher war er anders, und seine guten Manieren hat er innerhalb Ihrer Beziehung irgendwie abgelegt? Dann sollten Sie bei sich anfangen. Offenbar sind Sie nicht mehr die Partnerin, die er guter Manieren für würdig erachtet. Er lässt sich gehen. Lassen Sie sich auch gehen?

Hier ist nun eine Zwischenbemerkung angebracht. Sie als Frau könnten dieses Männer-Verstehe-Buch ohne weiteres und mit gutem Grund jetzt schon wieder (und nicht zum ersten Mal) in die Ecke pfeffern mit dem Argument: Immer, wenn ein Mann sich scheiße verhält, kriegt in diesem blöden Buch die Frau die Schuld. (Lesen Sie die folgenden Sätze mit hoher, zickiger Stimme laut, bitte:) »Fangen Sie doch mal bei sich an!« – »Fragen Sie sich doch mal, was Sie selber dazu beigetragen haben!« – »Dass er so ist, liegt doch nur an Ihnen!« (Stimme wieder runter, bitte.) Gröhlende Männer-Stammtische schlagen sich dazu auf die Schenkel und rufen: »So isses! So sind die Frauen! Wir haben's doch schon immer gewusst!«

Warum ist dieses Buch so? Ganz einfach: Sie als Frau kennen die Schwächen, Probleme und Macken Ihres Partners ganz genau. Sie wissen seit Jahren, wo sein Charakter Mängel hat und wo seine fiesen, miesen Eigenschaften sind. Die müssen wir Ihnen hier nicht noch einmal aufzählen. Die sind Standard. Die können Sie herunterbeten im Schlaf. Nein – dieses Buch will etwas anderes bewirken. Ungerecht, subjektiv, einseitig und sicher auch irgendwie fies zeigt es die vielfältige Welt der Partnerschaft aus der Sicht des Mannes.

Sie sollen die Standpunkte, die in diesem Buch vertreten werden, keinesfalls eins zu eins übernehmen. Aber: Diese Standpunkte und subjektiven Sichtweisen sollen in Ihre Urteilsfindung einfließen. Nur was man überspitzt formuliert, wird gehört. Hier werden keine Weisheiten verkündet. Hier werden Denkanstöße gegeben. Nicht umsonst und nicht zufällig sind die Schlagzeilen in der meistverkauften deutschen Zeitung ziemlich groß.

Wer gehört werden will, der muss schreien auf dem Markt. Der darf nicht flüstern. Also, noch einmal: Wenn er seine guten Manieren in und während der Beziehung verloren hat: Haben Sie vielleicht beide die guten Manieren verloren? Wie gehen Sie mit ihm um? Zeigen Sie ihm jeden Tag, was für ein kostbares Geschenk er für Sie ist? Sagen Sie ihm täglich, warum Sie ihn lieben? Was Ihnen an ihm gefällt? Weiß er das überhaupt noch? Hat er also einen Grund, sich für Sie auf seine guten Manieren zu besinnen? Oder regiert der Alltag Ihre Welt? Glauben Sie, dass eine Vogelscheuche mit Lockenwicklern und Badelatschen für einen Mann des Morgens attraktiv ist? Hat er einen Grund, auf sich zu achten – wenn Sie nicht auf sich achten?

Trifft also Alternative zwei zu, stimmt vielleicht die Balance in der Beziehung nicht mehr. Man hat sich arrangiert. Man achtet nicht mehr aufeinander. Vieles ist egal geworden. Man hat sich ja sowieso. Und was man hat, muss man nicht mehr pflegen. Glaubt man. Und dementsprechend verhält ER sich. Was also tun? Die Frage hieß ja, wie Sie ihm seine schlechten Gewohnheiten abgewöhnen können...

Trifft Alternative zwei zu, sollten Sie tatsächlich bei sich anfangen. Machen Sie ihm »nonverbal«[48] klar, dass Sie mehr in die Beziehung investieren als er. Lässt er sich gehen: Lassen Sie sich nicht gehen. Hat er schlechte Essgewohnheiten: Achten Sie auf besonders feine. Behandelt er Menschen Ihres Vertrauens mies: Behandeln Sie Menschen seines Vertrauens mit ausgesuchter Höflichkeit. Männer lernen, was man ihnen vorlebt, immer noch am leichtesten. Sie sind halt doch ein bisschen wie Hunde.

Alternative drei ist lustig. Und gar nicht einmal so selten. Männer haben keine Lust zum Streiten. Sie sind von Natur aus stinkefaul. Sehr viele Möglichkeiten hat ein Mann aber nicht, sich ohne energievergeudenden Streit an seiner Partnerin zu rächen. Rächen wofür? Nun, da fällt einem Mann eine Menge ein: für ständige Bevormundung, vorwitzige Besserwisserei, freche Missachtung seiner natürlichen Autorität, dreiste Untergrabung seiner Erziehungskompetenz, mangelnde Lust auf Sex und ungenehmigtes Wegschmeißen seiner Cowboystiefel zum

48 Nonverbal = ohne Worte

Beispiel. Ihr Partner könnte die Aufzählung jederzeit vervollständigen. Er rächt sich vielleicht mit voller Absicht durch das Zutagelegen schlechter Manieren. Weil er weiß, wie sehr Ihnen das auf den Keks geht, ohne dass Sie deswegen einen handfesten Grund zum Streiten hätten. Denn fangen Sie bloß wegen schlechter Manieren Streit an, kann er Sie kleinlich und streitsüchtig nennen. Wenn Alternative drei zutrifft, können Sie auch nicht viel machen – außer, die Qualität Ihrer Beziehung grundsätzlich zu überprüfen.

Viele Männer pflegen ihre schlechten Manieren bewusst, weil sie sich dann immer ein bisschen wie die Ur-Männer fühlen dürfen. Schließlich hat man am Lagerfeuer ja auch mit den Fingern gegessen und sich nicht nach jedem Fettbissen den Mund abgewischt. Schlechte Manieren vermitteln Freiheits-Feeling. Sie möchten sich am liebsten auch noch mit den Fäusten auf die Brust schlagen, aber so primitiv sind sie nun auch wieder nicht. In ihnen steckt nur ein Stück Neandertaler, aber kein ganzer, zum Glück.

109. Wie kriege ich ihn zum Abnehmen?

Wir hatten das Thema schon gestreift (»Wie kriege ich ihn zum Sport?«). Tun Sie doch mal etwas Ungewöhnliches: Versuchen Sie, sich in einen Mann hineinzuversetzen. Warum nimmt er zu? Weil er für Diät und Sport zu faul ist. Und weil das Bier so gut schmeckt. Ein Bauch ist der Ausdruck purer Lebensfreude. Bier streichen und Diät verordnen sind deshalb die schlechtesten Ideen. Denken Sie nur an die Ex von Gerhard Schröder und die berühmte Currywurst, die sie ihm abgewöhnen wollte! Es bleibt tatsächlich nur die Alternative Sport. Den Ernährungsplan sollten Sie erst dann umstellen, wenn er danach schreit. Keinesfalls sollten Sie ihm gesunde Ernährung verordnen wie ein Arzt! Er kommt schon dahin, wo Sie ihn gern hätten. Spätestens dann, wenn er merkt: Die anderen Jungs im Fitnessstudio sind alle sehr viel fitter als ich.

110. Muss ich seine Lieblingsstorys zum 100. Mal anhören?

Wenn Sie weise sind, tun Sie's. Jeder Mann hat ein recht überschaubares Repertoire von maximal 30 Geschichten, die für seinen Selbstwert extrem wichtig sind. Ist die Gegenwart vielleicht auch nicht so toll: Er hat ja noch seine heldenhafte Vergangenheit. »Hab ich dir eigentlich schon mal erzählt, wie ich damals...«, so fangen diese Storys meistens an.

Bei früheren Generationen waren es Geschichten aus dem Krieg, der sich rückblickend zu einem reinen Abenteuerurlaub verklärte. Heute sind es mangels kriegerischer Aktivitäten der Bundesregierung recht häufig relativ banale Bundeswehr-Erlebnisse. Oder damals in der Lehre. Oder damals an der Uni. Hab ich dir eigentlich schon mal erzählt? »Ja Schatz, du hast es mir schon 99 Mal erzählt« ist eine schlechte Antwort. Besser ist: »Ich glaube ja, aber ich weiß nicht genau.« Ganz prima ist: »Nee, erzähl mal!«

Irgendwann merkt selbst er, dass Sie das nicht so ganz ernst meinen. Dieses ständige sich Erinnern an vermeintlich echt starke Heldentaten der Vergangenheit kann aber auch ein Warnsignal sein: Hat er vielleicht bei Ihnen so gar nicht mehr das Gefühl, als echter Held wahrgenommen zu werden? Vielleicht flüchtet er ja deshalb ständig in Geschichten von früher.

Jeder Mann hatte mal eine bessere Zeit als die jetzige. Darum ziehen Männer ja auch immer so unmögliche Klamotten an: Die erinnern sie an die goldenen Zeiten, als die Sachen noch echt angesagt waren. Je mehr ein Mann in der Vergangenheit lebt, desto weniger fühlt er sich in der Gegenwart geachtet. Das gilt für Erotik (»heute klappt's ja nicht mehr sooo, aber früher konnte ich glatt siebenmal die Nacht«). Das gilt für den Job (»heute zählt Erfahrung ja nichts mehr, aber früher hatte ich echt das Sagen in der Firma«). Das gilt für die Figur (»heute hab ich ja einen ziemlichen Bauch. Aber früher, ganz klar die Waschbrettbauchlinie«). Das gilt auch für sein Bedürfnis nach Abenteuern, die er heute nicht mehr so erlebt, das gilt fürs Auto – heute fährt er wahrscheinlich was Vernünftiges, früher die »geilste Karre im ganzen Viertel« –, und das gilt auch für Beziehungen: Seien Sie sicher, dass er eine in Erinnerung hat, gegen die Sie niemals ankommen werden. Aber davon wird er Ihnen nichts erzählen: Nicht einmal, nicht zweimal und schon gar nicht 100 Mal.

111. Wie kriege ich ihn dazu, im Haushalt zu helfen?

Männer haben überhaupt nichts gegen Hausarbeit, und sie sind dafür auch keineswegs ungeeignet. Im Gegenteil. Wenn ein Mann putzt, geht das zack-zack. Zeitsparend und sinnvoll wird der Einsatz von Staubsauger, Feudel und Fegeblech strategisch geplant. Keine Bewegung zu viel, kein unnützer Griff. Grob geschätzt braucht ein Mann für dieselbe Arbeit halb so viel Zeit wie eine Frau. Sie ist es, die Hausarbeit mystisch überhöht, so als sei Abwaschen mindestens so anspruchsvoll wie eine Vorstandssitzung leiten. Alles dummes Zeug, und SIE wissen das. Es gibt tatsächlich Frauen, die stricken und ratschen den ganzen Nachmittag mit der Lieblingsnachbarin auf dem Kinderspielplatz und stecken dabei die Nase in die Sonne und behaupten hinterher trotzdem, dass sie viel zu geschafft sind, um die Kleinen jetzt auch noch ins Bett zu bringen. »Irgendwas« könne der Mann ja wohl auch mal machen, heißt es dann. Also: Eigentlich sollte Ihr Mann den Laden komplett übernehmen. Es gäbe weniger Stress.

Aber so ist das Leben nicht. Und es bleibt die Frage, warum er denn so wenig tut im Haushalt. Nun: Es liegt daran, dass Sie den Haushalt zu Ihrer Domäne erklärt haben und er doch eigentlich nur den Hilfsputzer spielen darf. Es ist ja nicht sein Ding. Männer haben gern einen klar eingegrenzten Aufgabenbereich. Zum Beispiel: »Ich bin zuständig für die Kohle.« – »Ich bin zuständig für Reparaturen.« – »Ich bin zuständig für den Garten.« – »Ich bin zuständig fürs Auto.« So können Männer arbeiten. Anders nicht. SIE möchten ja schließlich nur, dass Sie hin und wieder im Haushalt »entlastet« werden. Aber das ist keine Aufgabe für einen Mann! Das sind Sklavendienste. Müll wegbringen. Altglas entsorgen. Geschirrspüler einräumen. Eines Mannes nicht würdig, es sei denn – es ist seine Domäne.

Sie sollten sich also mit ihm grundsätzlich auf eine Aufgabenteilung einigen. Klappt das nicht, sollten Sie arbeiten gehen; dann muss der Haushalt ohnehin neu organisiert werden. Klappt oder geht das auch nicht, sollten Sie Ihre hausfraulichen Tätigkeiten einfach so drastisch einschränken, dass es ihm stinkt. Sie machen sich den Mann dadurch aber nicht unbedingt zum Freund.

Wenn Ihre Beziehung eines Tages scheitern sollte und Ihr faules Männerschwein endlich mal für sich selber sorgen muss, wird seine neue Wohnung übrigens keineswegs im Chaos versinken. Ihre diesbezügliche Schadenfreude wäre verfrüht. Jenes Wesen, das während Ihrer Ägide nicht mal dazu in der Lage war, die schmutzigen Socken auf den Wäschehaufen zu schmeißen, wird sich über Nacht in einen flinken Putzteufel verwandeln. Es gibt kaum sauberere Wohnungen als die von frisch geschiedenen Männern. Und staunend stellen sie alle fest, wie leicht Hausarbeit doch ist. Inklusive Bügeln. Lassen Sie die Kinder oder eins davon zu ihm ziehen, verwandelt er sich über Nacht auch noch in den idealen Vater. Und macht trotzdem seinen Job. Ohne zu jammern. Das sollte Ihnen zu denken geben.

Manchmal stellt sich Ihr Mann aber die bange Frage, ob Frauen überhaupt denken können. Nicht, dass er Ihnen die Fähigkeit dazu grundsätzlich abspricht. Der eine oder andere Gedanke schwirrt Ihnen ja tatsächlich durch den Kopf. Aber Denken aus männlicher Sicht ist mehr: Zum Beispiel das messerscharfe Erkennen einer Fehlentwicklung, das Entwickeln einer Gegenstrategie und die Durchführung derselben mit dem Ziel, das Ergebnis zu verbessern. Wären Sie dazu in der Lage, hätten Sie Haushalt und Kindererziehung stets spielend im Griff und würden die Hilfe des Mannes überhaupt nicht brauchen. Wie gesagt: Das geht ihm nicht ständig durch den Kopf, das ist vielleicht auch ganz falsch gedacht. Aber manchmal flackert diese Überlegung trotzdem dumpf in seinem Hirn auf.

Jeder Mann weiß: Was den Haushalt angeht, ist jede Frau beratungs-resistent. Zum Beispiel fällt ihm auf, dass die Tellerstapel im Schrank nicht optimal platziert sind. Was man oft braucht, steht ganz hinten. Und was man selten braucht, versperrt den Zugriff. Frauen lassen alles trotzdem so, wie es ist. Das war schon immer so, und das muss auch so bleiben. Und wehe, der Mann geht selbst an den Schrank und räumt alles um: Ja, spinnst du denn? Du kannst doch nicht einfach meine ganze Ordnung durcheinander bringen! Na gut, dann lässt er's eben. Aber weil er das System der weiblichen Ordnung nicht begreift, lässt er's dann eben ganz. In vielen Schränken, die von Frauen eingeräumt worden sind, stehen zum Beispiel die flachen Essteller auf den tiefen und die Frühstücksteller auf den flachen. Wenn man nun einen tiefen Suppenteller braucht, muss man erst die Frühstücksteller aus dem Schrank nehmen und dann die flachen, nur um sich einen Suppenteller zu greifen. Viel besser wäre es aus Männersicht, die daneben stehenden Töpfe ganz woanders hinzustellen und die drei Tellerstapel nebeneinander statt übereinander zu platzieren. Kriegt man nicht durch: Das bringt ihr ganzes schönes System durcheinander, da lässt sie nicht mit sich reden.

112. Wie kriege ich ihn dazu, dass ich auch mal fahren darf?

Sie könnten heimlich ein Schleudertraining beim ADAC absolvieren. Das imponiert jedem Mann und hebt seine Achtung vor Ihren fahrerischen Qualitäten ungemein. Sie könnten auf Alkohol verzichten, wenn Sie gemeinsam unterwegs sind; die Vorteile werden ihm einleuchten. Sie könnten einen Deal mit ihm machen (Männer lieben Deals, weil Deals fair und logisch nachvollziehbar sind): Einmal fährt er, einmal fahren Sie.

Haben Sie ihn aber endlich auf dem Beifahrersitz, so heißt das noch lange nicht, dass er auch gleich ein guter oder gar ein idealer Beifahrer ist. Wahrscheinlich tritt er jedes Mal mit voller Kraft in den Fußraum, wenn beim Vordermann die Bremslichter aufleuchten. Männer fühlen sich als Beifahrer so wie Piloten, die dem Flugschüler zu Ausbildungszwecken den Steuerknüppel überlassen müssen: Sie fliegen trotzdem selbst, wenn auch nur in Gedanken. Da hilft nur jahrelange behutsame Gewöhnung. Natürlich könnte man die Frage auch umgekehrt stellen: Wie kriege ich ihn dazu, dass ich nicht immer fahren muss? Aber da ist die Antwort leichter. Trinken Sie einfach so viel, dass Sie nicht mehr fahren dürfen.

113. Warum wollen Männer nie nach dem Weg fragen?

Der alte Fährtensucher weiß genau, wo es langgeht. Wahrscheinlich haben Sie ihm ganz einfach zu viel dazwischengeredet. Sonst wären Sie beide schon längst da. Aber jetzt, wo er Ihnen endlich die Landkarte abgenommen hat und selber guckt (Frauen können ja bekanntlich nicht mal rechts und links unterscheiden. Die zeigen mit dem Arm nach links und sagen: »Da rechts musst du lang«), ausgerechnet jetzt also, wo er die Führung übernimmt und die Lage schon so gut wie im Griff hat, da bestehen Sie darauf, einen vollkommen wildfremden Menschen, wahrscheinlich einen Touristen aus Usbekistan, anzuquatschen und sinnloserweise nach einem Weg zu fragen, den der überhaupt nicht kennt. Nein, das ist wirklich keine gute Idee.

Das Problem ist: Sie haben kein Vertrauen in den Mann an Ihrer Seite. Sie haben vergessen, dass er schon Fährten und Spuren gesucht hat, als Sie noch die von ihm erlegten Bärenfelle zum Trocknen vor die Höhle gehängt haben. Und Sie versuchen schon wieder einmal, ihn klein zu machen. »Lass uns doch mal fragen« ist nur die Umschreibung von »Karte lesen kannst du auch nicht«, und das beinhaltet die unausgesprochene Frage: »Gibt es eigentlich irgendwas, das du wirklich kannst?«.

Natürlich würde er gern jemanden nach dem Weg fragen, der sich auskennt. Er würde das auch garantiert tun, wenn er alleine im Auto wäre. Aber jetzt muss er voll auf Risiko setzen. Denn wenn er sich weigert, das Fenster runterzukurbeln und zu fragen, muss seine Fährtensucherei von unmittelbarem Erfolg gekrönt sein. Ohne den kleinsten Umweg muss die von ihm gewählte Route direkt zum Ziel führen. Bereits eine winzige heimtückische Umleitung, eine von ihm nicht zu verantwortende geänderte Verkehrsführung oder eine in der Karte keinesfalls eingezeichnete Sackgasse würde einen derart massiven Gesichtsverlust bedeuten, dass, wäre er japanischer Provenienz, ein sofortiges Harakiri als einzige angemessene Reaktion in Frage käme.

Aber auch Sie als Frau befinden sich in einer prekären Situation, wenn es erst einmal so weit gekommen ist, dass er sich nur noch viel schlimmer verfährt: Sie können jetzt nämlich sagen, was Sie wollen, oder Sie können schweigen, so laut Sie wollen, Sie werden ihn immer beleidigen. Sagen Sie zum Beispiel »Siehste, ich hab doch gesagt, lass uns fragen«, können Sie ihm ebenso gut gleich die Eier abschneiden. Sagen Sie »Macht doch nichts, mein Schatz, wir haben doch Zeit«, so hört er natürlich den triefenden Hohn in Ihrer Stimme heraus oder ist zumindest sicher, dass Sie ihn, der doch ohnehin schon am Boden liegt, noch mal kräftig in den Bauch treten wollten. Schweigen Sie aber, so ist dieses Schweigen ein ganz deutliches Signal dafür, dass Sie sich insgeheim über ihn kranklachen und denken, was ist der Kerl doch für ein nutzloser Idiot, aber ich sag jetzt nichts. Krach ist also vorprogrammiert in dem Moment, wo Sie die nur vermeintlich harmlosen Worte sprechen: »Lass uns doch mal jemanden fragen.«

Streichen Sie diese Worte aus Ihrem Sprachgebrauch. Sagen Sie einfach niemals »lass uns doch jemanden fragen«. Fragen Sie stattdessen ihn und schauen Sie ihn dabei mit dem berühmten Augenaufschlags-Du-Weißt-Doch-Sowieso-Alles-Besser-Blick an. Kommt gut, echt.

114. Warum trinkt er so viel?

Die Männer und der Alkohol: Ein Thema in fast jeder Beziehung und einer der häufigsten Scheidungsgründe. Aber die Antwort wird Ihnen nicht so gut gefallen. Wahrscheinlich ist er nämlich unglücklich und trinkt seinen Frust weg. Alkohol als Flucht vor dem partnerschaftlichen oder beruflichen Elend ist tatsächlich die häufigste Ursache. Männer scheuen das Austragen von Konflikten, weil sie gedankenfaul sind. Wir hatten das schon. Lieber saufen sie sich einen an als zu reden. Dann lässt sich das ganze Drama nämlich gleich viel leichter ertragen.

Andere Möglichkeit: Vielleicht finden Sie »viel«, was er »nicht viel« findet? Was ja nicht unbedingt heißen muss, dass er Alkoholiker ist. Möglicherweise hatten Sie einen zu viel trinkenden Vater und projizieren ihre Antipathie gegen Alkohol nun auf Ihren vollkommen »normal« trinkenden Partner? Vielleicht ist er aber tatsächlich Alkoholiker und weiß es gar nicht. Oder er ist es und weiß es.

»Viel« trinkt er dann, wenn er ständig »zu viel« trinkt.[49] Wenn er auf Partys stets der Betrunkenste ist oder gar im Sitzen einschläft. Wenn er erheblich mehr trinkt als seine Kumpels. Wenn er regelmäßig tagsüber trinkt. Und wenn er eigentlich niemals nüchtern ins Bett geht. Gehen Sie mal blind davon aus, dass er in diesem Fall ein anderes Problem wegzutrinken versucht.

Welches das sein könnte? Vermutlich lässt er nicht so gern mit sich darüber reden. Vermutlich gibt es sogar jedes Mal Streit, wenn Sie ihn darauf ansprechen. Sie werden bei der Suche nach der Ursache seines Problems also ziemlich alleine sein. Je nach Schwierigkeitsgrad dieses Problems haben Sie verschiedene Reaktionsmöglichkeiten: von Ignorieren bis Trennen. Zwischen diesen Möglichkeiten liegt natürlich

49 *Dies ist keine ärztliche Definition!*

auch was: ihn zum Lebertest schicken und den Arzt mit baldigem Ableben drohen lassen zum Beispiel, ihn zum Sport und somit zu grundsätzlich veränderter Lebensführung bewegen, Sexverweigerung und, und, und. Auch eine Party vorzeitig und allein zu verlassen, wenn er mal wieder zu viel getrunken hat, kann ein heilsamer Schock für ihn sein (muss aber nicht!!).

Die meisten Männer sind »social drinkers«. Sie trinken halt, weil's die Kumpels auch tun. Und wenn der Ihre hin und wieder mal mit denen einen trinken geht, ist das doch nicht schlimm.

Übrigens können Sie ziemlich leicht rauskriegen, ob er alk-gefährdet ist: Einigen Sie sich mit ihm auf vier vollkommen alkoholfreie Wochen. Lässt er sich darauf ein und hält er durch, können Sie einigermaßen beruhigt sein: Das hält sich noch in Grenzen. Vier alkoholfreie Wochen sind auch sehr gut fürs Sexualleben. Man hat nämlich plötzlich wieder eins.

Der typische deutsche Mann trinkt gerne Alkohol, und er lässt keine Gelegenheit aus. Wenn sein Kumpel zum Beispiel Magendrücken hat, weil er vorhin zu schnell zu viel gegessen hat, dann wird man kollektiv aus Solidarität sofort beschließen, dass man gemeinsam den Druck auf dem Magen wegtrinken muss. Ein willkommener, ernstzunehmender Anlass. Der eine gibt eine Runde Wodka aus, der andere lässt sich nicht lumpen, der dritte zieht nach, der vierte ist nun endlich auch mal an der Reihe, der fünfte gilt als Geizhals und muss seinem schlechten Image entgegenwirken, der sechste will nach Hause und bestellt deshalb noch 'ne Runde als Absacker, der siebte war noch gar nicht dran, und das sind dann schon mal sieben doppelte Wodka, plus die normalen Getränke. Jetzt kommt aber erst der mit dem verdorbenen Magen und möchte sich bedanken, was machen wir denn dann? Wodka geht ja nicht mehr rein, also wechseln wir mal zu Jägermeister. Zu Deutsch: Der normale Mann kann sich dem Alkohol überhaupt nicht widersetzen, sondern er ist ihm hilf- und haltlos ausgeliefert. Das wird jetzt natürlich wütende Proteste von den AAs bis zum BuMi für Verzicht und Gesundheit auslösen, aber wir liefern hier ja keine Anleitung zum Steinaltwerden, sondern einen Führer für Frauen durch die abstruse und leider manchmal auch promillehaltige Welt ihrer Männer. Wir sagen, wie's ist, und die anderen können dann völlig zu Recht feststellen, dass alles Mist ist.

115. Warum spricht er nicht mit mir?

a) Er ist nur noch aus Gewohnheit mit Ihnen zusammen.
b) Sie würden ihn doch nicht verstehen.
c) Sie interessieren ihn überhaupt nicht.
d) Er gibt halt nicht so gern etwas von sich preis.
e) Er ist total glücklich mit Ihnen und sieht deshalb keinerlei Gesprächsbedarf.
f) Er weiß überhaupt nicht, was Sie von ihm wollen.
g) Er hat längst eine andere.
h) Er lebt in einer derart anderen Welt, dass jedes Gespräch sowieso im Streit enden würde.
i) Er ist gedankenfaul.
j) Er findet, dass Sie meistens nur unwichtiges, dummes Zeug sabbeln.
k) Er ist nun mal nach seiner Morgenzeitung süchtig.
l) Er ist nun mal fernsehsüchtig.
m) Er findet, dass sein Job Sie nichts angeht.
n) Er findet, dass Ihr Job ihn nichts angeht.
o) Er hat nie gelernt, sich verbal auseinander zu setzen.
p) Er müsste Sie beim Sprechen ja anschauen und findet Sie überhaupt nicht mehr attraktiv.
q) Ihm sind einfach die Themen ausgegangen.
r) Er fürchtet, dass Sie irgendwas von ihm wollen.
s) Er fürchtet, dass Sie ihm intellektuell überlegen sind.
t) Er fürchtet, dass er beim Reden Geheimnisse ausplaudern könnte.
u) Er hat überhaupt kein Problem, ist aber ein wortkarger Mensch.
v) Sie vermitteln stets den Eindruck, sowieso alles besser zu wissen.
w) In dem bisschen Freizeit denkt er lieber nach, als sie zu verquasseln.
x) Es bringt ihn nicht weiter, mit Ihnen zu reden.
y) Sie verstehen nichts von Fußball.
z) Er mag Ihre kleine überschaubare Welt nicht, über die Sie mit ihm reden wollen.

Reicht das? Wollen Sie, das mal nebenbei gefragt, wirklich, dass ER mit IHNEN redet? Oder wollen Sie nur, dass er Ihnen zuhört? Das ist ein kleiner, aber möglicherweise wichtiger Unterschied. Die meisten Frauen interessieren sich für Männer, die NICHT viel reden. Das ergab eine Untersuchung der Uni Massachusetts. Wenn Sie also sagen: »Er spricht einfach nicht mit mir«, meinen Sie vielleicht in Wirklichkeit: »Ich kann ihn nicht zuquatschen!«

Die US-Wissenschaftler hatten sogenannte Speed-Dates gefilmt. Das sind Dates, zu denen weibliche und männliche Singles geladen werden, aber alle paar Minuten wird rotiert – dann setzt man sich zwangsweise um und muss mit dem Nächsten reden. Das Ergebnis war eindeutig: Männer, die wenig sagten und viel zuhörten, waren bei den Damen die absoluten Favoriten. Wenn er also Ihrer Meinung nach zu wenig mit Ihnen spricht, hat er wahrscheinlich keine Lust, Ihnen ständig zuhören zu müssen. Dagegen können Sie was tun: Reden Sie doch mal weniger, und hören Sie ihm mehr zu. Dann wird er schon gesprächig, wetten? Und wenn Sie jetzt noch Fragen zu dem Thema haben, blättern Sie einfach mal zur letzten Frage in diesem Buch. Da kommt eine Frau zu Wort, die ganz erstaunliche Weisheiten erzählt. Aber danach lesen Sie bitte weiter bei Frage Nummer 116.

116. Warum rast er mit dem Auto immer so?

Bestimmt nicht, weil er es eilig hat. Jeder Idiot weiß, dass einmal lang durch Deutschland zwischen Tempo 160 und Tempo 230 lediglich einige lächerliche Minuten Zeitersparnis liegen, Risiko und Spritverbrauch aber dramatisch in die Höhe gehen. Das kann's also nicht sein, da haben Sie Recht. Er rast und drängelt, weil er sich selbst und der Welt was beweisen will. Aber was?

Das ist doch nicht schwer: Rasen, überholen, der Schnellste sein heißt immer nur eins: Der Beste sein wollen. »King of the Koppel«, pflegt Dieter B. zu sagen. Man muss Dieter B. nun nicht unbedingt mögen, aber der Typ ist eben exakt so, wie der Mann von heute gerne wäre: immer auf der Überholspur, immer gut drauf, immer mit zwei Mädels im Arm, und Kohle spielt keine Geige. Jedenfalls erweckte Dieter B. diesen Eindruck, bevor er angeblich solide wurde. Außerdem hatte er stets die richtigen Machosprüche drauf, die Ihrem Mann auch gern eingefallen wären.[50]

---

50 *»Die einzige Frau, auf die ich höre, ist die in meinem Navigationssystem.«*

Wenn Ihr Mann mit dem Auto wie die wilde Sau durch die Gegend rast, dann hat er irgendwelche Defizite. Sogar erhebliche. Vielleicht im Job, das wäre denkbar, aber ganz sicher hat er Defizite in der Beziehung. Man könnte auch sagen: Er hat irgendwie seinen Selbstwert verloren.

Wie ist das nun wieder gemeint? Sind Sie nicht lieb zu ihm? Hat er nicht ein schönes Leben an Ihrer Seite? Kann er nicht froh sein, dass er Sie hat? Schauen Sie mal: Gerade haben Sie ihn wieder mal als kleines, aus dem Nichts gerettetes armes Waisenkind charakterisiert, das angesichts Ihrer gnädigen Zuwendung heilfroh sein muss. Sonst würde ja auch keiner seine Wäsche waschen. Und welche Frau würde schon mit ihm schlafen wollen, wenn nicht Sie. Stimmt ja vielleicht auch alles. Aber früher war das anders. Früher schaute die Frau zum Manne auf und war dankbar, dass es ihn gab. Er war der Chef und bestimmte die Regeln. Heute, und darüber freuen wir uns ja alle auch mächtig, haben wir die so genannte Gleichberechtigung, die aber längst zum anderen Ende des Pendels ausgeschlagen ist.

Heute bestimmt die Frau, was läuft, und der Mann zieht den Schwanz ein. Das ist bequem, kommt ihm also insoweit entgegen, aber es ist natürlich dennoch wider seine Natur. Eigentlich ist er nämlich immer noch der Rudelführer.

So. Und jetzt sitzt er am Steuer und hat endlich mal wieder die Macht. Endlich einmal kann er zeigen, was wirklich in ihm steckt. Das Auto der Stier, er der Cowboy. Er reitet den Stier. Er ist der Boss. Er gibt Gas. Er hat Spaß. Rasende Männer auf der Autobahn sind arme kastrierte Würstchen, die per Druck aufs Gaspedal eine Art Penisverlängerung auf Zeit versuchen: nämlich genau bis zur nächsten Radarkontrolle. Dann nehmen sie den Fuß vom Gas und auch alles andere wieder zurück, falls sie die Radarkontrolle rechtzeitig bemerken. Nun sind sie wieder die armen Würstchen des Alltags. Darum rast er immer so. Nur darum.

Machen Sie den Test! Geben Sie ihm die Chance! Es ist ganz einfach. Zeigen Sie Ihrem Mann, dass er für Sie der Größte ist. Nicht einmal, nicht eine Nacht, nicht zwei. Sondern auf Dauer. Und er wird ein so gelassener Autofahrer sein, dass Sie ihn nicht wiedererkennen. Er wird entspannt auf die rechte Spur wechseln und die Hand auf Ihr Knie legen. Er hat's dann nicht mehr nötig. Er ist glücklich. So einfach funktionieren Männer. Wieso kapieren Frauen das eigentlich nicht von selbst? Kurzfassung für den Fall, dass Sie blond sind. Mann rast mit Auto = Mann hat Problem. Problem ist: Mann glaubt, Mann nix wert. Mann gibt Gas = Mann ist was wert. Capito? So. Nun kommen Sie. Du = guter Mann. Du nix müssen Gas geben. Du auch so der Größte. Mann nimmt Fuß vom Gas. Alles gut. War doch selbst für eine Frau nicht schwer zu begreifen, oder?

117. Warum will er mich immer bevormunden?

Könnte ja sein, dass Sie tatsächlich zu blöd sind, um Alltagsprobleme alleine zu bewältigen. Könnte also sein, dass Sie ihn tatsächlich dazu brauchen. Dann sollten Sie doch eigentlich ganz froh sein, dass er Sie »bevormundet«. Vielleicht gibt er Ihnen ja lediglich hin und wieder einen guten Rat, den Sie dann auch tunlichst beherzigen sollten, den Sie aber als »Bevormundung« missverstehen?

Aber gehen wir mal davon aus, dass dies nicht der Fall ist. Sie haben alles ganz gut im Griff, aber er weiß immer alles besser? So nach dem Motto: »Kleines, lass mal, davon verstehst du nichts?« Nun, Sie haben Glück: Ihr Partner ist ein Dinosaurier, den Sie mit etwas Geschick an jedes zeitgeschichtliche Museum verkaufen könnten. Er ist ein Wurm, der nichts kapiert hat und seine eigenen Schwächen durch großspuriges Machogebaren zu kompensieren versucht. Ja, auch solche Männer gibt es – und sie sind gar nicht so selten. »Der alte Winter in seiner Schwäche zieht sich in rauhe Berge zurück ...«[51]. Der alte Wolf in seiner Schwäche zieht sich auf schlichte Selbstüberschätzung und auf erstaunlich schlecht kaschierten Hochmut zurück. Er hat eigentlich nix zu sagen. Aber er versucht, die Boten des weiblichen Frühlings durch große Sprüche zu verdrängen. Er ist einfach nur peinlich. Schießen Sie den Mann, der Sie ständig klein macht, in den Wind. Es gibt keinen besseren Rat.

Erstaunlich viele Frauen kleben aber an Männern, die viel zu schlecht für sie sind. Deshalb ist es schwer, sie zu beraten. Dem Autor dieses Buches sind mindestens 13 Frauen bekannt, die immer wieder an absolute Idioten geraten. Ach, mit 13 kommt man noch nicht ein-

51 *»Faust I«*

mal aus, das sind garantiert noch mehr. Erst neulich wieder: Eine Diskussionsrunde, bestehend aus dem Bücherschreiber und fünf jungen Frauen. Thema: Welche Fragen sollten dringend in diesem Buch erörtert werden?

Da sitzt eine Frau, hübsch anzusehen und gar nicht dumm, die stellt in aller Bescheidenheit die härtesten Fragen, die Sie in diesem Buch finden. Alle aus der Tagespraxis heraus. Alle bezogen auf ihre derzeitige Liebe. Der Autor guckt schon eine Weile mit großen Augen und fragt sich, wieso ist die denn mit diesem Arschloch überhaupt zusammen? Die erzählt ja so gar nichts Nettes von dem. Irgendwann kommt dann auch die Frage von den anderen Mädels. Sach ma ... Äh ... Was hast du denn da gerade für einen Typen an der Angel ... Tja, sagt die junge Frau betreten, das überlege ich mir ja auch ständig, aber ...

Es gibt ein weibliches »Aber«, das Männer nie verstehen werden. Wenn die Beziehung im Eimer ist, dann trennt sich der Mann von seiner Frau. So einfach ist das. Ein Mann hat eine klare Hitliste im Kopf: Das ist gut an ihr, und das ist nicht so gut an ihr. Und er bleibt genauso lange bei ihr, wie auf der Seite mit den Pluspunkten mehr steht als auf der Seite mit den Minuspunkten. Frauen (nicht alle, ganz klar, aber viele) haben manchmal nur noch Minuspunkte im Kopf und bleiben trotzdem bei ihrem Typen kleben. Das liegt an diesem »Aber«.

Man(n) – und das ist die einzige Stelle in diesem Buch, wo dieser neckische Klammer-auf-Klammer-zu-Gag abgedruckt wird, der immer so gern in Frauenzeitschriften benutzt wird – man(n) könnte also auf die Idee kommen, dass viele Frauen eine eindeutig masochistische Ader haben. Denn sie bleiben ja nicht nur bei ihrem verabscheuungswürdigen Typen, weil er nun einmal der Mann an ihrer Seite ist, weil sie Angst vor dem Alleinsein haben oder weil es so hübsch bequem ist, nichts zu verändern. Nein, sie suchen sich sogar zielgerecht immer wieder genau die gleichen Idioten aus. Ist das nicht krank?

Nehmen wir als Beispiel mal das traurige Schicksal von Alexandra. Alexandra ist schon fast Ende 20 und hat für ihr Alter ganz schön was mitgemacht. Sie wurde schon mehrfach geschwängert, hat aber nur eins gekriegt und die anderen abgetrieben, weil, es passte gerade nicht so. Mit Männern hatte sie bisher nicht viel Glück. Also eigentlich waren es alles ziemliche Deppen. Der eine hat gesoffen wie ein Loch, der andere war aggressiv, der dritte äußerst schlagkräftig eifersüchtig und der vierte und aktuelle ist dumm wie Brot. Da waren natürlich noch einige dazwischen, die aber keine Rolle spielen. Also sagen wir mal, vier ernst zu nehmende Männer in der Vita von Alexandra, sozusagen vier Flops in ihrem partnerschaftlichen Vorstrafenregister. Nun lernt Alexandra einen Typen kennen, der ist echt der Hit. Er hat was in der Birne, er hat Kohle, er ist großzügig, zärtlich, lustig, verrückt nach ihr, und mit ihrem Kind kommt er auch sehr gut zurecht. Also doch eigentlich ein Lottosechser, oder? Sollte man das nicht meinen? Müsste Alexandra das nicht auch so sehen?

Nein, tut sie nicht. Und jeder Mann kennt mindestens eine Alexandra. Alexandra sagt, du, ich finde dich ja total super, total lieb, total nett, und was du alles für mich tust, und es tut mir ja so unendlich Leid, aber: Verpiss dich aus meinem Leben.

Sie bleibt bei dem Vogel, der dumm ist wie Brot und sie wahrscheinlich auch noch betrügt wie ein Weltmeister, aber wahrscheinlich steht sie genau darauf. Ihre persönliche Kompassnadel ist ausgerichtet auf Männer, die ihr nicht gut tun. Sie kann überhaupt nichts anfangen mit einem Mann, der sie wie eine echte Partnerin behandelt. Da steht sie nicht so drauf. Das findet sie langweilig, oder wie soll man das nennen?

Jede Frau hat in dem Kreis ihrer Freundinnen mehrere Frauen, die genauso gepolt sind, wie es hier steht. Davon wird in der Öffentlichkeit aber kaum geredet. Nur am Stammtisch der Männer, da wird es erörtert. Da heißt es dann, und das ist natürlich ein Fehlschluss: Du musst Frauen behandeln wie Scheiße, dann lieben sie dich! Du bist viel zu nett zu den Frauen! Schau mal, du kennst doch … Und wie ist das bei … Und denk mal an den … Und der … Folgerichtig wäre eigentlich, dass ein Mann nach einer so deprimierenden Stammtischrunde nach Hause geht und seiner Frau erst mal eine reinhaut.

Dann sagt er: Hol mir mal ’ne Flasche Bier. Dann setzt er sich vor den Fernseher und rülpst. Dann zieht er sich das Hemd aus und sitzt im Unterhemd da. Dann scheucht er sie noch mal hoch, weil er jetzt ganz gern einen Korn trinken würde. Dann darf sie sitzen bleiben, denn er geht noch mal kurz in den Puff. Aber morgen früh um 5 vor der Arbeit hätte er dann doch ganz gern noch ein leckeres Frühstück zubereitet. Achtung: Dieser Absatz war natürlich überspitzt.

Aber es ist doch so: Warum träumen Frauen von echt guten Männern und bleiben am Ende bei irgendwelchen Proleten? Dies ist eine der schwierigsten Fragen, die Männer unter sich zu erörtern haben, und es hat noch an keinem Stammtisch der Welt eine erschöpfende Antwort darauf gegeben. »Das bleibt für immer ein Geheimnis, das weiß niemand so ganz genau ...«[52]

118. Warum hat er niemals Lust zu irgendwas?

Es ist eine typische Szene: Sonntagmorgen, Frühstück. Er liest Zeitung, sie fragt: »Was machen wir denn heute?« Er murmelt: »Ich dachte, wir machen uns einen ruhigen Tag!?« Er hat sich vielleicht vorgestellt, ein bisschen zu gammeln, spät zu duschen, ein Mittagsschläfchen zu halten und im Internet zu surfen, als maximale Anstrengung. Sie hingegen hat tausend Sachen im Kopf, die dringend erledigt werden müssen und die man doch wunderbar gerade heute erledigen könnte. Ganz davon abgesehen, was es draußen alles zu sehen gibt! Man könnte spazieren oder essen oder in ein Museum gehen, eine Ausstellung oder Schaufenster gucken. Nichts tun zu zweit? Das ist nicht unbedingt Frauensache. Wenn Sie also wissen möchten, warum er so oft Lust auf gar nichts hat, müssen Sie zunächst einmal berücksichtigen, dass er ganz anders tickt als Sie. Männer mögen es eigentlich gar nicht, den freien Tag zu organisieren. Frauen werden meistens schon nervös, wenn er nur mal für 10 Minuten im Sessel die Augen zumacht.

Im Büro haben Männer Lust auf alles. Sie übernehmen jeden Scheiß-Job, haben alles im Griff, sind immer in action und schaffen richtig was weg. Zuhause hängen sie dafür gern schlapp herum und »entspannen«, wie sie das nennen. Aber warum ist das so?

Männer, um es einmal positiv zu sehen, haben den Tunnelblick. Sie konzentrieren sich aufs Wesentliche und können das Unwesentliche links liegen lassen. Frauen hingegen halten immer alles für gleich wichtig. Deshalb stehen sie ständig unter Strom und verzetteln sich. Sie haben selten die Zeit, sich wirklich einmal gehen zu lassen und gar nichts zu tun. Komischerweise fällt ihnen das besonders schwer, wenn ein Mann dabei ist (allein entspannen können sie besser). Das Zusammenleben ist schwierig, wenn man dieses Problem nicht löst. Und

52 *Daliah Lavi*

wie? Indem jeder macht, was er möchte. Warum lässt sie ihn nicht alleine im Sessel einschlafen und geht derweil spazieren? Muss er denn wirklich mitkommen, an seinem einzigen richtig freien Tag?

Schwierig wird es hingegen, wenn es sich um einen Mann handelt, der grundsätzlich niemals zu irgendetwas Lust hat. Auch solche Exemplare gibt es, und offenbar sind sie gar nicht so selten. Mit denen kann man weder ins Musical gehen noch zu Freunden. Zum Spaziergang um die Ecke kann sie allenfalls der dort vorhandene Zigarettenautomat verführen. Oder der Hund, weil er sonst ins Wohnzimmer pisst. »Einfach so« was zu unternehmen, halten sie für eine gottverdammte Zeitverschwendung. Das sind Männer, die man kaum umerziehen kann. Man sollte sie entweder so lassen, wie sie sind, und ein gewisses Eigenleben entwickeln, oder man sollte sie in den Wind schießen.

Männer kriegt man am besten aus dem Sofa heraus, indem man sie mit einem Leckerli lockt. Genau, da haben wir schon wieder die Parallelen zwischen Mann und Hund. Es ist aber wirklich was dran, und man könnte es ja mal versuchen. Erst ins Musical, dann in die Kneipe um die Ecke und richtig versacken? Ein Spaziergang zu dieser tollen Kneipe, wo es das beste Bierchen der Stadt geben soll? Mal essen gehen mit seinem besten Kumpel und seiner Frau, auch wenn man die blöde Kuh so gar nicht mag? Das gefällt den Jungs, da kommen sie dann schon mal aus ihrer Höhle heraus. Aber dann sollte man ihnen auch dringend wieder einen Tag gönnen, an dem sie »gar nichts« machen dürfen.

ACHTES KAPITEL
DER MANN
UND
DAS GEFÜHL

119. Wie tröste ich ihn richtig?

Die Frage bedeutet ja zunächst einmal, dass er Kummer hat. Eigentlich haben Männer sehr oft Kummer wegen irgendwas. Kummer ist ganz schön. Wer Kummer hat, wird nämlich getröstet. Getröstet werden ist gut. Das hat Mami auch immer so fein gemacht, wenn man sich das Knie aufgeschlagen hatte früher. Die häufigsten Kummer eines Mannes sind: Liebeskummer (da könnten Sie als Auslöserin natürlich nicht wirklich trösten) oder Kummer im Job. Steigerung: Er hat gar keinen Job mehr. Dann könnte noch etwas fast so Schlimmes passiert sein, zum Beispiel seine Mutter ist gestorben oder so. Oder sein Kumpel hat ihm die Freundschaft aufgekündigt. Oder man hat ihn betrunken am Steuer erwischt, das gibt auch reichlich Kummer. Das Leben eines Mannes ist grundsätzlich kummervoll, das können Sie glauben. Aber meistens handelt es sich doch um Kummer im Job. Der Job ist das Wichtigste im Leben eines Mannes, und deshalb ist er ihm auch so ausgeliefert. Er definiert sich über seinen Job. Ohne den wäre er nix. Früher gab es ja viele Kriege, und die Männer konnten sich über ihre Erfolge auf dem Schlachtfeld definieren. Und wenn mal kein Krieg war, dann haben sie eben Tiere gejagt. Heute leben wir in einer eher friedlichen Zeit. Selbst das Wildbret muss man nicht mehr erlegen, sondern man kauft es halt im Sparmarkt aus der Tiefkühltruhe. Männer können nicht mehr gewinnen, nicht mehr verlieren, nicht mehr kämpfen und nix mehr töten. Sie haben nur noch ihre Firma. Also braucht er vor allem Trost, wenn es in der Firma mal nicht mehr so läuft, wie er das gerne hätte.

Zuhören können ist Ihre Stärke? Dann sind Sie schon mal eine richtig gute Trösterin. Tun Sie es einfach. Sagen Sie wenig. Konzentrieren Sie sich auf ihn. Lassen Sie ihn (aus)reden. Schlafen Sie dabei keinesfalls ein Unterbrechen Sie ihn nicht. Wechseln Sie nie das Thema (»ach Schatz, ich will dich ja nicht unterbrechen, aber bevor ich's vergesse …«). Schauen Sie ihn mitleidsvoll an. Geben Sie ihm Recht. Nicken Sie mitfühlend. Berühren Sie ihn sanft. Nehmen Sie ihn nicht in den Arm. Er ist kein Kind. Er ist ein Mann. Geben Sie ihm Alkohol zu trinken.[53] Bedienen Sie ihn. Seien Sie Sklavin. Zuhör-Sklavin. Er will

---

53 *Auch dies ist kein ärztlich abgesicherter Rat.*

nur reden. Diskutieren Sie nicht. Sparen Sie sich Ihre Argumente für morgen auf. Sie sind jetzt erst einmal nur zwei große Ohren und zwei mitleidsvolle Augen.

Fragt er Sie tatsächlich nach Ihrer Meinung,[54] so können Sie die natürlich sagen. Es sei denn, Ihre Meinung ist: »Junge, du bist ein Arschloch, und dir widerfährt dies alles vollkommen zu Recht.« In diesem Fall sollten Sie Ihre Meinung für sich behalten. Seien Sie so diplomatisch, wie Sie können. Und noch einmal: Hören Sie ihm zu. SO trösten Sie richtig.

Nur um es Ihnen noch mal zu verdeutlichen: Das ganze Leben ist eine Bühne, und auf dieser Bühne sind Sie beide Schauspieler, und irgendwo da unten im Dunkeln des Zuschauerraums sitzt der Regisseur und schaut jetzt genau zu, ob Sie die Rolle der Trösterin glaubwürdig spielen oder nicht. Dieses hübsche Bild sollten Sie vor Augen haben, wenn es Ihrem Kerl mal richtig mies geht. Gehen Sie davon aus, dass der Regisseur von ihm ohnehin schon begeistert ist: Die Rolle des leidenden Mannes hat er garantiert total gut drauf und spielt sie entsprechend. Aber jetzt geht es um Sie! Werden Sie das Engagement letztendlich kriegen? Oder werden Sie scheitern, weil Sie eine miese Trösterin sind?

Nein. Spielen Sie die Trösterin so perfekt, dass der Regisseur da unten im Dunkeln zu heulen anfängt. Dann wird auch Ihr Kerl weinend in Ihre Arme fallen und dem Herrgott danken, dass es Sie gibt. So einem harten Mann in seinen schwersten Zeiten ein bisschen Trost spenden ist für eine Frau darüber hinaus noch eine durchaus lohnende Investition, denn er vergisst ja nicht, wer ihn so nett getröstet hat. Und wie sich ein Mann für derlei emotionale Zuwendung bei einer liebenden Frau bedankt, das zieht sich ja wie ein roter Faden durch dieses Buch (diamonds are a girls …).

Also, warum zögern Sie? Trösten Sie auf Deubel komm raus. Und wenn Sie dabei insgeheim lachen müssen, dann wandeln Sie den Satz von oben ganz einfach etwas ab. Das ganze Leben ist dann keine Theaterbühne, sondern ein Kasperltheater, und das Kasperl heult gerade total hysterisch, und Sie sind das Krokodil mit der Lizenz zum Trösten oder die liebe Oma, die einfach nur ihre faltigen Arme um ihn schlingt, und schon wird alles wieder gut. Huhu, huhu.

---

54 *was unwahrscheinlich ist*

120. Wann würde er weinen?

Im Kino. Und natürlich, wenn Sie ihn verlassen. Ganz klar würde er weinen, wenn was Schlimmes mit den Kindern ist. Ferner aus tiefer alkoholbedingter Traurigkeit über das Leben als solches. In den Armen seines besten Freundes, wenn der unter Liebeskummer leidet. Er würde auch in Tränen ausbrechen, wenn der Arzt gerade seine reale Lebenserwartung auf einige Monate heruntergeschraubt hat, aber für wen gilt das nicht.

Vor den Trümmern seines geliebten Autos am Baum heult er auch. Wenn seine Mutter stirbt. Und an Ihrem Grab, wenn Sie das irgendwie weiterbringt. Aber vor allem würde er weinen, wenn sein Verein absteigt, da gibt es gar keine Frage, denn das ist so wie die anderen Gründe alle zusammen an einem einzigen gottverdammten Tag.

121. Fühlt er sich unmännlich, wenn ich ihn weinen sehe?

Nein. Das war vielleicht früher mal so. Es ist sogar gut möglich, dass er sich über seine Tränen insgeheim freut. Schließlich wird ihm als Mann heutzutage an jeder Straßenecke vorgeworfen, dass er keine Gefühle zeigen kann. So betrachtet, erleichtert gelegentliches haltloses Heulen oder auch nur ein dezent angedeutetes Schniefen sein chronisch schlechtes männliches Gewissen. Deuten Sie mit einer winzigen Geste an, dass Sie ihn verstehen und seine Tränen für großartig halten. Tun Sie das aber sehr vorsichtig und dosiert – zum Beispiel, indem sie kurz die Hand auf seinen Arm legen. Nehmen Sie ihn keinesfalls in den Arm. Es sei denn, er fällt von sich aus in Ihre Arme, aber dann ist er ein kleiner Hysteriker. Trocknen Sie seine Tränen nicht. Er kann das durchaus schon selbst. Reichen Sie ihm auch kein Tempo. Gewöhnen Sie sich an den Gedanken, dass er kein Kind mehr ist. Und Sie sind nachweislich nicht seine Mama.

Nun gibt es ja auch noch die Tränen der Freude. Wenn ein Mann nach dem ersten Sex mit Ihnen Freudentränen weint, dann sollte Ihnen das zu denken geben: Es war nicht etwa der sensationellste Sex seines Lebens, der ihn zum Heulen bringt. Sondern er freut sich, weil er endlich mal wieder einen hochgekriegt hat! Aber nächstes Mal ist das alte Elend garantiert wieder da. Wenn Sie seinen Heiratsantrag annehmen und er heult vor Freude, dann ist er ein peinliches Weichei. In dem Fall sollten Sie Ihre Zusage sofort wieder rückgängig machen. Ansonsten sind Freudentränen nur okay, wenn Sie ihm offenbaren, dass er demnächst Vater wird. Und natürlich, wenn der Lottobote an der Tür klingelt. Ach so: Wenn er so heftig lachen muss, dass die Tränen fließen, ist er wahrscheinlich ein lustiger Genussmensch, und Sie sollten ihn nie wieder gehen lassen.

122. Wie kann ich ihm eine Freude machen?

Sie brauchen dazu keinen Euro ausgeben und nicht einmal viel Kreativität investieren. Hören Sie ihm zu, unterstützen Sie seine Leidenschaften, haben Sie häufig Sex mit ihm, und kritisieren Sie ihn so selten wie möglich. Das macht ihm Freude. Sie müssen auch nicht immer alles mit ihm ausdiskutieren. Er mag das überhaupt nicht. »Du hast Recht, und ich hab meine Ruh« ist gar kein schlechtes Partnerschaftsrezept. Das macht einem Mann tatsächlich Freude. Nicht einmal 29 % aller Männer äußern ihren Unmut, wenn sie sich ärgern![55] Das heißt: Über 70 % schlucken ihn runter, weil sie keine Lust auf Stress haben. Und sie wissen, warum.

Sie können natürlich auch Geld ausgeben, um ihm eine Freude zu machen. Aber das ist selbst für ein Buch wie dieses fast zu banal. Sammelt er Modellautos? Gehen Sie nicht in den nächsten Laden und kaufen irgendeins. Er würde nur sanft seufzen und seinen Ärger runterschlucken, siehe oben. Seien Sie jetzt wirklich mal kreativ. Kriegen Sie raus, welches Modell er schon immer haben wollte und noch nirgendwo fand. Finden Sie's. Ermitteln Sie, wovon er nachts träumt bzw. wovon er schwärmt, wenn er mit seinen Kumpels diskutiert. Besorgen Sie's ihm. Hat er ein Boot oder träumt er von einem? Keine Petroleumlampe bitte (alle Frauen glauben, dass eine Petroleumlampe für einen verhinderten Seemann das Größte sein müsste, wie auch immer sie darauf kommen mögen). Aber vielleicht eine Seekarte von seinem Traumrevier?

---

55 Bei den Frauen liegt die Zahl nur bei 34 %.

Um einem Mann eine Freude zu machen, müssen Sie sich nur in den Mann hineinversetzen. Sie müssen die Welt mit seinen Augen sehen. Dann tauchen eine Menge Wünsche vor Ihrem geistigen Auge auf. Sie haben die seltene Chance, Ihr Image bei ihm dramatisch zu steigern, wenn Sie das wirklich schaffen.

Ja: Machen Sie ihm einfach mal eine Freude. Es gibt nicht viele Menschen, die Männern eine Freude machen. Der Mann als solcher ist nämlich ein armseliger und vom Schicksal gebeutelter Lastenesel, von dem man viel verlangt und dem man wenig gibt. Morgens schleppt er sich zur Arbeit und soll von null auf hundert volle Leistung bringen. Mittags möchte er sterben, darf aber nicht. Abends hat er sein Bestes gegeben und ist komplett fertig. Aber dann geht's erst richtig los: Sein zweites Leben beginnt. Blendax-strahlend und Marlboro-cool soll er zu Hause als Superman aufschlagen und gleichzeitig Hausmann, liebender Vater und omnipotenter Liebhaber sein. Ein Mann darf niemals abschalten und wenn, dann wirft man ihm das vor. »Nie hörst du mir zu.« – »Immer schläfst du ein.« – »Du bist schon wieder ganz woanders mit deinen Gedanken.« Und wenn er dann einige Jahre mit heraushängender Zunge dem Ideal eines Mannes hinterhergeeiert ist, sagt die Dame seines Herzens tschüss: Leider Ziel nicht erreicht. Da ist ein anderer, der kann das eine oder andere besser oder länger. Verpiss dich. Also machen Sie ihm wirklich mal eine Freude, denn er ist ein armes Schwein.

Nun können Sie natürlich mit gutem Recht laut aufschreien und rufen: Und was ist mit mir? Ich manage den Haushalt, ich gehe arbeiten, ich erziehe vielleicht auch noch die Kinder, und wer macht mir eine Freude? Keiner! Im Gegenteil! Er hockt nur vor der Glotze und trinkt Bier. Und wenn ich älter werde und nicht mehr so gut ausschaue, dann haut der Kerl ab, und zwar mit einer Jüngeren! So sieht's doch aus in der Realität! Stimmt durchaus. Gibt es alles. Aber es hilft ja nichts, wenn alle über ihr eigenes trauriges Schicksal jammern. Wenn Sie Ihrem Partner mal eine Freude machen, wenn Sie einfach mal nett zu ihm sind, dann hebt das seine Laune, und dann entdeckt er ja vielleicht ganz neu, was er an Ihnen hat, und dann nimmt er Ihnen auch mal die Einkaufstasche ab und schaltet den Fernseher aus und unternimmt was mit den Kindern und freut sich über Ihre Liebe und bleibt Ihnen treu, und alles wird gut.

123. Sind Ost-Männer besser?

Kommt ganz drauf an, auf was Sie Wert legen. Geht es um Sex? Da sind Zweifel angebracht. Bei den Recherchen zu diesem Buch beklagten sich Frauen im Osten ebenso wie die im Westen über männliche Trägheit, wenig erotische Fantasie und eine viel zu niedrige Sex-Häufigkeit, egal was die Statistik sagt. Männer sind auf beiden Seiten der ehemaligen Demarkationslinie faule Säcke, die man zum Sex tragen muss, sobald sie eine Frau sicher im Sack zu haben glauben.

Oder geht es um Körperhygiene? Den ungeduschten und entsprechend muffelnden Unrasier-Typ im Doppelripp-Unterhemd vorm Fernseher gibt es in den östlichen Bundesländern offenbar häufiger als im Westen; jedenfalls drängt sich dieser Eindruck auf, wenn man mit Frauen sowohl im Osten als auch im Westen über ihre Männer spricht – und wenn man die Männer fragt, wie sie denn so ihren Feierabend verbringen. Aber natürlich kann das auch einfach nur daran liegen, dass in den östlichen Landstrichen, die doch längst schon blühen sollten, vor allem eins blüht, nämlich die Arbeitslosigkeit mit entsprechend häufiger Vernachlässigung des Outfits und der privaten Hygiene.

Oder geht es darum, dass Sie Ihren Mann besser im Griff haben möchten? Da sind Ost-Männer empfehlenswert. In der DDR, auch wenn jüngere Männer die gar nicht mehr bewusst erlebt haben, herrschte ein erheblich ausgeprägteres Matriarchat als im Westen, heißt schlicht formuliert: Die Mama hatte das Sagen in der Familie. Das sind die Ost-Männer gewohnt. Sie fügen sich besser. Die Ursachen dürften darin liegen, dass DDR-Frauen zu einem viel höheren Prozentsatz als West-Frauen berufstätig waren, die Versorgung mit Kindergärten nahezu flächendeckend war und das »Heimchen am Herd« vom Staat gar nicht gewollt war. Die logische Konsequenz waren stärkere Frauen mit höherer Durchsetzungsfähigkeit. Nun soll hier aber nicht der Eindruck entstehen, wir hätten bei den Recherchen zu diesem Buch im Osten nur kuschende verschwitzte Weicheier im Unterhemd vorm Fernseher getroffen. Die – gab es auch im Ruhrpott.

124. Muss ich ihm meine finstere Vorgeschichte beichten?

Auf jeden Fall kann man davon ausgehen, dass der Mann seine eigene finstere Vorgeschichte möglichst lange für sich behält. Und er weiß auch, warum. Frauen neigen nämlich dazu, alle Sünden der männlichen Vergangenheit sofort auf sich selbst zu beziehen. Wenn er damals im Kindergarten die kleine Rothaarige derart fies abserviert hat, um mit der schicken Blonden auf der Rutsche rumzumachen, wie und wann wird er mich abservieren? So denken Frauen. Männer tapsen einige Male in diese weibliche Falle, bis sie ihren Fehler bemerken, und bestatten das, was ohnehin nicht mehr zu ändern ist, im stillen Grab des Totschweigens. So betrachtet, müssen Sie Ihre finstere Vorgeschichte überhaupt nicht beichten. Er tut's ja auch nicht.

Andererseits sollten Sie es tun. Der Mann als solcher ist dumm. Er begreift die Frau nicht und denkt auch völlig anders. Wenn er überhaupt denkt. Je mehr er über Sie weiß, desto besser wird er Sie verstehen. Wenn Sie zum Beispiel mal mit einem Mann … Nicht aus Liebe, sondern tatsächlich nur wegen der vielen Kohle … Wenn Sie vor vielen Jahren eine Gehaltserhöhung nicht nur wegen ihrer ausgezeichneten Qualifikation, sondern auch wegen anderer Unentbehrlichkeiten … Oder wenn ein anderer Schatten auf Ihrer Seele lastet, zeigen Sie dem Kerl Ihre finsteren Seiten. Und zwar so, dass Sie möglichst als harmloses Opfer einer gemeinen Intrige aus der Nummer herauskommen. Wenn es um Sex geht, müssen Sie allerdings vorsichtig sein. Niemals sollten Sie dem Kerl vorschwärmen, welche sexuellen Qualitäten ein anderer Mann hatte. Das könnte bei Ihrem Partner zu lebenslanger Erektionsschwäche führen, da er immer genau im entscheidenden Moment an ebenjenen denken muss, und das ist ein echtes Verkehrshindernis. Für Männer. Die sind so.

NEUNTES KAPITEL
DER MANN UND DIE TRENNUNG

125. Wie trenne ich mich friedlich von ihm?

»Verehrtes Publikum, los, such dir selbst einen Schluss. Es muss ein guter sein, muss, muss, muss!«[56] Ein guter Schluss, ein versöhnliches Ende wäre natürlich optimal. Aber gibt es so was überhaupt? »Wie schön die Komödie im Übrigen auch sein mag, im letzten Akt fließt immer Blut«, spottet der französische Religionsphilosoph Blaise Pascal und kommt dem Trennungsalltag damit etwas näher. Sicher ist, dass erst die Umstände der Trennung ein wirklich zutreffendes Licht auf Sie und ihn werfen: »Was einer ist, was einer war: Erst beim Scheiden wird es offenbar ...«[57]

Wie Sie die Trennung friedlich hinkriegen, ist auf jeden Fall eine hochsensible und nur schwer allgemeingültig zu beantwortende Frage. Weil es verschiedene Männertypen gibt in dieser – partnerschaftlich betrachtet – kritischen und äußerst diffizilen Situation. Trotzdem gibt es aber einige Classics, die so ziemlich für alle Männer der heutigen Generation gelten. Und es kann gut sein, dass diese Classics Ihnen im Fall des Falles weiterhelfen. Egal, welchen Typ Mann Sie haben.

1. Regel: Ein Mann möchte sich gern selber trennen. Das ist für ihn die Voraussetzung für eine friedliche Trennung. Er möchte also möglichst nicht zwangsgetrennt werden. Wünschen Sie eine friedliche Trennung, so sorgen Sie listig dafür, dass er sich von Ihnen trennt. Das widerspricht vielleicht den Wünschen Ihres Ego, und es fällt Ihnen vielleicht schwer. Aber es ist hilfreich und vermeidet Trennungsstress. Verzichten Sie auf Rachegelüste. Überlassen Sie ihm den ersten Schritt. Nehmen Sie ihn an die Hand und führen Sie ihn sanft dorthin, wo Sie ihn gerne hätten: zur Trennung. Zweiter Vorteil: Wenn ER sich von IHNEN trennt, wird er immer ein schlechtes Gewissen haben! Allein das macht ihn schon friedlich, was die Modalitäten angeht.

2. Regel: Zum Trennen braucht er eine Neue. Falls bei Ihnen ein anderer Mann im Spiel ist, dann werden Sie (typisch Frau) natürlich erst einmal ganz genau testen, ob der Neue wirklich ein Haltbarer zu sein verspricht. So lange werden Sie mit Ihrem Alten zum Schein zusammenbleiben. Erst, wenn Sie sich ganz sicher sind, dass Sie weich fallen,

---

56 *Bertolt Brecht, »Der gute Mensch von Sezuan«*
57 *Robert Gernhardt, Satiriker*

werden Sie ihn mit Ihren Trennungsgelüsten konfrontieren. Ist doch so, oder? Okay. Zwischen dem Beginn Ihrer neuen Beziehung und der Beendigung der alten liegt also eine gewisse Zeitspanne. Und die sollten Sie nutzen. Am besten ist es, wenn ihr Noch-Partner in dieser Phase eine neue interessante Frau kennen lernt. Können Sie daran drehen? Können Sie ihn hinterlistig mit jemandem verkuppeln, ohne dass er es merkt? Das wäre ideal! Männer sind dumm. Ihrer wird tatsächlich glauben, er hätte sich neu verliebt und müsste deshalb die Trennung von Ihnen bekannt geben. Im Hintergrund lächeln Sie milde und lassen ihn in dem Glauben. Das klappt erheblich häufiger, als Sie jetzt vielleicht glauben. Denken Sie mal über diese Möglichkeit nach. Wenn's funktioniert, hilft es später ungemein, die Trennung friedlich zu vollziehen.

3. Regel: ER sollte grundsätzlich nichts von Ihren neuen Lebensplänen wissen. Nicht in der Trennungsphase, auch nicht später beim Anwalt. Bis alles in trockenen Tüchern ist, muss er Sie als Neu-Single sehen. Genau das macht ihn friedlich, ja fürsorglich. Sie stehen doch nun ganz allein in der großen feindlichen Welt! Außer ihm haben Sie doch niemanden! Also wird er sich um Sie kümmern, moralisch und finanziell. Das befiehlt ihm sein Beschützerinstinkt. In dem Moment, in dem er Sie in den Armen eines neuen Partners wähnt, ist es vorbei mit seiner Fürsorglichkeit. Wenn das passiert, müssen Sie bereits alles wasserdicht geregelt haben. Seien Sie schlau und lassen Sie ihn einfach – gar nichts wissen.

4. Regel: Nicht Knall auf Fall trennen. Das machen Frauen zwar ganz gerne – fies und gemein, wie sie nun mal sind: Erst bringen sie ihr neues Schäfchen klammheimlich ins Trockene und dann, womöglich beim Frühstück zwischen Butter und Marmelade, geben sie das Ende der Beziehung bekannt, packen noch am selben Tag ihre bzw. seine Koffer, und das war's dann. Echt daneben. Und Sie können danach nun wirklich nicht mit einer friedlichen Abwicklung rechnen. Es wäre hingegen nicht nur netter, sondern auch erheblich klüger, wenn Sie den Mann ein bisschen vorbereiten würden, zum Beispiel mit monatelangem Streit um Kleinigkeiten, dauerhaftem Sexentzug, ständiger Nörgelei und wiederholten Andeutungen, dass Sie im Grunde so langsam die Nase voll haben von ihm.[58] Irgendwann wird es selbst der

58 Anders ausgedrückt: Verhalten Sie sich einfach so wie immer!

größte Trottel begreifen und – wie gesagt – im Optimalfall dann von sich aus die Trennung vorschlagen. Ganz friedlich wird die Trennung natürlich, wenn er aus reinen Vernunftgründen eine »auf Zeit« vorschlägt und Sie scheinbar schweren Herzens in diesen nahezu unzumutbaren (aber angesichts der verfahrenen Situation doch vielleicht besseren) Schritt einwilligen, er hat ja wie so oft auch diesmal vollkommen Recht. Wenn Sie auf Kommando heulen können, sollten Sie es JETZT tun: Tränen sind immer noch das beste Mittel, um eines Mannes rührendste, friedlichste und mitfühlendste Seite zu aktivieren.

Eine friedliche Trennung herbeizuführen ist also gar nicht schwer. Tun Sie einfach alles das, was Sie besonders gut können: Nörgeln Sie herum, machen Sie ihm das Leben schwer, lachen Sie ihn aus und verweigern Sie alles, was er mag. Wenn er dann die Nase von Ihnen gestrichen voll hat, ist die richtige Zeit gekommen, um die Trennung einzuleiten. Dass er es letztlich von sich aus tut, das werden Sie schon hinkriegen.

126. Woran merke ich, dass er sich von mir trennen will?

Sie möchten es natürlich möglichst früh merken. Und nicht erst, wenn er die typischen, allseits bekannten Symptome zeigt (zum Beispiel geistige Abwesenheit, unerklärliche Überstunden, dauergereizte Grundstimmung, provokative Lieblosigkeit, interessierte Lektüre des Immobilienteils usw.).

Ein Ansatz wäre, dass Sie das Auf und Ab seiner »partnerschaftsspezifischen Erregungskurve« (PSEK) ins Kalkül ziehen. Ist sie unten, droht Gefahr. Ist sie oben, bleibt er wahrscheinlich noch eine Weile. Untersuchungen haben ergeben, dass die PSEK bei Frauen viel konstanter und gleichmäßiger verläuft als bei Männern.[59] Anfangs hüpft sie beim Mann auf und ab wie das Barometer im April. Erst nach Jahren geht sie in sanftere, längere Wellenbewegungen über. Unten ist seine PSEK – immer ausgehend vom Beginn der Beziehung – a) nach vier Tagen, b) nach sieben Wochen, c) nach sieben Monaten und d) nach zwei Jahren. Ist er dann immer noch bei Ihnen, nähert sich die

---

59 Forschungsarbeit Prof. Neill Simon, University of Massachusetts 2003

PSEK das nächste Mal nach Ablauf von weiteren zwei Jahren wieder dem bisher niedrigsten Punkt, sackt sogar noch tiefer (statistisch betrachtet, finden die häufigsten Trennungen tatsächlich nach vier Jahren statt!), steigt dann etwas zögerlich wieder an und fällt nach insgesamt sieben Jahren noch einmal in den Keller, jedoch nicht so heftig wie nach vier. Das wäre dann das »verflixte 7. Jahr«, das seinen Namen zu Unrecht führt: Das vierte ist ganz zweifellos verflixter.

Stehen Sie solchen statistischen Erkenntnissen eher skeptisch gegenüber (es sind ja schließlich nur Durchschnittswerte), so wäre die selbstkritische Überprüfung der gegenwärtigen Qualität Ihrer Beziehung ein weiterer hilfreicher Ansatz. Hier gilt die Grundregel: Zu viel Nähe vertreibt den Mann. Hat er zu wenig Freiraum, zieht es ihn fort. Testen Sie es, trotz seiner anfänglichen Irritation. Unternehmen Sie so viel wie möglich ohne ihn. Lassen Sie die Leine los. Verreisen Sie auch mal allein!

Er muss Sie so richtig schmerzlich vermissen. Tut er das, bleibt er. Tut er das nicht, hält's nicht mehr lang. Ein Selbstversuch mit unsicherem Ausgang. Aber schließlich wollten Sie doch möglichst früh erfahren, ob die Trennung in der Luft liegt. Oder etwa doch lieber nicht?

Die sicherste Methode, seinen Trennungsgelüsten auf die Schliche zu kommen, ist gleichzeitig die riskanteste: Kommen Sie ihm zuvor. Sammeln Sie alle Argumente, die aus Ihrer Sicht für eine Trennung sprechen könnten, und machen Sie die zu Ihrem Thema. Was passieren wird, ist Ihnen klar: Entweder stimmt er Ihnen in allen Punkten zu, und das war's. Oder er kriegt einen Schreck und bessert sich.

Sie müssen keine Angst haben, dass er die Trennung lange und facettenreich vorbereitet und erst dann mit der traurigen Wahrheit herausrückt. Das ist nicht des Mannes Ding. Er teilt es Ihnen wahrscheinlich viel zu früh mit und weiß überhaupt noch nicht, was das für Konsequenzen hat. Männer sind dumm, Frauen sind schlau.

127. Womit kann ich ihn bei der Trennung wirklich ärgern?

Das Schönste und Wichtigste im Leben eines Mannes ist guter Sex. Werfen Sie ihm lausigen Sex vor, so stürzen Sie ihn in den Abgrund der tiefsten Depression, aus dem er unter Umständen niemals wieder auftauchen wird. Männer, ansonsten nicht gerade als besonders sensibel bekannt, sind in diesem Punkt extrem empfindlich. Ebenso tief wird ihn kränken, dass Sie fremdgegangen sind – ob's nun stimmt oder nicht. Auch ein hübsches Kränkungsmittel: Bezeichnen Sie ihn als beruflichen Versager! Am besten immer im Vergleich zu anderen Männern, die besser, reicher, cleverer und fähiger sind als er. Seien Sie dabei keinesfalls zimperlich.

Aber natürlich gibt es nicht nur die verbale Grausamkeit. Die zufällige Vernichtung der Lieblingsutensilien aus längst vergangenen Zeiten wie Cowboyhemden, -stiefel, Lederjacken und Märklin-Loks hat unter Umständen einen noch höheren Kränkungsgrad und lässt sich außerdem höchst effektiv mit verbalen Gemeinheiten kombinieren. Nicht zu vergessen der Faktor Geld: Selbst der großzügigste Mann wird zum Geizhals, wenn er für eine Ex-Beziehung zahlen soll. Und er wird alles tun, was ihm einfällt, um seine Kohle zusammenzuhalten. Als Mann hat er jedoch einen entscheidenden Nachteil: Er plant kurzfristig und weitgehend unüberlegt. Sie als Frau hingegen denken erst nach und handeln dann.

So ist zum Beispiel die Statistik, derzufolge die Mehrheit der Scheidungen von Frauen eingereicht wird, vollkommen irreführend. Dahinter steckt ganz einfach das unterschiedliche Verhalten von Mann und Frau. Ein Mann sagt zu seiner Frau, dass er sich von ihr trennen möchte. Danach wird er vielleicht irgendwann einen Anwalt brauchen. Und der wird dann feststellen, dass der Mann viel zu spät zu ihm gekommen ist. Eine Frau hingegen bespricht die Sache erst mit ihren Freundinnen. Dann mit ihrem Anwalt. Und dann mit ihrem Mann. Der wird sich – zu Recht vollkommen überrascht – allein schon aus Kostengründen nur allzu gern darauf einlassen, einen gemeinsamen Anwalt zu nehmen (nämlich ihren, denn der ist ja sowieso schon im Spiel). In wessen Namen reicht der dann die Scheidung ein? Im Namen der Frau natürlich. So entstehen Statistiken.

Richtig ärgern können Sie Ihren Ex durch eine finanz-strategisch wohldurchdachte Trennungstechnik. Sammeln Sie alles, was verwertbare Hinweise auf seine Finanzen zu geben verspricht: Kontonummern und -auszüge, Kopien von Sparbüchern und Depots, Gehaltszettel usw. Seien Sie ihm stets einen Schritt voraus. Und setzen Sie ihn erst danach von Ihrem Trennungswunsch in Kenntnis.

Achten Sie ferner darauf, dass Sie seinen Freundeskreis rechtzeitig zu sich herüberziehen. Freunde bleiben nach der Trennung immer nur bei einem und halten den anderen für einen kompletten Idioten. Egal, was sie schwören. Da er nun nach der Trennung dringend gute Freunde brauchen wird (wann denn sonst?), wäre es doch nett, wenn er dann gar keine mehr hätte. Weil Sie die alle mitgenommen haben! Am besten natürlich inklusive seiner eigenen Restfamilie, Eltern, Geschwister usw., also die letzte Zuflucht eines zu Tode verwundeten Mannes.

Und vergessen Sie seine Firma nicht. Denn die ist seine allerletzte Höhle, in die er sich noch Wunden leckend zurückziehen kann. Gibt es da nicht irgendeine geschwätzige Sekretärin, der Sie unter dem Siegel der tiefsten Verschwiegenheit das eine oder andere Detail ...? Wie wäre es, wenn er den ach so geliebten Laden betritt, die Ärmel aufkrempelt und den dicken Max markiert, und man tuschelt schon hinter seinem Rücken über ihn? Das wäre der Todesstoß, absolut daneben und voll fies.

128. Warum läuft er mir so schnell wieder davon?

Das passiert tatsächlich recht oft schon nach einigen wenigen Tagen, zum Beispiel nach dem ersten Sex oder nach dem ersten gemeinsamen Wochenende. Männer sind in diesem Punkt ganz besonders einfach zu verstehen: Sie laufen nämlich sofort weg, wenn es ihnen zu eng wird. Wahrscheinlich haben Sie einen schweren Fehler gemacht. Könnte er den Eindruck haben, dass Sie in ihn verliebt sind? Oje. Haben Sie etwa Zukunftspläne geschmiedet, in denen er eine Rolle spielt? Fatal! Haben Sie angedeutet, dass Sie ihn Ihrer Mutter vorstellen wollen? Katastrophe. Wenn Sie die Ebene der Coolness zu früh verlassen, sind Sie ihn natürlich los. Er hakt sie ab auf der Liste »Wieder eine flachgelegt« und baggert wahrscheinlich schon die Barfrau an, während Sie nur mal kurz auf der Hotel-Toilette verschwinden (Männer sind da äußerst trickreich). Am nächsten Tag bekommen Sie dann eine überraschende SMS mit dem Inhalt »Brauche eine Auszeit, ruf mich nicht an« oder so. Dann stürzen Sie in ein tiefes Loch der Depression, sind aber im Grunde selber schuld. Weitere mögliche Gründe, warum er sich so schnell verzieht: Er hatte von Anfang an mehrere Eisen im

Feuer, wollte Sie nur sicherheitshalber antesten und hat sich danach anders entschieden. Man muss doch schließlich Prioritäten setzen im Leben. Oder er wollte überhaupt nix von Ihnen, also wirklich niemals, aber gegen eine Nacht mit Ihnen hatte er nichts einzuwenden. Oder es wartet irgendwo eine Frau mit älteren Rechten auf ihn, der er zwar für einen Abend oder ein Wochenende entkommen konnte – die dann aber doch missmutig wird und ihm irgendwie Stress verursacht.

Männer kriegen sehr leicht Angst. Es handelt sich um äußerst scheue Wesen, die das grelle Tageslicht der Entscheidung fürchten und sich lieber im feuchtwarmen Dschungel der Unverbindlichkeit tummeln. Nur wenn keine Frau in der Nähe ist, trauen sie sich heraus und begeben sich, unflätige Machosprüche ablassend, mutig an einen Biertisch unter ihresgleichen. Will man einen Mann wirklich halten, muss man als Frau also listig sein und darf keinesfalls zu grob vorgehen. Zunächst einmal darf der Mann überhaupt nicht wissen, dass er das Wild ist und Sie die Jägerin. Er muss unbedingt möglichst lange im Glauben gelassen werden, dass Sie die Rolle des Beutetiers übernommen haben und er auf dem Hochsitz lauert. Aber auch, wenn eigentlich schon alles klar ist und Sie beide zusammen sind, muss er so lange wie nur irgend möglich immer ein bisschen Angst um den Fortbestand der Beziehung haben. Nur dann hält er nämlich an ihr fest. Wenn Sie also bereits mehrfach die Erfahrung gemacht haben, dass Ihnen Männer allzu schnell wieder davonlaufen, dann ändern Sie dringend Ihre Eroberungsstrategie. Sie neigen nämlich zum Klammern.

129. Warum ist seine Neue so ganz anders als ich?

Weil er von Ihnen so grundlegend die Nase voll hat, dass er instinktiv Frauen meidet, die mit Ihnen auch nur entfernte Ähnlichkeit haben. Das ist definitiv der häufigste Grund, der natürlich nicht unbedingt dazu geeignet ist, Ihren Trennungsschmerz zu lindern.

Haben Sie nicht immer alles für ihn gemacht und sich wirklich echt darum gekümmert, dass es ihm gut geht und dass er morgens einigermaßen ausgeschlafen im Büro sitzt? Dann wird er sich eine versoffene Drecksschlampe angeln, die er morgens an den Haaren aus der Kneipe ziehen muss. Sind Sie nicht wirklich superschlank und haben wegen ihm all die Jahre nur Salat gemümmelt? Dann wird er sein Herz für Dicke entdecken und so richtig ins volle Leben greifen. Und wenn sie in der Lage ist, durch bloßes Reinspringen den Hotelpool zum Überlaufen zu bringen, wird er genau das für sexy halten.

Oder waren Sie auf Ihre eigene Karriere bedacht, richtig schön emanzipiert und ihm eine ebenbürtige Partnerin? Dann fällt er jetzt mit Sicherheit auf das mütterliche Dummchen herein, das ihm morgens die Krawatte rauslegt und ihn von früh bis spät so ätzend und demonstrativ bewundert, dass selbst ein Depp wie er diesen fiesen Trick eigentlich durchschauen müsste. Machen Sie sich nichts draus: Das alles ist völlig normal und typisch männlich. Sie als Frau hingegen werden sich wieder einen suchen, der genauso ist, wie er mal war. Damals. Als alles begann. Und Sie werden Ihrem Neuen ständig die Qualitäten Ihres Ex vorhalten. Auf dass er immer schön ein schlechtes Gewissen behalten möge.

130. Kann ich seine Liebe zurückgewinnen?

Ja, wenn Sie es richtig anstellen. Auf jeden Fall ist es leichter als umgekehrt. Frauen gehen erst, wenn sie überhaupt keine andere Möglichkeit mehr sehen. Und sie kommen nur ganz selten zurück. Männer hingegen reagieren simpel, vergessen schnell und denken gern mit dem Schwanz, wie man völlig zu Recht so dahinsagt. Damit ist die Richtung auch schon vorgegeben. Wenn er Sie verlassen hat und Sie möchten ihn zurück, dann geht das nicht mit endlosen Debatten. Es geht nur übers Bett. Aber natürlich nicht gleich. Sie sollten sich schlau verhalten. Anfixen und stehen lassen heißt die Devise. Also: Wenn Sie ihn nach einiger Zeit mal wieder treffen (irgendetwas wird es ja noch zu besprechen geben), dann keineswegs bei Ihnen oder bei ihm zu Hause. Sondern in einem Restaurant. Fädeln Sie das Date nicht am Telefon ein, sondern per SMS. Er muss ja nicht wissen, dass Ihre Stimme schon wieder zu zittern beginnt.

Wenn Sie jemals richtig sexy ausgesehen haben, dann ist genau das Ihr Outfit für diesen Abend. Gehen Sie auf die Sonnenbank und zum Friseur, lassen Sie sich Zeit mit den Vorbereitungen und einen Knopf mehr als sonst an der Bluse offen. Sie wissen doch genau, was er mag.

Wenn Sie zum Beispiel die Haare fast immer streng zurückgekämmt tragen und er steht auf offen, dann gehen Sie an diesem Abend offen. Wenn er bei einem bestimmten Parfum verrückt wird und Sie es nicht so gerne tragen, dann nehmen Sie das. Und vergessen Sie die Psyche nicht!

Sie müssen glücklich und entspannt wirken. Denken Sie sich eine Geschichte aus, die ihn eifersüchtig machen wird. Sehr dezent und keinesfalls aufdringlich werden Sie ihm die erzählen, so ganz nebenbei. Keine Angst, er merkt nichts! Er ist mit den Gedanken sowieso ganz woanders, denn er fragt sich die ganze Zeit: War es eigentlich wirklich eine gute Idee, diese tolle Frau zu verlassen?

Machen Sie ihm keine Vorwürfe, wärmen Sie keine alten Geschichten auf. Erwähnen Sie immer wieder, wie gut es Ihnen jetzt geht. Lügen Sie das Blaue vom Himmel herunter. Stellen Sie sich vor, Sie möchten eine ganz bestimmte Wohnung haben und verhandeln mit dem Makler. Dem werden Sie doch auch alles Mögliche erzählen, um Ihr Ziel zu erreichen!

Lassen Sie ihn trinken, so viel er verträgt und noch ein bisschen mehr. Am Ende wird er mit hoher Wahrscheinlichkeit die Nacht mit Ihnen verbringen wollen. Lassen Sie ihn bis zuletzt im Glauben, dass man dies nicht ausschließen kann. Ohne es zu sagen, natürlich. Lassen Sie ihn trotzdem nicht an sich heran. Kein Kuss, nichts. Und wenn es noch so schwer fällt. Das ist IHR Abend! Sie ziehen die Fäden, er hängt dran. So, und dann – wenn er so richtig angefixt ist – dann lassen Sie ihn stehen oder sitzen und lassen eine Taxe rufen. Nur für sich.

Danach gilt natürlich: Sie rufen ihn nicht an, Sie antworten nicht auf seine SMS, Sie machen gar nichts. Es ist so platt und primitiv, wie es klingt. Aber es ist Ihre einzige Chance.

Als die erste Ausgabe dieses Buches erschienen war, bekam der Autor viele Mails von Frauen, die es gelesen hatten. Sie erzählten ihre Geschichten und fragten um Rat. Es war wirklich erstaunlich und auffällig, wie wenig diese Frauen vom Mann als solchem wussten. Sie ließen fast alles mit sich machen, ertrugen Fremdgehen und andere Schlechtigkeiten, wurden verlassen und zurückgenommen und wieder verlassen und gelegentlich benutzt, und sie wehrten sich immer noch nicht. Sie machten sich nicht rar. Ja: Wenn Sie ihn zurückhaben wollen, dann machen Sie sich rar. Und machen Sie sich hübsch. So einfach ist das.

ZEHNTES KAPITEL
DER MANN
ALS
SOLCHER

131. Warum hat er immer noch Kontakt zu seiner Ex?

Falsch! Nicht er hat Kontakt zu seiner Ex, sondern seine Ex hat Kontakt zu ihm. Und den wird sie pflegen wie ein zartes Pflänzchen. Warum? Die beiden sind doch schon lange nicht mehr zusammen! Schließlich gibt es jetzt doch nur noch Sie in seinem Leben! Ja, ja. Aber die Ex hat die älteren Rechte. Und die nimmt sie wahr. Es ist ihre genüssliche Rache dafür, dass Sie ihren Kerl abgegriffen haben. Die hier bereits zitierte Autorin Christine Eichel nennt die Ex sogar die »Schwiegermutter des 21. Jahrhunderts« und konstatiert: »Hat sich der abgelegte Lover neu gebunden, wird er erst richtig interessant. Und als versierte Gefühlsterroristin hat die Ex gute Argumente. Denn wer versteht einen Mann besser als die Frau, die die älteren Rechte hat? Sie kann seine Lieblingsphobien rückwärts aufsagen. Sie hat seine Macken und Marotten ertragen. Nun tut sie alles dafür, ihre Nachfolgerin wissen zu lassen, dass die eine unwissende Novizin ist und der Mann immer noch ein emotionales Verfügungsgebiet.« Christine Eichel hat vollkommen Recht, und Ihr Mann kann nix dafür. Hat er mit der Ex gar gemeinsame Kinder? Dann hat er gar keine Chance. Er MUSS ja mit ihr leben. Und Sie – Sie müssen es auch.

Es gibt natürlich auch viele Männer, die sich ihre Ex als offenes Hintertürchen halten. Wenn das mal mit Ihnen nicht mehr so läuft und wenn die Ex ihren derzeitigen Deppen in den Wind geschossen hat, wenn also beide mal wieder Single sein sollten, dann könnte man doch über ein Remake nachdenken, denn so schlecht war sie ja nun auch wieder nicht im Bett. Vielleicht denkt er tatsächlich so. Ein bisschen fies, ein bisschen listig. Aber was ist das gegen die geballte fiese weibliche List? Es ist lächerlich wenig, wenn Sie mal ehrlich sind. Es ist eine Anfängerlist. Es ist eigentlich erbärmlich. Es ist männlich.

132. Sollte ich mit ihm zusammenziehen?

Nein. Nicht, solange Sie es vermeiden können. Für einen Mann ist Nähe auf Dauer schwer erträglich. Er braucht sein Rückzugsrevier. Er braucht manchmal auch dieses Prickeln, dass er nicht genau weiß, was

Sie gerade tun und vor allem, mit wem Sie es tun. Nur getrennt leben hält die Liebe jung.

Geht's eines Tages aber nicht mehr anders, dann denken Sie dran: Sie brauchen unbedingt ein Zimmer für sich alleine – darauf legen 30 % aller Frauen, die es schon mal probiert haben, aus gutem Grund extremen Wert.[60] Streit gibt es in der gemeinsamen Wohnung übrigens vor allem wegen der Einrichtung (32 %) und weil sie oder er so viel Unordnung schafft (22 %). Es kann aber gut sein, dass ER aufs Zusammenziehen drängt. Dann hat er Sie immer schön unter Kontrolle, dann hat er jemanden fürs Putzen, dann ist die Wohnung doch gleich viel wohnlicher, weil ja ein weibliches Element hineinkommt, dann stehen auch mal frische Blumen auf dem Tisch, und abends brennt sogar eine Kerze. All das, was er nicht so drauf hat, aber durchaus zu schätzen weiß! Lassen Sie es. Irgendwann ist die Zeit für Kinder gekommen, und dann müssen Sie ja sowieso mit ihm in einer Wohnung leben. Bis dahin sollte er seine Socken selber wegräumen, und Sie sollten die Tür hinter sich zumachen können.

133. Sollte man überhaupt mit einem Mann zusammen sein?

Die Alternative wäre ein schönes, entspanntes Single-Leben. Etwas mehr als 100 % aller Männer, die liiert sind, träumen gelegentlich davon. Es wäre doch zu geil. Man könnte die Füße auf den Tisch legen (mit Schwitze-Socken), man könnte rülpsen, man könnte saufen, huren und fett werden. All das, was eine Frau an einem Mann nicht so gerne hat. »Allein lebt sich's glücklicher« hieß irgend so ein schlichter Partnerschafts-Ratgeber in den 80ern. Aber so schlicht war der Titel dieses Ratgeberbuches gar nicht. Er gilt natürlich nicht nur für Männer, sondern auch für Frauen. Und immer mehr Frauen sagen: Man sollte nicht mit einem Mann zusammen sein. Man sollte allein sein. Und sie sind's.

In Hamburg zum Beispiel lebten 1970 nur 284.600 Menschen allein. 2003 waren es schon 449.500. Auf ihrer Internetseite bietet die Stadt einen Sonderservice für Singles. Wal Mart veranstaltet alle zwei

---

60 FORSA-Umfrage für »Woman«

Wochen Single-Shopping. Die Verbraucherberatung bietet sogar Kurse für Singles an. Eine Kinokette veranstaltet Single-Filmabende. Singles sind »eine Zielgruppe, mit der man viel Geld verdienen kann«[61], sagen Experten. »Der Trend zur Single-Gesellschaft ist stabil und ein Ende der Vermarktung nicht abzusehen.« Dem Single gehört also offenbar ganz zweifellos die Zukunft. Die Familie stirbt aus. Wir sterben alle allein.

»Ich war dreimal verheiratet, habe vier Kinder und hatte bisher ungefähr 40 ernsthafte Beziehungen. Aber das wahre Glück habe ich erst erlebt, als ich mich von der Frau als solcher lossagte«, schildert der Hamburger Autor und Lebenskünstler Christian Freymann. »Ich lebe so, wie ich das mag. Ich genieße meine Freizeit so, wie ich das mag. Ich arbeite so viel, wie ich mag. Ich treffe mich mit den Freunden, die ich mag. Und wenn ich keine Lust auf irgendjemanden habe, dann bin ich allein. DAS ist Glück.«

Andererseits: Kaum hat der Single sein Traumziel erreicht und ist endlich partnerschaftsstress-frei, fängt er schon wieder an zu suchen. Die Top-Adressen boomen im Net: datingcafe, elitepartner, kontaktanzeigen, friendscout24.[62] Kai Pflaume »gebührt der Oscar als bester Kuppler im TV«.[63] Alleine lebt sich's also offenbar doch nicht glücklicher, langfristig betrachtet.

134. Warum gibt es mit Männern so viele Missverständnisse?

Es könnte alles so einfach sein. SIE fragt IHN, und er sagt Ja oder Nein. Das gilt dann. Und alles ist besprochen. Aber so simpel ist das nicht. Keine Frau ist mit einer klaren Antwort zufrieden. Ein Ja oder Nein findet sie sogar beleidigend. Sie fragt: »Schatz, bin ich zu fett?« Er sagt: »Nein.« Glauben Sie ja nicht, dass sich eine Frau damit zufrieden gibt! Sie erwartet einen zehnminütigen Monolog über die Vorzüge ihrer sanften Rundungen unter Berücksichtigung der Nachteile der Figur von Heidi Klum und Einbeziehung der Vorteile eines genussbetonten Lebens mit gleichzeitiger Erwähnung der immens erhöhten Sinnlich-

61 Freizeit-Forscher Prof. Horst Opaschowski
62 alle mit .de
63 Deborah Knür, Hamburger Journalistin

keit einer Frau, der ihre Pfunde egal sind, kombiniert mit einem sanften Schlenker auf die aus Männersicht unsympathische Zickigkeit ihrer modelmäßig abgemagerten allerbesten Freundin, die das beste lebende Beispiel für den wissenschaftlich erwiesenen Zusammenhang zwischen Miesepetrigkeit und Magersucht ist. Dann eventuell hätte sie vielleicht das Gefühl, eine wenn auch nicht erschöpfende, so doch einigermaßen akzeptable und ausreichende Antwort auf ihre Frage erhalten zu haben, aber natürlich wird sie auch dann keine Dankbarkeit zeigen, sondern schmollend einwerfen: »Ach, das sagst du jetzt nur so.« So sind Frauen, und damit kann ein Mann überhaupt nichts anfangen.

Oder nehmen wir diesen Dialog. Sie: »Schatz, wie findest du das Kleid?« Er: »Schön.« Sie: »Nein, wie du das FINDEST, meine ich! Ob mir das STEHT! Guck doch mal!« Er (guckt): »Sag ich doch. Ist schön, steht dir.« Sie: »Du hörst mir nicht zu. Nie hörst du mir zu. Du interessierst dich einfach nicht für mich!«

Und schon liegt der ganz normale Frust zwischen Mann und Frau in der unheilschwangeren Luft. Sie haben sich wieder mal nicht verstanden.

Aus Männersicht hat die Frau, verzeihen Sie, einen Hau. Hat er nicht die Frage klar beantwortet? Hat er sie nicht sogar zweimal beantwortet und sogar noch ein Kompliment drangehängt? Was, zum Teufel, will sie noch von ihm?

Männer und Männer verstehen sich hingegen mit wenigen Worten. Der folgende ganz alltägliche Dialog zeigt es. Zwei Männer an der Tanke. A sieht einen Porsche und schleicht drum herum. B gehört der Porsche.

A: »Geile Karre.«

B: »Ja.«

A: »Abgeregelt?«

B: »Nein.«

A: »Geil.«

B: »Ja.«

So reden Männer. Und alles, alles ist gesagt. Aber zurück zu der Szene mit dem neuen Kleid.

Frauen und Frauen verstehen sich auch ganz gut. Stellen Sie sich mal zwei in der Boutique vor (Frau A probiert an, Freundin B stöbert in irgendwelchen Regalen, kein Mann stört).

A: »Schatzilein, guck mal …«

B: »Einfach supertoll. Und wie SCHLANK dich das macht. Warte mal hier (zupft) und da (zupft), und die Farbe! Sag ich dir doch schon immer, pink steht dir. Allerdings …«

A: »Ja?«

B: »Ein bisschen gewagt ist es ja …«

A (misstrauisch): »Kann ich doch tragen, oder?«

B: »Aber ja doch, meine Liebste, natürlich! Männer mögen es, wenn man Titten zeigt! Vielleicht noch mit einem Push-up …«

A (pikiert): »PUSH-UP???«

B: »Sei doch froh, dass du nicht so kleine Titten hast wie ich. Also das Kleid ist einfach SPITZE.«

A: »Meinst du, Schatzilein?«

B: »Aber sicher!«

A: »Also ich weiß nicht« (zieht Kleid wieder aus und das nächste an).

Frauen sind fies. Denn wenn Sie genau hinhören, hat B in all die netten Komplimente einige Gemeinheiten hineingepackt. Die erste: »A ist fett.« (»Und wie SCHLANK dich das macht!«) Die zweite: A hat Hängebrüste (»Vielleicht noch mit einem Push-up …«). A hat das natürlich rausgehört, denn A ist ja auch eine Frau. Jetzt ist Frau A sauer auf Frau B, würde Frau B das aber niemals sagen. So sind Frauen.

Nun sollte ein Mann um Himmels willen daraus keine falschen Schlüsse ziehen. Zum Beispiel diesen: Alle Missverständnisse zwischen Männern und Frauen würden ja wohl verschwinden, wenn Männer einfach mehr reden würden! Ein bisschen von pink und »steht dir prima« sabbeln, hier eine Bemerkung über ihre Figur fallen lassen und da den gegenwärtigen Zustand der Brüste ins Spiel bringen!

Davon jedoch ist DRINGENDST abzuraten. Es kann nur in die Hose gehen. Das Ergebnis wäre der absolute Beziehungs-GAU.

Sie: »Schatz, wie findest du das?«

Er: »Super, Schatzi. Könntest du es etwas länger machen lassen, wegen der Schenkel? Ich meine, Cellulite muss man ja nicht unbedingt zeigen …«

Sie: Grrrr!

Er (hebt ihre Brüste mit den Händen etwas an): »Und wenn du hier noch, kann man da nicht was einziehen, dass sie wieder richtig stehen, so wie früher? Ja, das wäre toll.«

Sie: Grrrrrrr!

Er: »Und um die Hüften, da müsste es noch etwas fließender sein, schau mal, die fünf Kilo plus vom letzten Urlaub, die kann man doch kaschieren?«

Sie (verschwindet weinend in der Umkleidekabine).

Was meinen Sie: Ob die beiden nach diesem gelungenen Einkaufstag noch Sex haben werden?

135. Warum kratzen sich Männer ständig am Sack?

Allein schon das Wort »ständig« schreit nach der Gegenfrage, was Sie denn eigentlich für einen Umgang pflegen. Scheint ja wirklich nicht die allererste Sahne zu sein. In Gegenwart einer Dame darf nur einer dem Mann an die Eier fassen, und das ist die Dame selber.

Gehen Sie getrost davon aus, dass er Sie massiv provozieren will. Aber auf einem Niveau, das jeder Schimpanse weit überbietet. Wie Sie auf diese Provokation reagieren sollten, das hängt ganz davon ab, wie Sie zu dem Mann stehen. Handelt es sich um Ihren Partner? Abschießen. Um einen Fremden? Ignorieren. Um Ihren Chef? Stellenmarkt lesen. Um Ihren Kollegen? Schauen Sie ihm direkt zwischen die Beine und setzen Sie diesen »Och-der-misst-ja-nur-fünf-Zentimeter«-Blick auf.

136. Welche inneren Werte schätzen Männer an Frauen?

Ach je: Fürs Erste reichen ein paar äußere Werte vollkommen aus. Männer sind bescheiden, und auf dem lebenslangen dornigen Weg zur einzig wahren großen Liebe haben sie Verzicht gelernt. Lieber ein Knopf mehr an der Bluse auf als 10 IQ-Punkte mehr im Gehirn, denn klug sind die Männer ja selber. Aber wenn das Äußere dann total stimmt und es wirklich nichts mehr zu kritisieren gibt, wenn das Interesse also tatsächlich erwacht und der erste sinnentleerte Liebestaumel überstanden ist, dann denken Männer durchaus auch schon mal über die inneren Werte einer Frau nach.

Jetzt erwarten Sie wahrscheinlich eine korrekte Aufzählung Ihrer eigenen persönlichen Eigenschaften, und hier ist sie: Männer schätzen

Loyalität und sanftes Bemuttern, Genussfähig- und Schlagfertigkeit, absolute Treue und die Fähigkeit, einen Mann so richtig zu bewundern. Sie schätzen anschmiegsame Frauen, die ihnen trotzdem nie auf den Keks gehen, eine gewisse unauffällige, heißt nie zum Nachteil des Mannes benutzte Intelligenz, ein beschauliches Bildungsniveau etwas oberhalb von »Bunte« und »Gala«, einen gewissen Mutterwitz und vor allem eine unglaublich stoische Gelassenheit im Umgang mit männlichen Schwächen. Wenn Sparsamkeit ein innerer Wert ist, gehört er auch auf die Liste: »Ach Schatz, es muss doch nicht schon wieder Champagner sein, der Aldi-Prosecco schmeckt mir doch auch« ist Balsam für die männliche Seele. Die Fähigkeit, sich mit großen Augen unbändig für sein Hobby zu interessieren, ist auf jeden Fall ein innerer Wert und schon fast die halbe Miete.

Dann ist noch ein sonniges Gemüt wichtig: Frauen sollten möglichst niemals schlecht gelaunt sein und wenn doch, dann sollten sie das mit sich selber ausmachen. Mit gutem Grund: Der Mann kann ja meistens nichts für ihre schlechte Laune. Deshalb ist es misslich und wird zu Recht als ungerecht empfunden, wenn er sich trotzdem damit befassen muss. Geduldiges Zuhören, und zwar auch bei der 12. Wiederholung einer eher unbedeutenden Geschichte, ist ein innerer Wert, den man gar nicht hoch genug einschätzen kann. Leider ist er vielen Frauen heutzutage verloren gegangen. Eigentlich sollte jede Frau eine Ausbildung zur Krankenschwester machen, bevor sie sich bindet, denn Männer leiden gern, und sie lieben diese beruhigende Florence-Nightingale-Ausstrahlung, die leider immer nur die Frau vom besten Kumpel zu haben scheint, aber nie die eigene. »Stell dich nicht so an« sind deshalb fünf Worte, die Sie in dieser Kombination aus Ihrem Wortschatz umgehend streichen sollten.

Eine Frau muss nicht unbedingt das Erbrochene eines Mannes wegwischen, wenn er ausnahmsweise mal einer schlechtgewordenen Flasche Jägermeister auf den Leim gegangen ist, aber sie sollte wenigstens den Eindruck erwecken, dass sie es jederzeit für ihn tun würde. Feuchte Wickel sollte sie auf jeden Fall anlegen können, aber das ist ja kein innerer Wert. Noch einige Sätze zum Thema Loyalität: Die ist tatsächlich die zweite Hälfte der Miete. Da heißt die Grundregel: Der Mann hat immer Recht. Sie dürfen das jetzt aber nicht so verstehen, dass bedingungslose Unterwerfung der Frau in den Augen des Mannes ein innerer Wert sei, nein, nein: Das wäre dann ja eher langweilig. Sondern Sie müssen das so machen, wie es Ihre Oma mit Ihrem Opa über die goldene Hochzeit hinaus erfolgreich praktiziert hat: Natürlich hat SIE die Hosen an, aber sie lässt es IHN niemals spüren. Wo sind nur die goldenen Tugenden aus den kargen Zeiten unserer Großeltern geblieben? Wir werden erheblich niedrigere Scheidungsquoten haben, wenn sie eines Tages wieder Kultstatus erlangen.

137. Stehen Männer auf »griffige« Frauen?

Absolut, wenn mit »griffig« gemeint ist, dass man sich an irgendwas festhalten kann. Und zwar werden sie alle eines Tages eine eher »griffige« Frau heiraten, aber vorher werden sie noch jeden Hungerhaken flachlegen, der nicht bei Drei auf dem Baum ist.

Die »griffige« Frau (sorry, das Wort kommt von einer Frau, aber wir schreiben es trotzdem – allerdings konsequent in Tüddelchen), die »griffige« Frau also ist keinesfalls fett, aber sie hat eben ein bisschen was um die Hüften, und die Knochen stehen nicht überall raus. Sie erinnert den Mann an seine eigene Mutter. Sie lässt durch eine gewisse liebenswerte Vernachlässigung des derzeitigen Schönheitsideals auch darauf hoffen, dass sie statt Salat und Mineralwasser auch noch was Herzhaftes zu sich nimmt bzw. auf den Tisch bringen wird, und außerdem wird sie nicht immer missmutig auf seinen eigenen Speckgürtel starren. »Griffige« Frauen sind bestimmt genussfreudig und sinnesfroh, gut gelaunt und eher kumpelhaft. Das kann natürlich alles ausgemachter Blödsinn sein, aber »griffige« Frauen werden vom Mann spontan und ohne Nachdenken sogleich als Heiratskandidatinnen empfunden. Für später natürlich. Erst mal gilt es aber noch, einige Mädels mit Modelfigur zu knacken. Wär ja auch schade um die verpassten Gelegenheiten.

138. Hält er Frauen für den zweitbesten Kumpel?

Nein. Denn zwischen dem Hund und Ihnen kommt noch sein bester Freund; Sie rutschen deshalb auf Platz drei.

Sein Hund gehorcht und ist immer ehrlich. Die beiden verstehen sich. Sein Freund soll nicht gehorchen, ist aber auch immer ehrlich. Die beiden verstehen sich ebenfalls. Sie hingegen gehorchen nicht, und ehrlich sind Sie auch nicht. Er versteht weder, was Sie ihm sagen wollen, noch was Sie überhaupt von ihm wollen. Er kann sich nicht in Sie hineinversetzen. Er ist anders als Sie. Und erst, wenn Sie das begriffen haben, werden Sie den Mann als solchen ansatzweise begreifen können.

Wir haben heute leider den Trend, dass die Unterschiede zwischen Mann und Frau in den Medien konsequent klein geredet werden. Trotzdem gibt es sie. Lesen Sie mal ein Interview mit einem Mann, der gerade Vater geworden ist. Mit hundertprozentiger Gewissheit kommt die Frage, ob er denn bei der Geburt dabei gewesen ist und ob er auch brav wickeln kann. Obwohl es sich bei Gebären und Babyswickeln doch eigentlich um eher weibliche Tätigkeiten handelt, oder?

Frauen hingegen finden nichts so geil, wie sensationell Karriere zu machen. Was tendenziell eine eher männliche Eigenschaft ist. »Nur Hausfrau« zu sein (»nur«!) ist beinahe ehrenrührig. Und Männer, die sich für ihren Job aufreiben und die Erziehung ihren Frauen überlassen, gelten als ewig gestrig.

Ein Vater, der die Frau den Kinderwagen schieben lässt, erntet böse Blicke auf der Straße. Macho oder was? Und Männer sollten niemals öffentlich bekunden, dass sie weder kochen können noch Lust haben, es zu lernen! Dadurch outen sie sich nämlich als Vollidioten.

Männer tragen Ohrringe, Frauen tragen Krawatten. Erwachsene Männer, man muss sich das mal vorstellen, tragen Babys im Tragetuch auf dem Bauch. Es gibt Bücher mit Titeln wie »Vaterschaft und Schwangerschaft« oder »Papa und die Wehen« oder »Der Mann und das Embryo«. Kurzum:

Es herrscht eine beängstigende geschlechtliche Gleichmacherei, die mit echter Gleichberechtigung überhaupt nichts mehr zu tun hat – weil sie den Blick auf Tatsachen verstellt, die (entschuldigen Sie das Wort aus der Mottenkiste) »natürlich« sind. Das Ergebnis dieser Gleichmacherei ist ein tiefes Unverständnis zwischen Mann und Frau. Kein Mann wird zum Beispiel jemals verstehen, warum er sich einerseits wie ein Softie benehmen soll – seine Frau aber andererseits von einem harten Kerl träumt, bei dem sie sich anlehnen kann und der sie beschützt. Das ist doch total bescheuert! »Du hörst mir nicht zu«, »du interessierst dich nicht für mich«, »du bist überhaupt nicht höflich zu mir«, »du bist ein blöder Macho«, »du kümmerst dich um nichts«: So reden die Frauen. Okay, sagt sich der Mann: Jetzt hörst du ihr zu, jetzt interessierst du dich, jetzt bist du höflich, jetzt bist du ganz soft, jetzt kümmerst du dich. Ergebnis? Sie schmilzt am Fernseher dahin, wenn irgend so ein blöder Macho das genaue Gegenteil spielt und die Frauen scheiße behandelt! Und auf der nächsten Party findet sie ausgerechnet den arrogantesten Dummbax sympathisch, der nun so gar nicht ihren häuslichen Wünschen entspricht! Mit dem unterhält sie sich länger als normal, den himmelt sie wahrscheinlich an! Grummel, grummel, grummel.

Ganz selten flackert im schlicht gestrickten Gemüt des Mannes ein Gedanke auf, der ihn mit Furcht und Schrecken erfüllt: Könnte es sein, dass diese weibliche Widersprüchlichkeit Teil einer raffinierten Unterdrückungsstrategie ist? Wird er als Mann vielleicht absichtlich im Zustand des ewig latent schlechten Gewissens gehalten? Ist die ganze Geschichte nur ein übler weiblicher Trick, um den Mann als solchen klein zu halten?

Vermutlich, sagt sich der Mann, ist es tatsächlich so. Und er denkt lieber an was anderes, zum Beispiel an sein Hobby. Aus seiner Perspektive können Sie als Frau mit Platz drei wirklich hochzufrieden sein. Normalerweise müssten Sie nämlich noch einige Plätze darunter stehen. Aber ist es nicht ein Wunder, dass Mann und Frau sich trotz alledem letztendlich doch ganz gut vertragen? Dass jeder Single-Mann immer wieder eine Frau sucht? Und umgekehrt?

139. Warum darf ich im Job nicht besser sein als er?

Weil Männer nicht so stark sind, wie sie gern tun. Männer sind arme Würstchen, die in regelmäßigen Intervallen unter schrecklichen Selbstzweifeln leiden. Erfolg im Job ist ein gutes Mittel, um männliche Komplexe zu kompensieren. Wenn Sie es nun weiterbringen als er, dann nehmen Sie ihm eine wichtige Stütze seines Selbstwertgefühls.

Es wird nicht lange dauern, bis er sie wieder dahin zu kriegen versucht, wo Sie seiner Meinung nach auch hingehören: an den Herd. Kann gut sein, dass er nun plötzlich Vater werden möchte – ein ganz primitiver und doch oftmals erfolgreicher Trick, um die »Hackordnung«

aus Männersicht wieder herzustellen. Jetzt sind Sie im Zugzwang. Entweder pfeifen Sie auf Ihre Karriere und werden Mama, oder Sie pfeifen auf Kinder und machen weiterhin Karriere. Im ersten Fall weinen Sie Ihrer Karriere vielleicht lebenslang hinterher, im zweiten Fall weinen Sie eines Tages Ihrem Kerl hinterher. Der hat sich eine andere genommen, und die ist womöglich schneller schwanger, als er seinen schweren Fehler bemerkt. Es ist also wichtig, dass Sie – falls Sie erfolgreicher sind als er – viel für sein Selbstwertgefühl tun. Falls Sie beide in derselben Firma arbeiten: Sie wissen doch genau, wer die Arbeit wirklich macht. Das ist doch er, oder? Wie ungerecht das alles doch manchmal ist. Sie arbeiten in verschiedenen Firmen? Wahrscheinlich ahnt er gar nicht, wie wenig Verantwortung Sie zu tragen haben. Im Vergleich zu dem, was er so an Entscheidungen fällen muss. So sollten Sie ihn nachhaltig aufbauen. Wenn Sie es weiterbringen als er, dann leidet er unter Vitamin S-Mangel (S wie Selbstwertgefühl), und dann müssen Sie ihm eben eine Vitaminspritzen-Kur verpassen. Ist doch nicht schwer.

140. Wie müsste die optimale Partnerin für ihn sein?

Sie lässt ihn weitgehend in Ruhe. Sie umsorgt ihn und merkt zum Beispiel, wenn sein Bier alle ist. Sie nervt ihn nicht mit häuslichem Kram. Sie passt auf, dass was für ihn im Kühlschrank ist. Sie macht sich auch nach Jahren noch für ihn schön. Sie schläft gern mit ihm. Sie sieht gut aus. Sie managt den Haushalt. Sie bringt ein bisschen Geld nach Hause, muss ja nicht viel sein. Sie trinkt gern einen mit, aber nur so viel, dass sie ihn noch fahren kann. Sie achtet auf ihre Figur. Sie tut so, als wenn sie zu ihm aufschaut. Sie ist loyal. Sie macht ihn niemals vor anderen lächerlich. Er kann sie überallhin mitnehmen. Sie drängt ihn aber nie dazu. Sie lässt ihm seine Laster, schickt ihn also keinesfalls zum Rauchen auf den Balkon und zählt ihm auch nicht die Wodkas in den Hals. Sie ist zärtlich, aber nicht aufdringlich. Sie akzeptiert, dass letztlich er der Boss ist, jedenfalls erweckt sie den Eindruck. Sie kann zuhören. Sie achtet beim Kochen darauf, was er mag bzw. nicht verträgt. Sie kann überhaupt kochen. Sie macht ihm keine Szene, wenn er mal mit seinen Kumpels bis ins Morgengrauen versackt. Sie hält das Geld zusammen. Sie lässt ihn seinen Hobbys nachgehen und meckert nie über seine Kumpels. Sie erkennt an, was er für die Familie tut, und gelegentlich äußert sie das auch. Sie behält ihre schlechte Laune für sich, oder sie hat niemals schlechte Laune (träumen ist ja erlaubt). Sie vergleicht ihn nie mit anderen Männern (es sei denn, er schneidet dabei besser ab als die). Sie hatte vor ihm ausschließlich Loser als Partner und betont gerne, wie gut sie es nun mit ihm getroffen hat. Und sie macht ihm jeden Tag ein kleines Kompliment. Ja: So ungefähr stellt sich ein Mann die optimale Partnerin vor.

Im Cockpit eines Flugzeuges übernimmt manchmal der Co-Pilot den Steuerknüppel. Der Flugkapitän darf inzwischen die Beine hochlegen oder aufs Klo gehen. Deshalb ist der Co-Pilot aber noch lange nicht der Chef an Bord. So muss es aus Männersicht auch in einer Beziehung sein, und zwar auf Dauer: Sie soll das Ding fliegen, aber er bleibt der Chef.

141. Warum erzählt er nie von seinen Ex-Beziehungen?

Auch ein wichtiger Unterschied zwischen Mann und Frau. SIE erzählt ständig von ihren Verflossenen und legt dabei erstaunlich wenig Feingefühl an den Tag. Weil sie durchaus imstande ist, im Nachhinein von den Verflossenen zu schwärmen. Dabei weiß der aktuelle Partner natürlich, dass es sich bei ihren Ehemaligen durchweg um komplette Idioten handelte: dümmliche Angeber mit Ego-Problemen ohne Ende, jämmerliche Versager im Beruf und selbstverständlich lausige Liebhaber. Vollkommen unverständlich, dass sie vor ihm immer wieder auf solche Trottel reingefallen ist. ER hingegen schweigt mit Bedacht über seine Ex-Beziehungen. Erstens, weil ihm zu denen nur Gutes einfällt und er genau weiß, wie SIE darauf reagiert. Zweitens, weil die Zeit vor ihr zu den letzten Geheimnissen gehört, die er als Mann überhaupt noch bewahren kann. Und drittens, weil es vollkommen egal ist, was er über seine Vergangenheit erzählt: Es würde doch nur Stress geben.

Was Frauen zum Beispiel immer unbedingt wissen wollen, ist der Grund für das Scheitern seiner früheren Beziehungen. Das interessiert Frauen aber nicht aus mitfühlendem Interesse, sondern weil sie alles sofort auf sich selbst beziehen möchten. Was, die hat sich gehen lassen? Soso. Ich lasse mich wohl auch gehen, oder? Wann verlässt du mich denn? Was heißt denn das überhaupt, sie hat sich gehen lassen? Soll ich mich vielleicht schminken, wenn du noch schläfst, oder was?

Das ist die vollkommen unlogische, aber typisch weibliche Solidaritäts-Masche; SIE schlägt sich hierbei grundlos, aber konsequent auf die Seite der Ex. Dann gibt es noch die Selbstmitleids-Masche: Was, DESWEGEN hast du sie verlassen? Wegen so einer Kleinigkeit? Na, das ist ja interessant. Da kann ich ja drauf warten, bis dich bei mir auch irgend so was stört. Also wenn dir so wenig an einer Beziehung liegt… Dabei hat der Typ überhaupt nichts Schlimmes gesagt! Nur die Wahrheit! Und die wollte sie doch gerade hören! Verstehe einer die Frauen.

Immer wieder gern genommen wird auch die Anklage-Masche: Wie bitte? So hat die dich ausgenutzt? Du musst doch vollkommen verrückt gewesen sein. Wenn WIR all das Geld hätten, was du in DIE reingesteckt hast… Und bei mir sparst du am Haushaltsgeld… Schon wieder ist die Mausefalle zugeschnappt, und als Mann wünscht man sich, es hätte diese Debatte niemals gegeben.

Ist der Mann aber von seiner Ex verlassen worden, ergeht es ihm auch nicht besser bei der Ursachenforschung. Na ja, heißt es dann: Das muss wohl die Zeit gewesen sein, als du so unglaublich zugenommen hast. Früher hattest du doch nicht so einen Bauch, oder? Unausgesprochen steht dann natürlich der Satz im Raum: Sei bloß froh, dass ich dich noch genommen habe. Der Lack ist doch sowieso ab bei dir. Kurz und gut: Der Mann kann sagen, was er will. Es wird grundsätzlich alles gegen ihn verwandt. Und deshalb tut er gut daran, überhaupt nichts über seine Ex zu erzählen. Das weiß jeder Mann aus leidvoller Erfahrung. Dumm ist nur: Je konsequenter er schweigt, desto mehr bohrt die Frau in dem Loch herum. Schlimmstenfalls fängt sie mindestens einmal am Tag mit dem Thema an. Lässt keine Gelegenheit aus. Vordergründig könnte es pure Neugierde sein, ist es aber nicht: Es ist pure Streitlust. Kommt, Männer: Wir nehmen die Angel und gehen an den Fluss.

142. Kann ich ihn überhaupt ändern?

Kommt darauf an, worum es geht. Um schlechte Angewohnheiten und andere Kleinigkeiten? Natürlich können Sie ihm beibringen, dass er den Müll rausbringt, nicht mehr im Unterhemd vorm Fernseher sitzt, sich regelmäßig rasiert und vorm Schlafengehen duscht, oder was Sie sonst eben gern anders hätten. Sie werden das mit Überredungskunst, Liebesentzug oder harschen Worten sowie mit einer gewissen Hartnäckigkeit erreichen. Ganz so, als wenn Sie ein Kind zu erziehen hätten.

Das lässt der Mann nicht nur über sich ergehen, sondern er akzeptiert es in der Regel auch. Solche Kleinigkeiten kratzen nicht an seiner Mannesehre. Darum ist er irgendwann die Meckerei leid und hält sich eben dran. Wird es aber grundsätzlich, ist die Lage ganz anders. Grundsätzlich ist für einen Mann: Es geht um seinen Bauch, seinen Appetit, seinen Job, die Finanzen, Alkohol, Kumpels, Sport, Sex und alles, was mit dem Auto zu tun hat.

Da erreichen Sie möglicherweise auch was. Aber es könnte sein, dass Sie dabei seine Ehre verletzen. Und das findet er nicht mehr witzig. Er wird sich nicht gleich und nicht nur deshalb von Ihnen trennen, aber irgendwo in seinem Kopf haben Sie ein Konto mit Plus- und Minuspunkten. Verletzen Sie seine Ehre, gibt es Minuspunkte. Haben Sie zu viele davon, kommt er auf dumme Gedanken und läuft Ihnen weg.

143. Was ist der Unterschied zwischen ihm und mir?

Lesen Sie dieses Buch gefälligst von vorn, dann wissen Sie's. Hier noch einmal die Zusammenfassung für Kapitel-Hopper, die man als Autor übrigens gar nicht leiden kann.

ER denkt schlicht, SIE denken kompliziert. IHN leitet entweder die Vernunft (bzw. das, was ER dafür hält), oder es leitet ihn das Gefühl, wofür Sie auch das Wort Trieb einsetzen können. Niemals jedoch leitet ihn ein Mix aus Vernunft UND Gefühl. Aber genau so ist es bei Ihnen. SIE haben diesen Mix. ER kennt nur Schwarz und Weiß. SIE kennen Zwischentöne. ER will der Chef sein und sich auch so benehmen. SIE sind der Chef, sollten und müssen sich aber nicht ständig so benehmen. SIE können lügen, ER nicht (obwohl ER es manchmal versucht). SIE sind das weiter entwickelte Wesen, ER befindet sich auf einem niedrigeren Entwicklungsstand. SIE haben die Macht. ER hat den Stress. SIE gehören zu einer Spezies, die eines Tages die Weltherrschaft übernimmt. ER gehört zu einer Spezies, die schon heute immer weniger gebraucht wird und die eines Tages vollkommen überflüssig sein wird. SIE ziehen die Fäden. ER hängt an den Fäden. SIE dürfen sich auch mal anlehnen und hilflos sein. ER darf theoretisch dasselbe, wirkt dabei aber irgendwie lächerlich. SIE sind mit sich im Reinen, ER hat ständig ein schlechtes Gewissen.

DIE FRAU ALS SOLCHE darf heute praktisch alles. Es ist gesellschaftlich akzeptiert. DER MANN ALS SOLCHER darf heute fast gar nix. Das ist auch gesellschaftlich akzeptiert. So viel zu den wesentlichen Unterschieden zwischen ihm und Ihnen, der Frau.

144. Ist lesbisch besser?

Aus Männersicht geantwortet? Also zunächst einmal hat der Durchschnittsmann nichts gegen Lesben. Sagt eine Frau zu ihrem Mann: Du, ich hab einen Anderen, und der ist besser als du – so flippt er aus vor Wut. Sagt eine Frau zu ihrem Mann: Du, ich hab festgestellt, dass ich lesbisch bin, und ich möchte jetzt mit meiner Freundin zusammenleben – lacht er sich tot und kann diese unglaubliche Geschichte getrost seinen Kumpels erzählen, ohne dass sein Image leidet. Im Gegenteil, die klopfen ihm auch noch auf die Schultern und feiern ihn. Er ist halt ein armes, ausgebeutetes Opfer mit einem Schicksal, das schon morgen jeden von uns Männern treffen kann: Ein braver, ehrlicher Kerl, der überhaupt keine Schuld an irgendwas hat, sondern seine Frau an eine andere verlor, was ja völlig daneben ist. Meine Frau hat Krebs, das erzeugt Trauer. Meine Frau hat Aids, das erzeugt Grauen. Meine Frau hat einen Anderen, das erzeugt herablassende Mitleidigkeit. Meine Frau ist lesbisch, das erzeugt Solidarität. So ticken Männer.

Ist lesbisch nun besser? Ganz sicher ja, und auch Männer ahnen das dumpf in ihren wenigen hellen Momenten. Frau und Frau sollen sich angeblich besser verstehen als Frau und Mann, sie haben (wie man hört) den besseren Sex, sie können über mehr zusammen reden, sie haben die besseren Antennen füreinander, sie machen sich gegenseitig weniger Stress, sie haben mehr Spass und sie passen auch irgendwie viel besser zusammen als Mann und Frau. Wenn da eben nicht diese schlappen 14 cm[64] Unterschied wären, und wenn da eben nicht die

64 *Statistisch geprüfter Durchschnitt*

meisten Frauen doch mehr zu Männern neigen würden, aber das ist nun mal so und eine Frage, wie man halt veranlagt ist.

Stehen Sie nicht auf andere Frauen, müssen Sie halt mit Männern leben. Stehen Sie aber auf andere Frauen, na dann, herzlichen Glückwunsch. Sollte das der Fall sein, brauchen Sie dieses Buch garantiert nicht. Kaufen Sie noch eins und verschenken beide an Hetero-Frauen!

145. Wer ist überhaupt der Chef im Haus?

Wir können Ihnen nur sagen, was der Mann gern möchte. Er möchte, dass er als Chef dasteht, aber dass Sie den Laden managen. Das ist eine ziemlich einfache Formel. Er will ganz einfach, dass Sie der Chef sind und dass Sie ihn das niemals spüren lassen.

Er hat überhaupt nichts dagegen, dass Sie alles regeln: den Ärger mit dem Vermieter, mit den Nachbarn, die Erziehung, die Finanzen, die Auseinandersetzung mit der Bank wegen dem Kredit und den Stress mit der frechen Schwägerin auch noch gleich mit. Sie regeln das schon. Also sind Sie der Chef. Nur möchte er nicht, dass er das aufs Butterbrot geschmiert bekommt! Er möchte der Repräsentant der Familie nach außen hin sein. Stellen Sie sich das so vor wie in der Bundesregierung: Natürlich ist der Bundeskanzler der Chef. Aber es gibt da noch den Bundespräsidenten. Der vertritt uns nach außen hin. Obwohl er eigentlich nicht so viel zu sagen hat. Im Optimalfall sind Sie die Bundeskanzlerin und auch noch die Parteichefin, und er ist der Bundespräsident. Um die Frage in einem Wort zu beantworten: Sie. Sie sind der Chef im Haus. Ganz klar. Das will er so. Und das ist auch gut so.

146. Warum tun Männer immer so, als wenn sie alles wissen?

Ganz einfach: Weil sie alles wissen. Aus Männersicht. Das einzige Problem ist nur, dass sie ihr Wissen und ihre abgrundtiefe Weisheit nicht in ausreichendem Maße verbreiten können, denn außerhalb der Familie hört ihnen keiner so richtig zu. In der Firma haben beratungsresistente Deppen das Sagen, denen jede Erfahrung fehlt und die einen Fehler nach dem anderen machen. Fachwissen ist nicht mehr gefragt. Es geht nur noch um die besseren Connections. Das frustriert, das deprimiert, das macht den Fachmann für alles so richtig sauer. Aber er arrangiert sich; heutzutage ist man ja schon froh, wenn man überhaupt noch Arbeit hat. Mit den Kindern ist das auch nicht mehr so wie früher, als sie noch lieb und klein waren. Da haben sie noch mit großen Augen zugehört und man konnte ihnen echt was erklären. Kaum gehen sie in die Schule, glauben sie alles, was der Lehrer erzählt. Der Vater erzählt zwar auch was, aber er zählt nicht mehr. Na gut, mit spätestens 15 glauben sie dem Lehrer nicht mehr alles, aber diese Abnabelung geht keineswegs einher mit der Rückkehr zum Glauben an die Allwissenheit des Vaters. Sie glauben jetzt nämlich an gar nix mehr.

Deshalb hat es der Mann als solcher schwer. Sehr schwer sogar. Er sitzt sozusagen als Hüter des Grals auf einem Haufen Halbwissen und wird es nicht los. Und jetzt stellen Sie ihm eine Frage, eine ganz harmlose vielleicht: Warum der Regenbogen bunt oder warum die Bundeswehr ständig in irgendwelchen fremden Ländern unterwegs oder warum die Mehrwertsteuer schon wieder gestiegen ist. Sie denken sich ja nichts dabei. Und Sie vertrauen darauf, dass er, wortkarg wie immer, ein bis zwei missmutig hingeworfene Sätze absondern wird, von denen Sie vielleicht die Hälfte gebrauchen können, und gut ist. Außerdem haben Sie ja gar nicht richtig »gefragt«, sondern nur einen flüchtigen Gedanken dummerweise laut geäußert. Also, Sie ahnen nichts Böses.

Aber da haben Sie die Rechnung ohne den Kerl gemacht. Der erweist sich plötzlich als gar nicht maulfaul. Er hebt zu einem Vortrag an, der gar nicht mehr aufhören will! Sieben Mal »Tagesthemen« hintereinander weg gucken ist nix dagegen! Er kommt vom Hundertsten ins Tausendste und sabbelt und sabbelt. Endlich fragt sie ihn mal. Endlich kann er zeigen, was in ihm steckt.

Hinzu kommt, dass er so ein Schema aus seiner Kindheit im Kopf hat. Er weiß noch genau, wie gern er bei seinem gütigen Großvater auf dem Schoß gesessen hat, der ihm das Leben erklärte. So wollte er auch immer sein. Jetzt hat er die Gelegenheit. Und Sie können davon ausgehen, dass er freiwillig nicht mehr aufhören wird zu erzählen.

Wissen Sie, wie Sie einen Mann glücklich machen können? Indem Sie große fragende Augen machen und nur hin und wieder ein »echt?« oder »aha …!« oder »ach so ist das …!« einwerfen. Das gibt eine glatte Zwei. Und wenn Sie sich dann noch auf seinen Schoß setzen und ihn ein bisschen massieren, während er seine Storys erzählt, dann kriegen Sie eine glatte Eins. Aber bitte, bitte: Lassen Sie ihn reden.

147. Warum fallen Männer auf berechnende Frauen rein?

Weil sie nicht denken können, wenn sie verliebt sind. Sie sind dann im Gehirn eingleisig und absolut verbohrt. Wenn sie eine Frau interessiert, gehen sie los wie ein Stier aufs rote Tuch, Gesichtsfeld stark eingeschränkt, sämtliche Warnmechanismen abgeschaltet, und sachliche Argumente stören nur. Sie würden eher die Freundschaft beenden, als auf einen einzigen warnenden Rat ihres besten Freundes zu hören. Hinzu kommt, dass Männer das Thema »Berechnung« überhaupt nicht kennen. Sie sind zwar leicht zu berechnen, aber sie berechnen nicht. Kein Mann fängt was mit einer Frau an, weil er sich davon irgendwelche Vorteile erhofft.

Im Gegenteil: Er müsste eigentlich wissen, dass er soeben mal wieder einen Haufen Geld verspielt, sich eine Menge Kummer einhandelt und dem Sarg ein gutes Stückchen näher rückt. Männer haben nichts davon, wenn sie sich eine Frau angeln. Sie werden in der Regel deshalb nicht besser versorgt, als sie das selber könnten, sie werden in ihrer Freiheit arg eingeschränkt, sie kennen den weiblichen Nestbauinstinkt überhaupt nicht, und sie wären nach aller Lebenserfahrung sowieso besser beraten, nie wieder eine echte Partnerschaft zu beginnen. Für sie gibt es nur einen Grund, etwas mit einer Frau anzufangen, und das ist Liebe. Fragen Sie mal einen Mann: Wärest du auch mit mir zusammen, wenn ich nur eine (...) wäre? (Fügen Sie irgendeinen Beruf ein, den Sie für sozial minderwertig halten.) Aus vollstem Herzen wird der Mann antworten: Natürlich, mein Schatz, was hat denn dein Job mit meiner Liebe zu tun?

Und nun fragen Sie mal Ihre Busenfreundinnen, ob die überhaupt jemals mit ihren Männern zusammengekommen wären, wenn die nur (...) wären. (Fügen Sie auch hier irgendeinen Beruf ein, den Sie für sozial minderwertig halten.) In neun von zehn Fällen wird die Antwort mit dem Brustton der Überzeugung lauten: Natürlich nicht. Was soll ich denn mit einem (...)? Alle Frauen sind berechnend, die einen natürlich mehr und die anderen weniger.

So ist es einhellige Meinung an jedem Männerstammtisch der Welt, und an dieser Stelle muss man unbedingt mal eine Lanze für den Stammtisch als solchen brechen. Sogenannte Stammtisch-Weisheiten, das ist ja Brauch bei uns, werden von vorneherein als spießig, engstirnig und irgendwie gestrig eingestuft. Darf man daraus schließen, dass alles, was Männer am Stammtisch so von sich geben, absolut gestrig ist? Dann sind alle Männer gestrig, denn sie reden am Stammtisch alle so, jedenfalls dann, wenn keine Frau in der Nähe ist. Es ist ja schließlich nicht verboten, in einer Stammtischrunde Klartext zu reden. Männer könnten natürlich auch ihre Küche als passenden Ort wählen, dann wären es eben Küchenweisheiten, aber erstens trauen sie sich in der Küche nicht, und zweitens ist das sowieso nicht der richtige Platz zum Reden, denn da müssten sie ihren Frauen ja beim Arbeiten zugucken. Nur am Stammtisch sagt der Mann ungeschminkt, was er wirklich über Frauen denkt. Wer sich also für Männer interessiert, der sollte nicht so abfällig über Stammtisch-Weisheiten urteilen, sondern lieber besser zuhören.

148. Warum fallen Männer immer aufs »Kindchensyndrom« rein?

Sie sind eine erwachsene Frau, mit der man auch mal über Politik diskutieren kann, und er haut ausgerechnet mit so einer dämlichen Augenaufschlags-Tusse ab, die nur auf kleines Dummchen macht und ihn damit voll einwickelt? Das hätten Sie halt auch so machen sollen, dann wäre er ja vielleicht noch da. Männer lassen sich gern bewundern, Männer erklären gern das Leben, Männer spielen gern die erste Geige, und Männer brauchen so eine Frau wie diese dämliche Augenaufschlags-Tusse halt hin und wieder. Das ist für ihn natürlich keine Frau für immer, aber sie ist doch wunderbar geeignet, um das lädierte männliche Selbstbewusstsein wieder ein bisschen aufzurichten. Wahrscheinlich hat er sich in Ihrer Gegenwart stets wie ein Idiot gefühlt, und bei der dämlichen Augenaufschlags-Tusse fühlt er sich eben wieder vollwertig. »Immer nur Sekt und Kaviar hält keiner lange aus, da muss schon mal ’ne Tüte Pommes her«.[65]

65 *Truck Stop*

Das »Kindchensyndrom« ist ja nichts weiter als das Ergebnis der natürlichen weiblichen Kunst, sich dem Männermarkt geschickt anzupassen und so zu sein, wie Männer es eben mögen. Man kann das natürlich verurteilen, aber wenn's funktioniert? Warum sind Sonnenblumen außen gelb und innen braun, und Sie werden niemals eine Sonnenblume finden, die außen blau und innen pink ist? Weil diejenigen Insekten, die für die Fortpflanzung der Sonnenblume sorgen, eben ganz genau wissen: Wo's gelb und braun ist, da schmeckt's. Deshalb denkt die Sonnenblume gar nicht daran, ihre Farben zu wechseln, und die dämliche Augenaufschlags-Tusse denkt auch nicht daran, mal erwachsen zu werden. Jedenfalls nicht, solange die Männer auf ihren Augenaufschlag regelmäßig hereinfallen.

149. Was sind die 10 schwersten Fehler einer Frau?

Ein schwerer Fehler ist Fremdgehen.[66] Dann ist es niemals gut, ihn vor anderen klein zu machen. Zu selten mit ihm zu schlafen ist auch nicht gerade gut. Alles besser wissen wollen als er, das ist beziehungsfeindlich. Sein Geld verballern könnte ein weiterer Fehler sein. Ihn nicht mehr achten, das darf man nicht auslassen. Sich gehen lassen ist tödlich. Klammern geht Männern auf den Geist. Sich nicht für seinen Job interessieren ist fies. Und intellektuell hinter ihm zurückbleiben ist auch ganz schlimm.

Jetzt kennen Sie die zehn häufigsten Ursachen für das Scheitern einer Beziehung aus männlicher Sicht. Ganz sicher wird Ihnen die eine oder andere Sache bekannt vorkommen.

150. Wäre er lieber allein?

Ja! Ganz eindeutig! Natürlich! Das liegt zum einen daran, dass der Mensch immer das gern hätte, was er gerade nicht hat. Ein Mann in einer festen Partnerschaft träumt vom Single-Leben, ein Single-Mann träumt von einer schönen festen Partnerschaft. Das ist nun mal so.

---

66 Reihenfolge willkürlich

Aber hier geht es um mehr. Es ist auffällig, wie sehr sich Männer heute für das Single-Leben interessieren, sobald sie fest gebunden sind. Ja, es ist fast schon eine Gier. Und das ist neu im Lande.

Neidvoll und unglücklich schauen sie auf Kumpels, die keinen Bock auf feste Partnerschaft haben. Ach, wie schön muss das Leben als Single sein! Was machst du so den ganzen Abend? Echt, was du willst? Kein Zwang? Kein Stress? Keine blöde Anmache? Keine Vorwürfe? Kein dummes Gesabbel?

Nö. Nichts von alledem. Ich hab das alles hinter mir, Alter. Ich brauch das alles nicht mehr. Ohne Frauen geht es einfach besser. So heißt die Antwort. Und die Augen werden größer und größer. Ja ja. So müsste man auch leben. Das ist wahrscheinlich das Allergeilste. Keine Familie, keine Frau, nur mal eine Freundin hier und da, so könnte das Leben schön sein.

Dann allerdings kommen leise Zweifel auf. Und, wer macht bei dir sauber? Alter: Das ist doch kein Problem. Vergiss doch mal das ganze Gesabbel von den Mädels, was der Haushalt für Arbeit macht und so. Stimmt doch alles gar nicht. Nimmst du mal den Staubsauber und gehst durchs Wohnzimmer, wo ist das Problem. Und wenn du irgendwo Staub siehst, auf'm Videorecorder oder so, dann machste das weg. Na und? Ist doch nicht schlimm. Haushalt ist easy, Alter. Das erzählen die Mädels immer nur, dass es so schwierig ist. Verstehst du?

Wagen wir doch mal eine Bilanz. Wir haben uns nun lange mit dem Thema beschäftigt, wie Männer heutzutage eigentlich ticken. Wir haben ihre Sorgen kennen gelernt, ihre Versagensängste, ihre vielfältigen Aufgaben und ihre davon nur allzu oft abweichenden Vorstellungen, wie das Leben eigentlich zu sein hat. Wir kommen langsam, aber sicher zu dem Ergebnis, dass sie so ticken: Verarscht von den Frauen, verunsichert von den Medien, haltlos hin- und herschwankend zwischen karrieremachendem Macho und Birkenstock-am-Fuß-und-Baby-auf-dem-Bauch-Träger, auf jeden Fall immer mit einem grundsätzlich schlechten Gewissen im Rucksack, ist der Mann von heute ein orientierungsloses, gestriges, vom Aussterben bedrohtes, konzeptionsloses, hilfloses, verängstigtes, liebenswert-schrulliges, museumsreifes, hirnamputiertes, kaum noch ernst zu nehmendes, tierparkreifes Wesen, das gerade seine neue Daseinsberechtigung in einer sich stets in Richtung mehr Weiblichkeit orientierenden Wirklichkeit sucht. Der Frau gehört die Welt von morgen. Der Mann ist der Depp. Eigentlich hat er nur noch seinen Penis. Aber selbst auf den ist die moderne Frau nicht mehr angewiesen.

Wie Männer ticken? Männer wissen das alles, unbewusst, insgeheim, nonverbal. Und wenn Sie mal irgendwann ein Problem mit Ihrem Partner haben: Seien Sie nachsichtig mit ihm. Aus genau diesem Grund. Er ist traurig wie ein Dinosaurier. Die wurden ja auch »immer trauriger«. Er spürt, dass Sie ihn eigentlich gar nicht brauchen. Aber er möchte so gern gebraucht werden.

»Drees, de Wonnerdraken«, das alte Lied von dem traurigen Drachen am Strand der Nordsee, der so schön mit dem Kind spielte, kennen Sie das? Der Drachen lebte und blühte auf, als sich der kleine Junge auf seinen Rücken setzte und mit ihm durch die Lüfte flog. Das war schön für Drees, den Wonnerdraken. Den Wunderdrachen. Aber dann wurde das kleine Kind groß. Es kam nicht mehr an den Strand, um mit Drees zu spielen und zu fliegen. Drees war traurig. Er weinte. Er war ein großer Drachen. Aber ein einsamer. Tja, und dann ist er in die See gekrochen, und er ist nie wieder aufgetaucht.

Sehen Sie: So ähnlich tickt Ihr Partner auch. Er fühlt sich wie »Drees, de Wonnedraken«. Die Frau als solche braucht ihn doch gar nicht mehr. Sie kommt nicht mehr zum Spielen, und sie kommt nicht mehr zum Fliegen. Und wenn sie kommt, dann bestimmt sie selber, wann und wo und auf oder unter wem sie kommen möchte. Da hat doch der alte Wonnedraken nix mehr zu sagen. Das genau ist das Problem. Hatten Sie übrigens diesen alten nordfriesischen Song schon einmal als poetische Umschreibung von grundsätzlichen sexuellen Fakten betrachtet und gehört? Interessant, oder? Der Junge und der Drachen. Das Weibliche und der Mann. Der Drache kriecht frustriert ins Meer. Dort stirbt er. Tot. Aus. Ende. Es weint ihm nicht einmal jemand nach. Und es wirft niemand Rosen auf sein nasses Grab. Tschüs, Mann. Du wirst nicht mehr gebraucht.

151. Und wie kriege ich nun die supergeile Partnerschaft hin?

Bingo! Die Frage aller Fragen! Wenigstens im letzten Kapitel kommen wir auf den Punkt! Aber wissen Sie was? Diese Frage beantwortet der Autor nicht selbst. Der hat in diesem Buch schließlich schon genug gequasselt. Nein: Stattdessen lässt er eine schöne, starke, gebildete Frau zu Wort kommen. Sie ist glücklich verheiratet, übrigens seit über 20 Jahren in erster Ehe, also können ihre Rezepte und Meinungen so schlecht nicht sein. Sie hat zwei wohlgeratene Töchter, ist auf den feinsten Partys zu Hause und steht keinesfalls im Verdacht, ein unterbelichtetes Heimchen am Herd zu sein. Es ist so eine Frau, wo jede Frau sagt: Wow. Die Frau heißt Slavica Ecclestone.

Genau. Die von Formel 1-Bernie. Wir zitieren aus einem köstlichen Interview, das die Journalistin Dagmar von Taube mit Slavica gemacht hat.[67] Wohlgemerkt, und wir sagen es noch einmal: Slavica Ecclestone ist eine Frau.

Die Reporterin fragt erst mal, wie das denn so ist als Frau in der reinen Männerdomäne der Formel 1. Bernie Ecclestone ist ja nicht nur einer der reichsten Männer der Welt, sondern doch wahrscheinlich auch ein ziemlich ausgeprägter Macho.

Frau Ecclestone, zum Zeitpunkt des Interviews 47 Jahre alt, steckt sich eine Zigarette an, bläst den Rauch in die Luft, denkt nicht lange nach und antwortet wie folgt: »Darling, mein Mann ist ein Workaholic. Der nimmt zu Hause gar nichts wahr. Er ist ja kaum da. Mein Mann wusste nicht mal, dass seine Tochter letzte Woche Examen geschrieben hat. ›Warum geht Tamara morgen nicht in die Schule?‹, fragte er mich am Abend zuvor. ›No, Bernie‹, habe ich gesagt, ›deine Tochter wird nie wieder in die Schule gehen.‹ Aber genau darum ist er ja auch so erfolgreich: Weil er mich hat, die ihm komplett den Rücken frei hält.«

Reporterin: »Wilde Pferde brauchen große Weiden, heißt es …«

Slavica: »… und am Ende suchen sie doch nur die Mutter in der Frau. Männer sind komische Kreaturen. Ich sag immer: Trau keinem Mann! Ich bin da für meinen Bernie, ich unterstütze ihn, reise mit ihm. Ich bin sozusagen sein Co-Pilot. Aber am glücklichsten bin ich bei meinen Kindern. Zu Hause.«

Reporterin: »Etwa eine *Desperate Housewife*?«

Slavica: »Ganz im Gegenteil. Ich bin bloß ein absoluter Homey. Aber eine Ehe ist nicht immer leicht, sondern ein großer Kompromiss. Man muss bereit sein, viel zu geben, und darf fast nichts erwarten. Was habe ich denn von meinem Mann? Er kommt gegen acht nach

67 »Welt am Sonntag« 5. Juni 2005

Hause. Dann isst er. Dann schaut er fern. Dann geht er schlafen. Er kann nicht zwei Minuten gemütlich auf dem Sofa sitzen, selbst in den Ferien nicht. Mal so ein Glas Wein trinken – vergiss es. Außer seinem Job interessiert ihn nichts. Er hat auch kein Hobby. Abendessen, Ausgehen – all das ist ihm ein Greuel. Mein Mann spricht nicht gern. Die meisten Menschen langweilen ihn. Er hört nicht mal richtig zu. Es ist einfach nicht seine Welt.«

Reporterin: »Und so leben Sie seit über 20 Jahren?«

Slavica: »Oh, ja. Und für nichts in der Welt würde ich meinen Mann gegen einen anderen tauschen. Heiraten bedeutet für mich: für immer! Und es geht auch. Du brauchst nur gute Freundinnen. Mit denen kannst du zum Yoga gehen, wenn du mal down bist. Oder ein paar Tage auf eine Insel fahren, wo dich niemand kennt. Nächte durchquatschen, all das. Leid tun mir nur die Frauen, die immer noch glauben, der Mann allein könne sie glücklich machen. Ein Ammenmärchen! Ich habe mir längst meine eigene Welt geschaffen. So funktioniert's.«

Na, schau mal einer an. Hat sie etwa dieses Buch gelesen, noch bevor es in die Läden kam? Wunderbar, oder? Diesen Worten hat der Autor zum allerersten Mal rein gar nichts mehr hinzuzufügen.

BONUS-
TRACKS

ERSTES KAPITEL
WAS MÄNNER AN IHREN FRAUEN STÖRT

1. Warum könnt ihr nicht einfach mal die Klappe halten?

Warum Frauen so gerne mit ihren Partnern kommunizieren und am Schweigen der Männer schier verzweifeln, wird im ersten Teil dieses Buches ausführlich erklärt. Aber das ist natürlich, wie so oft, nur die halbe Wahrheit. Wir Männer sehen das nämlich anders. Ist es nicht ein Alarmsignal, dass fast 90 Prozent der Männer angesichts der nervtötenden Redseligkeit ihrer Frauen genervt die Augen verdrehen? Es ist also nicht nur so, dass er ständig schweigt – es ist eine unbestreitbare Tatsache, dass viele Frauen einfach zu viel quatschen!

»Alles muss sie ausdiskutieren«, sagt Jan (43), der seine Ehe nach sechs Jahren immerhin noch als »im Prinzip gut« bezeichnet: »Ich bin gar nicht so der große Schweiger und rede gern mit ihr. Schließlich ist sie ja meine Frau und wir lieben uns! Wir lachen zusammen, haben viel Spaß, und wir tauschen uns aus. Aber wenn mich was nervt, dann ist es dieses Festbeißen und Herumhacken auf einem Thema, das vielleicht gar nicht so wichtig ist.

Typisch Frau, sagt man – aber ganz ehrlich, im Alltag geht es mir manchmal doch sehr auf den Keks. Es nervt sogar so, dass ich neuerdings vieles lieber für mich behalte, als es überhaupt anzusprechen. Und das finde ich nicht so positiv für die Beziehung. Ich sag mal ein Beispiel. Auf einer Party erzähle ich einen Witz und meine Frau fällt mir ins Wort, weil ich ihn angeblich falsch erzählt habe. Okay, ich nehme das erst mal so hin. Aber wenn wir dann alleine sind, sag ich zu ihr: Das fand ich nicht so gut, lass das in Zukunft lieber.

Wenn ich einen Witz erzähle, dann will ich ihn auch zu Ende erzählen. Damit ist die Sache doch eigentlich erledigt, oder? Denkste! Denn was folgte? Eine Riesendebatte, die sich bis morgens hinzog! Thema: Ob sie ein Mensch zweiter Klasse ist, ob Männer grundsätzlich immer Recht haben und ob sie mir überhaupt nie mehr vor anderen Leuten widersprechen darf. Mannomann, ich wollte nur einen kaputten Pflasterstein austauschen – und sie reißt gleich die ganze Straße auf. Das stört mich echt. Sie kann einfach nicht »okay, ist gut« sagen und dann die Klappe halten.

Sein Kumpel hat »Wie Frauen ticken« bis zur letzten Seite durchgelesen und kann teilweise daraus zitieren, ohne reinzugucken: »Da steht folgender Satz«, deklamiert er. »Die Frau hat das Gefühl: Keiner hört mir zu. Sie redet und redet in der verzweifelten Hoffnung, endlich wieder einmal wahrgenommen zu werden. Zitat Ende. Ha! Ich nehme meine Frau ständig wahr, ich muss es sogar tun, weil ich nämlich mit ihr zusammenlebe! Aber muss sie deshalb ständig vor sich hinplappern?«

2. Warum lasst ihr uns nie in Ruhe?

Natürlich hat eine Frau dasselbe Recht auf Entspannung wie ein Mann. Es gibt aber kaum Frauen, die sich über Männer so beschweren: »Nie lässt er mich in Ruhe, immer will er irgendwas von mir!« Andererseits gibt es unglaublich viele Männer, die ihre »Ruhe« – was immer sie darunter verstehen – dringend einfordern und sie in der Beziehung schmerzlich vermissen. Offenbar haben Männer ein stärkeres Bedürfnis nach innerer Emigration bzw. nach ihrem persönlichen Freiraum als Frauen.

Dafür kann es verschiedene Erklärungen geben. »Meine Frau ist tagsüber zu Hause und kümmert sich um die Kinder. Da bleibt für sie genug übrig, um auch mal eine halbe Stunde allein in der Küche zu sitzen und einfach so nachzudenken«, erzählt Erik (37), der eine Kfz-Werkstatt in Hessen betreibt und oft erst nach 12 oder 13 Stunden nach Hause kommt. »Das heißt doch, dass sie tagsüber ihren Freiraum hat. Ich weiß, Frauen schreien jetzt laut: Du hast ja keine Ahnung, wie stressig Haushalt und Kinder sind!, aber mal ehrlich: So ganz stimmt das ja nun auch nicht.

Zum Beispiel gehört doch zu einem sonnigen Kindernachmittag einfach dazu, dass die Mütter auf dem Spielplatz sitzen und ihren Kleinen zugucken. Echt stressig, oder? Guck ich vielleicht meinen Kunden zu, wie sie ihre Autos reparieren? Sitz ich dabei in der Sonne und unterhalte mich ein bisschen? Was ich sagen will, ist: Meine Frau hat ihre Entspannung, auch wenn sie mit Kindern und Haushalt gut ausgelastet ist. Ich hingegen bin wie eine Lok ohne Zwischenhalt. Ich schiebe morgens Briketts in den Kessel und fahre los, ackere durch bis abends und falle dann todmüde zu Hause ein. Wundert es jemanden, dass ich dann nur noch eins möchte: Meine Ruhe? Ja, es gibt da jemanden, den das verwundert und ärgerlich macht: meine Frau. Die will dann nämlich das machen, was ich den ganzen Tag habe: reden, machen, tun, bloß nicht zur Ruhe kommen. Denn jetzt bin ich ja da. Das kann so leider nicht funktionieren. Und dass sie das nicht begreift, das ist mir ein Rätsel.«

Es gibt einige Sätze, die Frauen dringend in ihren Sprachschatz aufnehmen sollten. »Ja, Schatz« ist einer davon. Ein ebenso wichtiger Satz ist: »Mach mal so, wie du meinst.« Jeden dieser beiden Sätze sollte jede Frau jeden Tag mindestens fünfmal zu ihrem Mann sagen, und sie hätte einen glücklichen Mann. Er will aufs Sofa und Sportschau gucken? »Ja, Schatz!« Er will in die Garage und an seinem Auto rumpusseln? »Mach mal so, wie du meinst!« Eine außerordentlich lustige Vorstellung für Männer. Denn sie würden sich plötzlich wie im Paradies fühlen; sie würden glauben, dass sie träumen, oder sie würden sich in die Nase kneifen: »Bin ich schon tot?«

Nein!, möchte man ihnen zurufen. Du bist nicht tot! Du fängst gerade erst zu leben an! Denn eins hat sich geändert: Du hast endlich eine Frau, die dich so akzeptiert, wie du bist und die nicht ständig an dir herumerzieht! Die dusselige weltverbesserische Super-Nanny mit dem Helfersyndrom, die ständig frustriert und keifend durch die Wohnung läuft und die nichts anderes will, als dir ein schlechtes Gewissen zu machen – diese Frau ist tot oder weggelaufen! Gott sei Dank! Und sie kommt auch nicht zurück.

Ach, ihr vielen furchtbaren Frauen da draußen im Lande, die ihr euern Männern seit Jahren das Leben schwer macht: Eins wisst ihr noch nicht. Ich verrate es jetzt. Je öfter ihr zu euern Männer sagt: »Ja, Schatz« und »mach mal so, wie du meinst« – desto öfter sagen sie das auch zu euch. Aber das begreift ihr nicht, weil euch die simpelsten Regeln für eine glückliche Partnerschaft abhanden gekommen sind.

3. Warum vermiest ihr uns das Hobby?

Frauen machen Sport, spielen Karten, gehen zu Tupperpartys, treffen ihre Freundinnen, haben Kosmetiktermine, sitzen stundenlang beim Friseur, werden zur Vernissage eingeladen, haben ihr Kränzchen, lungern auf der Hundewiese herum, tratschen mit ihren Müttern, telefonieren stundenlang und haben auch sonst allerlei vor, was eine Frau am besten ohne männliche Begleitung macht. (Ganz ehrlich: Auch berufstätige Frauen finden irgendwie noch ein bisschen Zeit, um private Aktivitäten zu entwickeln.) Es sind nur wenige Fälle bekannt, in denen Männer sich darüber beschweren. Obwohl sie selbst meistens nur ein einziges Hobby haben. Zum Beispiel gehen sie gern angeln, oder sie basteln an ihrem Auto herum, oder sie spielen Fußball, oder sie haben ein Boot, oder sie gehen zum Stammtisch, oder sie schätzen den heimeligen Altölgeruch in ihrer heimischen Garage wie Schnüffler den Klebstoff und sind nur schwer wieder aus der Garage herauszulocken. Also viel ist es nicht, was Männer so nebenbei machen.

Trotzdem gibt es aus Männersicht ein Ungleichgewicht. Sie freuen sich nämlich, wenn ihre Frauen »auch mal was für sich« machen. Frauen hingegen runzeln die Stirn, wenn Männer sich in ihre eigene Welt verabschieden. Ja, sie hintertreiben männliche Aktivitäten sogar und mäkeln herum, bis einem als Mann das Hobby gar keinen Spaß mehr macht! Dann lässt man es lieber gleich! Aber es bohrt sich ein Stachel ins männliche Herz, der eine Partnerschaftsinfektion hervorrufen kann und sich vielleicht viel später einmal grausam rächen könnte. Dann nämlich, wenn man der jungen Kollegin in der Firma vom Angeln erzählt und sie mit unglaublichem Augenaufschlag den sehnlichen Wunsch äußert, doch nur ein einziges Mal zum Angeln mitkommen zu dürfen. Frauen sind also nicht unbedingt gut beraten, wenn sie ihren Männern das Hobby vermiesen. »Aber sie tun es, in meinem ganzen Freundeskreis ist das so!«, klagt Ralf (42), der tagsüber in Schleswig Rohre verlegt und früher abends gern an seinem Boot auf der Schlei herumgebastelt hat. »Immer der Stress, warum gehst du schon wieder aufs Boot, nie bist du für mich da, heirate doch dein Boot und so was alles. Es hat mich echt genervt. Sie segelt sowieso nicht gern. Na ja, ich hätte mir das vor der Ehe überlegen müssen, aber jetzt hab ich mein Boot eben verkauft«, sagt der Installateur und nickt bedächtig.

Er ist nicht sauer oder so. Er wirkt nicht einmal traurig. Dabei hat er doch gerade eingestanden, dass die bloße Existenz seiner Frau für ihn den Verlust einer gehörigen Portion von Lebensqualität und Freizeitspaß bedeutet. Auf der Kritikliste der Männer steht – anders als bei Ralf, der sich niemals negativ über seine Frau äußern würde – ziemlich weit oben, dass sie wahnsinnig gern mal wieder ohne schlechtes Gewissen ihrem Hobby nachgehen würden. Was eine Frau (aus Männersicht) dazu sagen sollte? Ungefähr dies: »Schön, dass du mal wieder was nur für dich in der Planung hast! Finde ich toll! Super!« Das – ja, das würden Männer zu schätzen wissen.

Der Mann und sein Hobby, das ist natürlich ein Riesenthema in jeder Ehe, außer in denen, wo die Frau dasselbe Hobby hat, das ist dann meistens ein Glücksfall für beide, und nur hin und wieder trifft man auf Frauen, die das Hobby des Mannes akzeptieren und unterstützen, ohne dass sie es teilen, und wie gesagt, die sind in der Minderheit, denn es gibt sowieso kaum noch richtig gute Frauen. Die meisten sind irgendwie gestört, zickig, egomanisch, herrschsüchtig und derart ungerecht ihren Männern gegenüber, dass man den oben erwähnten Ralf eigentlich ins Opferschutzprogramm gemäß dem Antidiskriminierungsgesetz aufnehmen und ihm eine neue Identität verpassen müsste: Was hat der arme Kerl getan, dass er seinen Lebensplan derart hilflos, passiv und tatenlos der egozentrischen Doktrin seiner nörgelnden Gattin opfern muss? Ein Mann verkauft sein Boot, weil seine Frau nicht gerne segelt? Wo leben wir?

4. *Warum wisst ihr immer alles besser?*

Früher schauten die Frauen zu ihren Männern auf und bekamen glänzende Augen, wenn sie was erklärt bekamen. Diese Zeiten sind weitgehend vorbei. Das kann man gut finden oder bedauern. Es ist eben so. Aus Männersicht schlägt das Pendel z.Zt. jedoch ungebührlich stark zur anderen Seite aus. Frauen glauben, dass sie alles können und nicht nur alles wissen, sondern es sogar besser wissen als Männer; und das Blöde ist: Sie machen keinen Hehl daraus. Es ist einfach kein Privileg mehr mit der Tatsache verbunden, dass man ein Mann ist. Die fachliche Kompetenz »des Mannes als solchem« wird permanent in Frage gestellt. Selbst im Baumarkt steht oftmals eine Frau ohne männliche Begleitung vor einem an der Kasse an. Das mag ja noch angehen; warum soll sie ihre kleine Wohnung nicht selber streichen? Wahrscheinlich hat sie keinen Kerl. Aber womöglich hat sie all das im Einkaufswagen, was man als Mann schon lange haben wollte, aber sich noch nie zu kaufen traute! Die beste Bohrmaschine. Den geilsten Hobel. Und das – ja, das tut weh.

Und wenn sie in der Partnerschaft den dicken Max raushängen lässt und am Ende vielleicht sogar noch die besseren Ideen hat, gibt es aus Männersicht erst recht ein Problem. »Ich bin seit fast 40 Jahren mit Frauen zusammen und kenne mich echt aus«, sagt Hannes (54), ein Architekt aus dem Saarland. »Aber so schwierig wie jetzt war es noch nie. Ich gerate nur noch an Frauen, die mich ständig verbessern wollen und die ich nicht beeindrucken kann. Egal, was ich mache.« Claas (43) ist Taxifahrer in Köln, er sagt: »Die Frauen müssen sich doch gar nicht wundern, wenn sie keinen abkriegen. Die halten sich doch sowieso für die Größten. Alles wissen sie besser, alles können sie alleine: Ja, wozu brauchen die uns denn dann überhaupt noch? Ich habe es aufgegeben. Lebe lieber alleine. Ich baggere auch keine Frau mehr an. Aus, Schluss, Ende.« Ist das nicht traurig, irgendwie?

Die soeben zitierten Männer haben aber doch nicht ganz Recht. Frauen waren schon immer ziemlich stark. Sie haben schon immer alles (und vieles sogar besser) gekonnt. Denken wir doch nur mal an die Zeit, als Deutschland in Trümmern lag. Oder ich denke an meine Oma, was die geschafft hat, und da stand in der Jahreszahl noch eine Null hinter der 19: Die hatte sechs Kinder, keinen Mann, die Bahnhofskneipe in einem Dorf in Dithmarschen, und dann hat sie sich den Dorfschullehrer geangelt, alter Schwede: Das war eine Powerfrau, und wenn es damals schon Kettensägen gegeben hätte, dann hätte sie ständig eine mit sich herumgeschleppt. Das war die »Kettensägen-Berta«. Das Problem ist ein anderes. Die meisten Frauen sind heute einfach zu sehr auf sich selbst fixiert. Sie verwechseln Emanzipation mit Egomanie. Egal, was sie tun, sagen, denken: Es dreht sich alles nur um sie; sie sind das Zentrum der Welt, sie bestimmen die Regeln, sie müssen alles in die Hand nehmen, und sie nehmen dir deshalb am liebsten alles ab. Sie haben einfach verlernt zu sagen: »Mach du mal, du machst das schon.« Das schöne Lied »Frau'n regier'n die Welt« trifft es nicht ganz: »Frauen woll'n die Welt regier'n« wäre passender. Nur – was passiert, wenn sie ihr Ziel erreichen? Sie leiden und jammern, sie möchten sich anlehnen und vermissen die starke männliche Schulter. Sie lamentieren und kritisieren genauso wie früher, als sie noch nix zu sagen hatten.

5. Warum mäkelt ihr ständig an uns herum?

»Ich hole mir morgens ein Hemd aus dem Schrank und das passt natürlich nicht zu meiner Hose. Dann nimmt sie es mir aus der Hand und gibt mir ein anderes. Ich greife nach dem Schlips und sie schüttelt den Kopf. Unmöglich! Hier, nimm den! Ich streiche mir ein Brot und sie guckt schon so: Du weißt doch, dass du nicht so viel Fett darfst! So geht das bei uns vom Aufstehen, bis ich zur Arbeit gehe, und abends geht es genau so weiter. Sie ist wirklich nur noch am Herummäkeln. Wenn wir zusammen schlafen, ist es auch nicht besser. Sie sagt nichts, aber ich merke das: Wieder mal hatte sie keinen Orgasmus. Es ist immer so eine unausgesprochene Mäkelei bei ihr zu spüren, die mir total auf den Keks geht.« (Andreas, Versicherungsangestellter aus Stuttgart).

Der Mann steht nicht alleine da. Viele Männer beklagen, dass sich ihre Frauen nach und nach zu »Mäkel-Monstern« entwickeln, die ihren Selbstwert offenbar dadurch erhöhen, dass sie an ihren Männer etwas auszusetzen haben. Das klingt sicher sehr klischeehaft, aber wenn man mit Männern diskutiert, kommen solche Beschwerden extrem häufig.

Nicht zuletzt deshalb haben sich viele Männer in die innere Emigration zurückgezogen und halten das für beinahe gottgewollt und naturgegeben; sie setzen sich mit diesem Thema gar nicht mehr auseinander und sind nur schwer zum Sprechen zu bringen. »Ist halt so.« – »Kannst nichts machen.« – »So sind Frauen eben«, so reden sie. Nur wenige schaffen es, sich mit ihren Frauen grundsätzlich auseinanderzusetzen und eine Klärung dieser misslichen Situation herbeizuführen.

»Ich habe das lange in mich hineingefressen, aber irgendwann bin ich explodiert und habe mir alles von der Seele geredet, das war ziemlich heftig«, erzählt Michael, Reisebürokaufmann in Flensburg: »Ich hab ihr gesagt, dass unsere Beziehung wegen ihrer ständigen Mäkelei eigentlich schon vor dem Aus steht und ob sie das wirklich will. Sie war konsterniert und hat erst mal gar nichts gesagt. Am nächsten Tag fragte sie dann, ob sie wirklich so schlimm ist. Seitdem ist es viel besser geworden.

Ich muss sie nur angucken und sie hält sich zurück. Jetzt fühle ich mich irgendwie wieder als Mann. So blöd das klingt.«

6. Warum macht ihr uns zu Weicheiern?

»Neulich war bei uns im Bad der Abfluss verstopft und ich hab mir das ganze Werkzeug zurechtgelegt, um das zu reparieren«, sagt Sven (38), ein Studienrat aus Bayern. »Ich bin nicht der begabteste Handwerker, das gebe ich zu. Aber so was traue ich mir noch zu. Ich will gerade anfangen, da kommt meine Frau rein, schiebt mich beiseite und sagt, lass mal, ich mach das schon. Da kam ich mir vor wie ein Weichei.« – »Wenn mich irgendwas an meiner Frau stört, dann ist das ihre Dominanz.« (Carlo, 42, EDV-Fachmann) »Wenn unser Kind Stress mit dem Lehrer hat, will ich das wohl selber regeln, denn ich bin der Vater. Aber sie gibt mir gar keine Chance. Das ist alles schon geregelt, bevor ich nach Hause komme. Früher war das irgendwie anders. Und in der Ehe von meinem Vater sowieso.« – »Die Frau von heute, so pauschal sich das auch anhören mag, neigt zur Unterdrückung des Mannes«, philosophiert Hans-Joachim (42), der in Dresden als Unternehmensberater arbeitet. »Im Osten sowieso, denn bei uns waren die Frauen schon immer die Stärkeren, durch die Berufstätigkeit und so. Aber auch im Westen, wie ich das so mitkriege von meinen Kollegen. Sie mischen sich überall ein und machen uns dadurch zu Weicheiern. Das ist bei meinen Kumpels und auch bei mir ein echter Partnerschaftskiller.« Er schaut sinnend in sein Glas und fügt hinzu: »So kann das nicht weitergehen. Wir müssen irgendwie wieder echte Kerle werden.«

»Irgendwie wieder echte Kerle werden«: Neigen die Männer von heute vielleicht ein bisschen zum Selbstmitleid? Vieles spricht dafür – aber vieles spricht auch dafür, dass sie sich zu Recht leid tun. »Die Frau als solche«, fällt dem Autolackierer Marius (37) ein, »die will gar keinen echten Kerl mehr. Sie will selbst das Sagen haben.« Sein Freund Ulf (36) widerspricht vehement: »Quatsch! Sie versucht es nur, aber letztlich will sie sich dann doch wieder anlehnen.« – »Das ist eine Machtprobe, ich sag es euch«, mischt sich der Wirt hinterm Tresen ein: »Sie wollen euch provozieren und testen, ob ihr euch durchsetzen könnt.«

Marius murmelt: »Dann hab ich schon verloren.« Und fürs Erste ist die Diskussion unterbrochen, weil alle in ihre Gläser starren.

Dieses Männergespräch ist symptomatisch. Fast jeder Mann, der für dieses Buch befragt wurde, beklagte sich über die »Einmischung«

seiner Frau oder Freundin in ehemals männliche Domänen. »Frauen können heute halt fast alles«, sagen die Männer. »Sie brauchen uns eigentlich gar nicht mehr.« – »Genau. Du musst dich quasi mit den Zähnen in was verbeißen, sonst nehmen sie es dir weg.« – »Meine wollte neulich sogar die Garage aufräumen. MEINE Garage!« – »Man sollte alleine leben.« – »Ja, besser wäre das.« Tatsache ist: Männer leiden fürchterlich darunter, dass sie ihre angestammte Rolle in der Beziehung verloren haben; sie wissen leider keine neue. Ein Weichei wollen (und sollen) sie nicht sein. Als Macho haben sie im Alltag ausgespielt. Und jetzt sitzen sie zwischen allen Stühlen.

Während wir Männer noch versuchen, es unseren Frauen doch noch irgendwie recht zu machen, werden diese immer egoistischer. Eine große Tageszeitung[1] stellte kürzlich die Frage, wie weibliche Singles ihre eigene Situation sehen. Die Antworten waren sehr aufschlussreich: »Der Vorteil ist, dass ich meinen eigenen Weg gehen kann und niemandem Rechenschaft schuldig bin.« (Iris, 49) »Ich schätze die Unabhängigkeit.« (Bettina, 47) »Mein Leben ist so bunt, dass ich mich manchmal frage, ob ein Partner überhaupt noch dazu passt!« (Erika, 53) »Es gibt keinen, nach dem ich mich richten muss.« (Angelika, 54) »Ich kann selbst bestimmen, was ich unternehme und was ich tue.« (Michaela, 45) Und Bette (54) fasst zusammen: »Wir Frauen haben die Entwicklung gemacht, die die Männer früher verlangt haben: Werdet selbstständiger, seid nicht so gefühlsbetont! Jetzt sind wir logisch, entschlussfreudig und rational; deswegen sagen wir nicht mehr so oft ja, und das ist den Männern auch nicht recht. Eine reife, selbstbewusste Frau muss den Mann sehr lieben, um mit den kleinen und großen – angeblich nicht veränderbaren – männlichen Schwächen zurechtzukommen. Heute sind aber viele lebenserfahrene Frauen nicht mehr dazu bereit, weil es für sie häufig ein Stück eingeschränkte Lebensqualität bedeutet.«

Das sind alles so glatte, eingängige Sätze, die voll dem Mainstream und der Political Correctness entsprechen, deshalb gehen sie so durch, und deshalb gab es keinen Sturm der Entrüstung, nicht mal einen einzigen kritischen Leserbrief. Dabei ist die Aussage doch ganz klar: Frauen denken nur noch an sich, an einer Partnerschaft sind sie gar

1 *Hamburger Abendblatt*

nicht interessiert, und sie verhalten sich genauso wie ihre Exmänner, die angeblich so schrecklich selbstsüchtig waren. Allein der selige Stoßseufzer »Es gibt keinen, nach dem ich mich richten muss«! Ja, ihr Mädels: Wir Männer wissen schon lange, wie toll das ist! Schließlich haben wir irgendwann mal unsere eigene Unabhängigkeit aufgegeben, um mit euch zusammen zu sein! Und was ist der Dank? Ihr schmeißt alles hin, lasst uns bezahlen und genießt eure eigene Unabhängigkeit. »Es gibt keinen, nach dem ich mich richten muss.« – »Ich kann selbst bestimmen, was ich unternehme und was ich tue.« Stimmt genau! Aber dann lassen wir es doch besser gleich, oder?

7. Warum haltet ihr uns vom Job ab?

»Wenn ich solo gewesen wäre, hätte ich die tollste Karriere hingelegt. Lauter Idioten sind an mir vorbeigezogen. Aber ich hatte keinen Bock mehr auf die ständigen Auseinandersetzungen mit meiner Frau. Warum ich Überstunden mache, warum ich so spät nach Hause komme, ob ich meinen Job mehr liebe als sie, warum ich mich nie ums Kind kümmere und so. Das hat mich echt genervt. Da bin ich im Job dann kürzergetreten. Das Ergebnis ist echt super. Sie hat mich nämlich wegen eines Kollegen verlassen, der erfolgreicher ist als ich. Das Kind hat sie auch mitgenommen.« (Gerald, 32, Finanzberater)

So krass läuft es natürlich nicht in allen Beziehungen ab. Erstaunlich ist aber, dass viele Männer sagen: Ich wäre beruflich heute schon viel weiter, wenn es meine Frau oder Freundin nicht gäbe. Sie bremst mich mit ihren Ansprüchen. Sie will eigentlich zwei Männer in einem: Den entspannten Lebenskünstler *und* den Karrieremacher. Wie soll ich das aber unter einen Hut kriegen?

Die Klage, dass Frauen ihre Männer beruflich bremsen, ist weit verbreitet. »Das passiert ja nicht so direkt, also ich meine: Sie setzt sich nicht hin, will mit mir reden und macht einen Plan oder so«, schildert Verlagskaufmann Michael (38). »Damit könnte ich ja noch leben. So machen wir es in der Firma bei unseren Meetings ja auch, wenn es mal ein Problem gibt. Nein – das geht schleichend vonstatten. Sie ist demonstrativ auf dem Sofa eingeschlafen, wenn ich spät nach Hause kam, oder sie machte so kleine Bemerkungen nach dem Motto: Ist ja kein Wunder, wenn dir das Kind fremd ist, oder: Kannst ja gleich in der Firma bleiben. Greifbar ist das nicht. Denn wenn ich sie gezielt auf solche Spitzen angesprochen habe, dann ist sie ausgewichen und meinte, es sei doch alles in Ordnung! Nein, es ist eben nicht in Ordnung. Aber ich habe sie nie dazu gebracht, mal ganz klar Stellung zu beziehen.«

Männer beklagen ein weiteres Problem: Wenn beide berufstätig sind, wird ihnen die Hälfte von Haushalt und Kinderbetreuung abgefordert – obwohl sie nicht einfach nur noch halb so viel arbeiten können wie bisher. Die Gleichberechtigung scheitert in der Praxis: Zwei voll auf beruflichen Erfolg fixierte ehrgeizige Charaktere schaffen es nicht, auch noch ein entspanntes sinnerfülltes Privatleben zu gestalten. »Das war früher irgendwie besser«, meint Versicherungsvertreter Andreas (42). »Da waren die Rollen klar verteilt und die Frauen haben nicht so gestresst.«

Es gab mal einen alten Schlager, der hieß: »Ich will alles.« War das Gitte? Egal. »Ich will alles und zwar sofort. Ich will alles und noch viel mehr.« Das war ein damals sehr sympathischer weiblicher Aufschrei, und wir dachten doch alle: Recht hat sie! Aber was Frauen heute vergessen, ist: Alles gleichzeitig haben zu wollen, das funktioniert im Schlager, aber nicht in real life. Wer alles will (und zwar sofort), der wird alles verlieren. Uns Männern ist das klar. Wir verzichten auf vieles für die Partnerschaft: auf heiße Flirts und herrlichen Sex mit wechselnden blutjungen Frauen, auf nächtliches Angeln an einem stillen See mit dem besten wortkargen Freund, auf entspannte Saufgelage bis zum Morgengrauen, auf den einzigen Porsche, den wir schon unser Leben lang fahren wollten, auf Segeltörns mit ausschließlich männlicher Crew und harten Bewährungsproben für die ganze Mannschaft und allzu oft auch noch auf etliche Karrierechancen. Wir tun das für unsere Frauen. Und was ist das geplärrte Echo? »Ich will alles und noch viel mehr!«

8. *Warum gebt ihr so viel Geld aus?*

Alle Männer möchten gern großzügig sein. Aber viele haben das unbestimmte Gefühl, mit einer Geldvernichtungsmaschine zusammenzuleben. Sie wissen nicht, wo ihr Geld bleibt. Und sie sind fest davon überzeugt, dass sie ohne Partnerschaft mehr in der Tasche hätten. Ja – sie sehnen sich sogar nach der Zeit zurück, als sie nur für sich selbst verantwortlich waren und eine solide Deutsche Mark noch eine solide Deutsche Mark war. Heute ist sie durch den Euro ohnehin schon halbiert; davon gibt die Frau auch noch das meiste aus – es bleiben ein paar Cent für ihn übrig, und das quält ihn. Andererseits genießen Männer den Komfort einer hübsch eingerichteten Wohnung, die Attraktivität ihrer Frau und dass es den Kindern an nichts mangelt. Dass all dies Geld kostet, ist ihnen nicht unbedingt bewusst. Es bleibt ein diffuses, unbestimmtes Gefühl von Unzufriedenheit mit der finanziellen Situation. Geld ist eine der Hauptursachen für männliche Verstimmtheit und für das Gefühl: Es war ein Fehler, dass wir uns zusammengetan haben.

»Ich habe keine Ahnung, wo unser Geld bleibt«, beklagt Max (52), ein Malermeister aus Bayern. »Es rutscht meiner Frau so durch die Finger, jedenfalls glaube ich das. Nicht, dass sie ständig größere Anschaffungen macht oder jede Woche shoppen geht. Es sind die kleinen Summen. Immer frische Blumen, mal wieder zu viel Aufschnitt gekauft und die Hälfte weggeworfen, hier ein neues Zeitschriften-Abo, da ein überteuertes Mitbringsel: Kleinvieh macht ja auch Mist ... Ich mag nicht darüber streiten, hab mich halt damit abgefunden.«

Nun mag es aus weiblicher Sicht etwas lächerlich sein, wenn Männer über zu viel Aufschnitt im Kühlschrank klagen (obwohl: Warum friert sie den Rest nicht ein?). Symptomatisch für den Zustand vieler Beziehungen ist aber, dass dieser Maler mit seiner Frau nicht einmal darüber reden mag (»hab mich halt damit abgefunden«). Frauen würden staunen, was Männer alles registrieren und was sie ärgert – wenn sie es jemals erfahren würden!

Schlimmer als diesem Maler ergeht es aber einem seiner Kollegen, der nach sieben bitteren Jahren keinen anderen Weg mehr sah, als sich scheiden zu lassen: »Alles war billiger als diese Ehe«, erinnert er sich. »Sogar die ganzen Scheidungskosten und der Unterhalt, den ich jetzt zahlen muss. Sie hat immer nur gekauft. Die Schränke sind übergequollen. Schuhregale hatten wir nie genug; die Schuhe stapelten sich schon unterm Bett. Sie war maßlos. Manchmal hat sie nicht einmal mehr die Einkaufstüten aufgemacht. Sie hat sie einfach so in den Schrank gelegt. Und sie war nicht davon zu überzeugen, dass es so nicht weitergehn. Ich habe wirklich alles versucht, jahrelang. Dann brach die Konjunktur ein und ich konnte es einfach nicht mehr finanzieren. Sie hat aber so getan, als wenn es uns immer noch super ginge. Sie hat das einfach ignoriert, das muss man sich mal vorstellen! Am Schluss hab ich ihr ein Ultimatum gesetzt: Entweder hörst du jetzt auf mit dem Geldausgeben, oder wir trennen uns. Dann hab ich mich getrennt.«

Es sind nur wenige Fälle bekannt, in denen Männer dem Kaufrausch erliegen. Obwohl doch immer noch die Männer das meiste Geld ranschaffen, meistens jedenfalls. Nun kann man natürlich argumentieren, dass Frauen eben gefühlvoller und verletzlicher sind als Männer, dass sie schneller in seelische Tiefs geraten und dass sie deshalb eben mehr Trostpflaster brauchen, um aus diesen seelischen Tiefs wieder herauszukommen, ergo mehr einkaufen müssen, weil Einkaufen tröstet, aber was ist das denn für eine kranke Argumentation?

9. Warum wollt ihr immer dann Sex, wenn wir müde sind?

Man mag bei dieser Frage lächelnd den Kopf schütteln. Aber wenn ein Mann sie am Tresen stellt, jaulen alle anderen Männer auf: »Genau!« – »Du triffst den Punkt!« – »So ist es bei mir auch!« – »Das kann doch nicht wahr sein, oder? Ist aber so!« Da tut sich ein seltsamer Widerspruch auf. In diesem Buch (Kapitel 33) heißt es doch, dass Frauen eigentlich immer Lust auf Sex haben; nur sind es wieder einmal die dämlichen Männer, die nicht imstande sind, das richtige Ambiente zu schaffen (Zitat: »Drückende Sorgen machen die Scheide trocken, und wer das Maul nicht aufkriegt, der kriegt auch keinen geblasen«). Also: Warum ausgerechnet dann Lust auf Sex, wenn ihm schon die Augen zufallen?

Zwei Antworten wären denkbar. Die erste heißt: Männer sind fast immer müde. Deshalb kann die Frau ihre Verführungskünste zu jeder beliebigen Tages- oder Nachtzeit einsetzen: Die Chance, dass ihr Mann sich ausgerechnet dann ungewöhnlich kaputt fühlt, liegt bei gefühlten 90 %. Wahrscheinlicher ist aber die zweite Antwort: Frauen wollen sogar im Bett beim Mann ein schlechtes Gewissen erzeugen und werden deshalb immer dann zutraulich, wenn er schon fast einschläft –

nach dem Motto: Siehste, *ich* wollte ja, aber *du* hattest wieder mal keine Lust. Sexualität wird von Frauen doch schon seit Jahrmillionen als Waffe eingesetzt. Im positiven Sinne (wenn sie was vom Mann möchten) und im negativen (wenn sie ihn klein machen möchten). Warum sollte das heute anders sein als vor Jahrmillionen? Aber wir Männer fallen seit Millionen Jahren auf diese weibliche Trickserei herein und haben ein schlechtes Gewissen, wenn wir mal nicht gekonnt haben oder mit den Gedanken irgendwie woanders waren. Frauen haben ihre Migräne. Wir haben das Problem.

10. Warum lasst ihr euch gehen?

Das ist nun ein ernsthafteres Problem, das Männer so beschreiben: »Sie hat es einfach nicht mehr nötig, glaubt sie. Früher hat sie sich für mich zurechtgemacht, heute läuft sie rum wie eine Schlampe.« Oder: »Man will doch auch was zu gucken haben. Ist das vielleicht schön, so im Morgenrock mit Lockenwicklern oder gar nur in Höschen und BH am Frühstückstisch?« – »Ich erwarte ja gar nicht, dass sie eine Figur hat wie eine 20-Jährige. Aber sie könnte doch ein bisschen darauf achten, was mit ihrer Figur passiert. Mal Fitness machen oder so. Alles hängt.«

Wenn »alles hängt«, werden Männer traurig. Wie ihre Frauen optisch wirken, ist für sie ein wichtiges Thema. Haben sie Grund, auf den Körper ihrer Frau stolz zu sein, so werden sie das immer wieder kundtun. Haben sie keinen Grund dazu, so werden sie das über Jahre hinweg verschweigen und still darunter leiden. Erst in diesen Männerrunden, in denen Alkohol die Hemmschwelle senkt und die Zunge löst, reden sie sich ihren Kummer von der Seele. Nicht so direkt nach dem Motto »Habt ihr euch die Hängetitten von meiner Alten eigentlich schon mal näher angeschaut?« – nein, so primitiv sind Männer nicht. Sie ergehen sich stattdessen in wehleidigen Beschreibungen der Weiblichkeit als solcher, ohne direkt auf ihre eigene Partnerin Bezug zu nehmen.

Das ist übrigens einer der Gründe, warum in sog. »Stammtischgesprächen« derart viele Vorurteile und Klischees bedient werden: Die Herren meinen ihre eigene Beziehung, aber weil sie sich deswegen schämen, schwadronieren sie lieber pauschal über »die Frauen als solche«. Es ist aber tatsächlich erstaunlich, wie die Ehe viele Frauen optisch negativ verändert. Und nicht nur optisch! Auch ihre Stimmlage ändert sich. Vor der Ehe ist ihre Stimme sanft, und nach einigen Jahren wird sie zickig, schrill, irgendwie höher, man mag sie einfach nicht mehr hören. Sie lamentieren, sie kritisieren, sie sind schon morgens nicht gut, aber dafür sind sie abends besonders schlecht gelaunt. Der brave Ehemann versucht, sich jeweils auf die Stimmungslage seiner Frau einzustellen, aber was soll er tun? Wenn er schweigt, ist er ein wortkarger Depp. Wenn er redet, sagt er was Falsches und bekommt die volle Ladung. Er ist eine arme Sau.

11. Warum haben wir an allem Schuld?

Männer haben viel zu tragen. Die Last der Verantwortung für Frau und Kinder auf der einen Schulter. Die andere wird niedergedrückt von den unsäglich hohen Anforderungen, die ihr Chef an sie stellt. Zwischen beiden krummen Schultern drückt nun noch ein weiterer Sack: das ewig schlechte männliche Gewissen. Und für das machen sie ihre Frauen verantwortlich. Wie man allerdings ehrlich zugeben muss, nicht ganz ohne Grund. »Wenn bei uns irgendwas nicht so funktioniert, ob das nun was mit dem Haus ist oder mit den Kindern, ist meine Frau ein lebender Vorwurf«, beklagt sich Heiner (46), der ein kleines Taxiunternehmen in einem Hamburger Vorort betreibt. »Natürlich wollte sie das Dach schon letztes Jahr decken lassen, aber ich habe es aus Geldgründen verschoben. Nun haben wir den Salat und es regnet durch. Siehste ... Oder die Zensuren von unserem Ältesten. Sie wollte, dass er vom Gymnasium auf die Realschule wechselt, ich hab ihn aber lieber eine Ehrenrunde drehen lassen. Jetzt schafft er es wieder nicht. Siehste ...«

In der Gesprächsrunde zum Thema »Schlechtes Gewissen« sitzt auch ein Amtmann vom örtlichen Tiefbauamt. Der sagt: »Frauen sind doch eigentlich immer gereizt und wir Männer versuchen, ihnen die schlechte Laune zu nehmen. Wenn das nicht gelingt, sind wir daran auch noch schuld. Das ist ein Teufelskreis, aus dem wir gar nicht mehr rauskommen.« Sein Gegenüber ist bei der T-Com und meint: »Oder wenn ich angeln gehe! Früher hat sie das akzeptiert und sich sogar gefreut, wenn ich mal etwas nur für mich alleine mache. Heute heißt es:

Na dann geh doch. Nicht so direkt, aber es klingt so. Alles ist ein stillschweigender Vorwurf, und ich sitze dann da und angele, aber es macht mir keinen Spaß mehr.« Frauen mögen dazu eine ganz andere Meinung haben. Aber dieser Teil des Buches hat den Zweck, die männliche Sichtweise darzustellen. Auch wenn sie hier und da subjektiv und ungerecht sein mag. Warum also haben Männer immer an allem Schuld?

Es ist ja typisch weiblich, sich immerzu für alles entschuldigen zu müssen. Ein schlichter Satz wie »Kommt nicht wieder vor« ist nicht gerade weiblich. So spricht ein Mann. Frauen rechtfertigen sich, erklären, haben tausend Gründe vorzuschieben, wollen Verständnis und Mitleid. Weil sie sich aber ständig »ent«schuldigen und die »Schuld« keinesfalls »auf sich sitzen lassen« wollen, sucht sich die Schuld natürlich einen neuen Landeplatz, denn irgendwo muss sie ja hin. Also? Setzt sich die Schuld, von der Frau listig dorthin geschickt, direkt auf den Mann. Zwei, drei kleine Sätze, einige Spitzen, gemischt mit Vermutungen und unbewiesenen Verdächtigungen, und schon ist sie dort festgezurrt und startet auch nicht wieder. Wir haben die Arschkarte. Mal wieder.

12. Warum seid ihr so pampig zu uns?

Wenn Männer »pampig« sagen, dann meinen sie vielleicht: selbstbewusst, auf gleicher Augenhöhe, vielleicht sogar argumentativ besser – aber auf jeden Fall irgendwie bedrohlich. Jedenfalls »anders als früher« (das sagen auffallend viele Männer über ihre Frauen). Nicht alle Männer sind weiblichen Widerspruch gewöhnt. Und sie empfinden – ohne groß darüber nachzudenken – als »pampig«, was ihren eigenen Standpunkt in Frage stellt. »Als wir geheiratet haben vor 26 Jahren, da hat sie immer nur genickt«, beklagt Hans-Heinrich (51) aus Leverkusen. »Also ich habe gesagt, wo's langgeht, und das wurde dann so gemacht. Aber jetzt hat sie eine Freundin, die sie aufstachelt. Plötzlich mache ich alles falsch. Beim geringsten Anlass geht sie hoch. Immer hat sie Widerworte. Sogar was im Bett läuft, wird kritisiert. Dabei habe ich 25 Jahre überhaupt keine Klagen gehört.«

Ähnlich verzweifelt und hilflos steht auch Volkmar (44) vor den bröckelnden Grundfesten seiner Beziehung: »Warum hat sie sich so verändert?«, fragt sich der Busfahrer in stillen Stunden und hat diese Erklärung: »Die Medien sind schuld. Wenn ich so in den Frauenzeitschriften blättere, die bei uns herumliegen, dann geht es doch immer nur gegen Männer. Frauen, die da vorgestellt werden, haben es grundsätzlich alleine geschafft. Tough sind sie und stark, geschieden und trotzdem gut drauf, Single aus Überzeugung und voll im Job drin.

Da wird signalisiert: Mädels, es geht auch ohne Männer! Ist es denn nicht ganz logisch, dass sich die Frauen daran orientieren? Welche Zeitschrift hat schon mal eine glückliche Hausfrau und Mutter vorgestellt? Das ist auffällig! Meiner Meinung nach wird in den Medien gegen die Familie gehetzt und wenn sie mal positiv vorkommt, dann nur mit diesem ewigen »obwohl«: *Obwohl* die Frau berufstätig ist, *obwohl* sie ihren eigenen Weg geht, *obwohl* sie erst abends spät nach Hause kommt. Ich finde es nicht gut, dass meine Frau sich verändert hat und immer gegen alles ist. Aber ich kann es verstehen, denn sie ist ja auch ein Medienopfer.« Na super, Volkmar: Jetzt sind mal wieder die Medien an allem schuld – sogar auch daran, dass du mit deiner Frau nicht mehr klarkommst?

13. *Warum seid ihr nicht mehr so zahm wie früher?*

Es ist erstaunlich, was für ein vorgestriges Frauenbild in den Köpfen vieler Männer herumspukt. Sie beobachten eher hilflos, wie ihnen die eigene Frau zu entgleiten scheint, anstatt ihren Weg unterstützend und freudig zu begleiten. Männer unter sich lassen eher deprimierte als stolze Satzbrocken fallen, wenn sie über ihre Frauen sprechen. Die klingen dann oftmals so: »Sie macht jetzt halt, was sie will«, »sie möchte sich wohl selbst verwirklichen«, »ich weiß doch auch nicht, was mit ihr los ist«, »da kannste nichts dran ändern«, »die sind eben so« und »das ist die heutige Zeit«. Vielleicht muss an dieser Stelle auch einmal erwähnt werden, dass es natürlich Gegenbeispiele gibt, vor allem in der jüngeren Generation der heute 30- bis 40-Jährigen. Trotzdem haben es viele Frauen offenbar versäumt, ihre Männer auf dem Weg in die Eigenständigkeit mitzunehmen. »Ich weiß noch, wie ich früher immer gesagt habe: Mach doch auch mal was für dich, häng nicht immer an meinem Hosenbein!«, zieht Carlo (52) eine traurige Bilanz seiner jüngst geschiedenen Ehe, »und dann ist sie plötzlich abgegangen wie eine Rakete und hat sich überhaupt nicht mehr für mich interessiert.« Er hatte am Ende also die Frau, die er eigentlich immer wollte – nur konnte er mit den Konsequenzen so gar nicht umgehen. Man muss kaum erwähnen, wer die Scheidung vorangetrieben hat: seine Frau natürlich.

Was konkret meinen die Männer denn nun, wenn sie von »zahm« sprechen und beklagen, dass ihre Frauen nicht mehr so sind? Gerade Frauen, die vor 25–30 Jahren recht jung geheiratet haben (das war damals einfach so; seitdem hat sich unglaublich vieles – und auch das – verändert), schauten in den ersten Ehejahren zu ihrem meist etwas älteren und erfolgreicheren Mann auf. Dementsprechend himmelten sie ihn an. In den 70er Jahren des vorigen Jahrhunderts war es viel selbstverständlicher als heute, dass eine Frau »über ihren Stand«, also »nach oben« heiratete. Es gab eine klare Rollenverteilung. Der Mann hatte zumindest dem Anschein nach das Sagen; die Frau hingegen war (oder gab sich) »zahm«. Sie übernahm zum Beispiel ganz selbstverständlich seine politischen Ansichten, sie hielt ihm Haushalt und Kinder vom Hals, und wenn sie arbeitete, dann »nebenbei«. Zwar waren die 68er vorbei, aber viel davon war nicht an der Basis angekommen. Im Gegenteil: Die klassischen Jung-Ehen in den 70er Jahren unterschieden sich nicht so wahnsinnig von den Ehemustern der damaligen Elterngeneration. Frauen, die heute um die 50 sind, haben erst später (nicht zuletzt auch durch den Einfluss der Medien; da hat der Ehemann aus dem vorigen Kapitel durchaus Recht) ihre eigene selbstbestimmte Rolle im Leben gefunden und konsequent damit begonnen, sie auch zu spielen – ob mit oder ohne Begleitung ihres Mannes, der allzu oft auf der Strecke blieb, keine Motivation mehr zur Weiterentwicklung hatte, nicht bereit zur Übernahme von zusätzlicher Verantwortung war und sich keineswegs erfreut zeigte, dass er es nun plötzlich mit einer »neuen«, einer »anderen« Frau zu tun hatte. Man könnte es stark verkürzt auch so ausdrücken: Die Frau hat sich weiterentwickelt, der Mann hingegen ist stehen geblieben, und darum sitzt er jetzt da und jammert und lamentiert und weint seiner ehemals so »zahmen« Frau hinterher, die er leider nicht mehr wiedererkennt und die er zum letzten Mal vorm Scheidungsrichter gesehen hat. Da wurde ihr dann auch noch ein monatlicher Unterhalt und die Hälfte von allem zugesprochen, wofür er sein Leben lang gearbeitet hat.

14. Warum schmeißt ihr beim kleinsten Problem alles hin?

Eine bisher nicht ausreichend erforschte und wissenschaftlich begründete Tatsache ist, dass Männer in der Beziehung heute den konservativen, den »Bewahrer«-Part übernehmen, während die Frauen eher zum Aufbruch neigen. Man kann also nur spekulieren und zunächst einmal feststellen, dass es früher umgekehrt war. »Bei jedem kleinen unwichtigen Ehestreit stellt sie sofort die Grundsatzfrage nach dem Motto: »Dann geh doch!« So als wenn sie nur darauf wartet«, beklagt sich Ulf (56), der als Barkassenführer im Hamburger Hafen arbeitet. »Ich würde mein Schiff doch auch nicht versenken, nur weil es ein Problem mit der Maschine hat. Sie scheint gar nicht daran interessiert zu sein, dass wir uns auseinandersetzen. Sie will die Regeln aufstellen und ich soll mich daran halten, und wenn nicht – geh doch, wenn's dir nicht passt.«

Eine nicht zu leugnende Tatsache ist ja auch, dass Frauen heutzutage eine Trennung weder aus sozialen noch aus finanziellen Gründen scheuen müssen. Ganz anders als die Generation ihrer Großmütter stehen sie als Geschiedene nur unwesentlich schlechter da. Sie nagen nicht am Hungertuch und sind gesellschaftlich nicht geächtet: Heute ist die Scheidung für Frauen der Vollzug einer scheinbar normalen Entwicklung, die ihre Freundinnen längst hinter sich haben und von denen sie freudig begrüßt werden: Welcome to the club.

»Ich würde mich niemals von meiner Frau trennen, aber sie würde das andersherum durchaus tun«, sagen die Männer traurig und wirken dabei hilflos. Sie fragen sich verzweifelt: Warum ist meine Frau bereit, beim kleinsten Problem alles hinzuschmeißen?, und verkennen dabei natürlich, dass es sich meistens durchaus nicht um ein »kleines« Problem handelt. Sondern – im ersten Teil dieses Buches wird das einleuchtend erklärt – sie sehen nur das Symptom, den kleinen Anlass des Streites. Sie verkennen aber, dass Frauen (typisch weiblich) einen kleinen Anlass aufbauschen und aus der Mücke einen Elefanten machen, um auf das Grundsatzproblem der Beziehung hinzuweisen. Auch das ist eines der vielen Missverständnisse zwischen Mann und Frau. Aber eigentlich könnte es doch alles so einfach sein.

15. *Warum schaut ihr nicht mehr zu uns auf?*

Zugegeben: Es gibt intelligentere Fragen als diesen naiven Aufschrei der waidwunden männlichen Seele. Und natürlich wird diese Frage nicht direkt gestellt, wenn Männer *mit* ihren Frauen reden. Aber wenn sie untereinander *über* Frauen reden, wird eins deutlich: Der Mann als solcher hat durchaus ein Problem damit, dass seine Frau ihn nicht gerade (oder nicht mehr) für einen zweibeinigen Brockhaus hält.

Frauen verstehen nichts von Politik, nichts von Wirtschaft und nichts von Fußball: Als das noch so schön einfach war, hatten die Männer ein Erfolgserlebnis nach dem anderen. Sie konnten der Frau die Welt erklären. So ist das heute nicht mehr. Wer traut sich, mit Bush ein ernstes Wörtchen über Guantánamo zu reden? Wer zieht Putin wegen Tschetschenien die Ohren lang? Wer trifft sich in China mit Menschenrechtlern bzw. im Kanzleramt mit dem Dalai Lama und pfeift auf deutsche Wirtschaftsinteressen? Eine Frau! Wer krempelt die Familiengesetze um und setzt sich gegen lauter Männer durch? Eine Frau. Wer denkt auch mal quer und fordert frech die Sieben-Jahres-Ehe, auch wenn man das mit gutem Grund für irre halten mag? Eine Frau.

Von Bill Clinton spricht heute keiner mehr; aber als dieses Buchkapitel geschrieben wurde, kämpfte seine Frau gerade um das Präsidentenamt. Der Generalbundesanwalt war zu der Zeit eine Generalbundesanwältin, und selbst der wichtigste Mann bei RTL war eine Frau. Da kann man schon schwermütig werden, so als Mann. Um auf die Frage aus der Überschrift zurückzukommen: Die ist natürlich leicht zu beantworten, und zwar so: Frauen haben sich weiterentwickelt. Männer sind stehen geblieben. Aber sagen Sie das mal einem Mann.

ZWEITES KAPITEL
WAS MÄNNER AN IHREN FRAUEN PRIMA FINDEN

16. Danke, dass ihr so viel Verständnis habt!

Es gibt ja zum Glück nicht nur saumäßige Ehen, in denen man ausschließlich aneinander herummäkelt und eigentlich überhaupt nicht mehr miteinander kommuniziert. Dieses Kapitel handelt von Männern, die irgendetwas an ihren Frauen richtig gut finden. »Was ich an meiner Frau toll finde, ist: Sie hat für jeden Scheiß Verständnis, der mir so einfällt«, sagt Jan (44), der in der Gegend von Husum private Klärgruben von drei auf vier Kammern erweitert und damit eine Menge Geld verdient (er ist im Kreise seiner Kumpels deshalb der Einzige, der dieses neue EU-Gesetz eisern verteidigt).

»Wenn ich mir eine Harley kaufen will, sagt sie: Mach doch. Aber denk daran, dass die Große nächstes Jahr Abi macht und studieren will. Mehr sagt sie nicht. Wenn ich dann mit meiner Harley losbrettere, mal nach Norddeich oder Schleswig oder so, dann begrüßt sie mich hinterher strahlend: Na Schatz, wie war's? Kein Vorwurf, nichts. Sie sagt: Ein Mann muss tun, was ein Mann tun muss. Sie ist sicher auch ganz froh, wenn sie mal alleine ist, weil sie sich dann ungestört um ihre Sachen kümmern kann. Sie klammert nicht so wie die Frauen von meinen Kumpels. Das finde ich toll. Oder ich wollte mir unbedingt eine Werkstatt in der Garage einrichten, obwohl ich ja 1000 m² Werkstatt in der Firma habe. Da hat sie nur gesagt: Dann musst du aber im Winter meine Scheiben freikratzen, Schatz. Das hab ich ihr versprochen, und jetzt hab ich meine Werkstatt. Wenn eine Frau Verständnis für einen hat, das ist gut.«

Männer bekommen glänzende Augen, wenn sie von ihren Frauen erzählen, die »Verständnis« für sie haben. Und wer nicht so eine hat, der hört sich das neidvoll an, trägt allerdings nur wenig zur Debatte bei. Männer neigen nicht dazu, die Konfrontation mit ihren Frauen zu suchen. Sie verzichten lieber, anstatt zu streiten. Deshalb wissen sie den Wert einer verständnisvollen Frau so sehr zu schätzen. Und mit »verständnisvoll« meinen sie: Die Frau lässt sie einfach ihr Ding durchziehen, freut sich vielleicht sogar mit, teilt dies und jenes nicht unbedingt, steht aber nicht im Wege. Und sie mäkelt nicht daran herum.

Einen guten Weg haben Christian und Mona gefunden. Beide waren schon einmal verheiratet und haben sich vorgenommen, jetzt die ultimativ haltbarste Ehe aller Zeiten zu führen. Ihr Credo lautet:

Ich bin nicht du, du bist nicht ich. Du bleibst du, ich bleibe ich. Wir werden nie versuchen, den anderen zu verändern. Im Gegenteil: Wenn einer den anderen verändern will, dann wird der sauer und sagt stopp. Beide sind berufstätig. Die jeweils eigenen Kinder sind inzwischen halb- bis ganz erwachsen. So haben sie viel Zeit für sich selbst. Sie sehen sich manchmal den ganzen Abend nicht: Er werkelt im Keller, sie trifft sich mit Freundinnen. Aber niemals lassen sie einen Abend ausklingen, ohne in der Küche bei Kerzenlicht miteinander zu reden. Sie interessieren sich füreinander. Sie haben Verständnis für die Bedürfnisse des anderen. So läuft's jetzt schon im achten Jahr, und es läuft wunderbar.

17. Danke, dass ihr loyal zu uns steht!

Es gibt für Männer nichts Schöneres als eine Frau, die »loyal« ist. Das heißt: Sie meckert nicht herum, wenn es mit der Karriere hapert, wenn andere cleverer sind oder in der Firma an ihm vorbeiziehen. Sie hält unverbrüchlich zu ihrem Mann und baut ihn immer wieder auf. Sie verlangt nichts (außer Loyalität). Sie macht ihn niemals vor anderen klein, hütet sich in Gegenwart von anderen vor Kosenamen und tut wenigstens so, als wenn er der Boss in der Beziehung sei.

»Auf meine Frau kann ich mich hundertprozentig verlassen« ist die schönste Liebeserklärung, zu der ein Mann imstande ist. Mehr Liebe geht aus Männersicht nicht. Sven ist ein Kumpel von dem bereits erwähnten Jan und von Beruf Land- und Gartenbauer; er macht die Löcher in den Gärten wieder zu, die Jan gegraben hat. Sven sagt es so: »Was will ich denn von einer Beziehung? Wozu brauche ich sie überhaupt? Wir haben keine Kinder, sind also keine Zweckgemeinschaft zur Aufzucht und Pflege von Nachwuchs. Ich könnte ebenso gut alleine leben. Womöglich mit wechselnden Frauen und quasi mit mehr Spaß sogar. Aber warum habe ich nur eine und bleibe auch bei der? Weil ich einen Halt habe. Eine Frau, auf die ich zählen kann. Die loyal ist und mich aufbaut, wenn es mir schlecht geht. Die hundertprozentig hinter mir steht. Siehst du: Das ist Grund genug, verheiratet zu sein.«

18. Danke, dass ihr uns manchmal verführt!

Tja, Sex ist immer noch ein Riesenthema. Obwohl doch eigentlich schon alles über Sex gesagt ist. Auch in diesem Buch. Aber wenn man mit Männern spricht, kommen sie irgendwann ganz von selbst darauf zu sprechen.

Man trifft in der Regel zwei verschiedene Männertypen an. Der eine Typ wünscht sich so sehr, dass seine Frau mal wieder so wie früher die Initiative beim Sex ergreift. Und der andere hat eine Frau zuhause, die genau das tut. Die Ersten wirken immer ein bisschen traurig. Die zweite Kategorie ist hingegen gar nicht wortkarg, wenn es gilt, die Qualität ihrer Frauen zu betonen. Nicht, dass sie intime Einzelheiten ausplaudern würden! Aber durch die Blume betonen sie durchaus, dass ... Es klingt dann ungefähr so.

»Alter, gestern war ich vielleicht kaputt, bin doch glatt beim Fernsehen eingeschlafen. Na ja, die ganzen Überstunden und so, du weißt ja ... Mannomann, ich hätte echt durchpennen können. Aber du kennst ja meine Karin, also du kennst sie so natürlich nicht, aber ich sage dir ... Da kommst du nicht in den Schlaf ... Um fünf hat sie Licht ausgemacht. Um fünf! Und um sechs musste ich wieder raus!« Solche Sätze klingen stolzer als die Schilderung des neuen Autos und sind wahrscheinlich übertriebener als die Beschreibung der Riesenbeute am letzten Angeltag, aber sie zeigen die kindliche Freude des Mannes, der eine sexuell aktive Frau sein Eigen nennt. Wie gesagt: Der eine hat sie – und der andere wünscht sie sich.

19. Danke, dass ihr so selten sauer seid!

Stets schlecht gelaunte Frauen liebt der Mann wie Zahnweh. Umso glücklicher ist er, wenn er eine lustige Frau hat. Sprechen Männer über ihre Frauen, wird das besonders häufig erwähnt. »Ich habe die tollste Frau der Welt«, sagt Erik (37, Lagerarbeiter). »Weil sie so lustig ist. Niemals schlecht gelaunt. Sie nimmt mir auch nichts übel. Ich habe sie noch nie so richtig sauer erlebt. Klar, manchmal hat sie was zu schimpfen, aber das hält nie lange an. Sie kann das gar nicht, lange böse sein. Schon kommt sie an und fragt, ob alles wieder gut ist. Sie hat so eine Grund-Fröhlichkeit, und die ist, glaub ich, das Fundament von allem.« Das Fundament von allem …

Es gibt (aus Männersicht) tatsächlich Frauen, denen jedes kleine Problem gleich auf die Stimmung drückt. Natürlich werden Frauen aufschreien: Und warum ist das so? Wer ist denn schuld daran? Wer macht uns denn schlechte Laune? Aber dieser Denkansatz ist vielleicht überprüfungswürdig. Weil ein Problemchen, das der Mann erzeugt haben mag, erst durch die schlechte Laune der Frau zum richtigen Problem wird. Ausgeglichene Frauen jedenfalls leben nicht nur länger – sie lieben auch länger. Und sie werden länger geliebt.

20. Danke, dass ihr uns bemuttert!

Frauen verdrehen bei dieser Überschrift die Augen, denn sie haben nicht unbedingt Lust dazu, ihre Männer zu »bemuttern«. Aber wenn sie sich ein bisschen so wie ihre eigenen Großmütter verhalten würden, hätten sie glücklichere Männer. »Das Schönste ist, wenn ich nach Hause komme und sie hat Gulasch gemacht«: Dieser Satz (aus dem Bestseller »Wie Männer ticken«, Verlag Schwarzkopf & Schwarzkopf) ist geradezu klassisch für den heutigen (und gar nicht so zeitgemäß »tickenden«) Mann.

Frauen, in denen ein Stück Krankenschwester steckt, haben die besseren Chancen bei Männern. Das ist ganz klar und kann so stehen bleiben. Es ist dann auch ganz egal, ob ihre Frauen die Ideal-Figur haben, was doch immer für so wichtig gehalten wird: Der Mann wird immer ihre »eigentlichen«, ihre »inneren« Werte sehen, und für ihn bestehen sie nach wie vor darin, dass sie ihn so lieb umsorgt, wie das seine Mutter früher gemacht hat. Das klingt antiquiert und überholt und ist gleichzeitig wahnsinnig aktuell – wenn man mit Männern ehrlich redet und sie endlich einmal zu Wort kommen dürfen, äußern sie sich jedenfalls extrem positiv über ihre »bemutternden« Frauen. Männer hingegen, die nicht von ihren Frauen »bemuttert« werden, verfallen bei solchen Debatten in tiefe Trübsal und halten sich aus der Diskussion heraus. Bei unseren Interviews haben wir jedenfalls keinen Mann getroffen, der sinngemäß gesagt hätte: Ich will nicht, dass meine Frau mich umsorgt und bemuttert, denn sie ist eine emanzipierte Frau, und ich kann mich um mich selber kümmern. Nein! So denken die Männer nicht. Sie freuen sich ehrlich, wenn sie sich auch mal gehen lassen dürfen und ihre Frauen die Regie übernehmen. Schnupfen? Tee mit Rum! Grippe? Kalter Wickel! Verspannungen? Massage! Misserfolg? Guter Sex! Fieser Chef? Dann bitte wenigstens zu Hause angehimmelt werden, mindestens aber gelobt! Das braucht der Mann. Das macht ihn froh. Das hält ihn bei der Stange, und das lässt ihn (nebenbei erwähnt) auch langfristig treu bleiben.

21. Danke, dass ihr so viel mit uns lacht!

Eine fröhliche Frau ist eine gute Frau. Aus Männersicht ist das die ultimative Formel für eine lebenslang gute Partnerschaft. Männer sind eigentlich lustige Wesen. Sie freuen sich gern. Deshalb lieben sie Frauen, die gut drauf sind. Sie möchten keinesfalls Stress und ernsthafte, schwierige Debatten. Sie sind so einfach und leicht zu berechnen! »Wenn ich mal richtig schlecht drauf bin, dann hat meine Alte garantiert extrem gute Laune und reißt mich mit«, schildert Frank (38), der einen Laster der Stadtreinigung in Hannover fährt.

»Das finde ich geil, das baut mich auf. Wenn sie sich auch noch hängen lässt, dann wären wir ja beide schlecht drauf, und dann ist Zoff. Aber irgendwie steuert sie immer gegen. Ich bin gut drauf – sie geigt mir die Meinung. Ich bin schlecht drauf – sie ist total fröhlich und lacht sich kaputt. Mensch, wir sind schon 13 Jahre zusammen, und es ist immer noch nicht langweilig.« – »Ja«, sagt sein Freund Andreas (44), den er aus seiner Stammkneipe im Stadtteil List kennt: »So ist das bei mir auch. Ich verstehe gar nicht, warum sich so viele scheiden lassen. Lachen ist doch das Wichtigste überhaupt. Und wenn meine lacht, dann wackelt die Wand, das sag ich dir. Da kannst du gar nicht mehr böse sein.«

22. Danke, dass ihr so gut für uns kocht!

Allein der Geruch von Bratkartoffeln mit Speck kann einen Mann davon abhalten, die Scheidung einzureichen. Auch, wenn er sonst viel zu klagen hat: Eine gute Küche bringt die Sache wieder ins Lot. Und wenn Sie jetzt sagen: Das kann nicht sein, so simpel sind Männer nun doch nicht!, dann kaufen Sie sich bitte das Buch »Wie Männer ticken«. Da wird eine Stammtischrunde beschrieben, in der es wieder einmal um des Mannes Lieblingsthema geht, das da lautet: »Wären wir nicht alleine viel besser dran?« Einer sagte tiefsinnig: »Die Ehe ist eine Institution zur Lösung von Problemen, die man ohne die Ehe gar nicht hätte.« Ein anderer: »Ja, man sollte alleine leben. Nie wieder Stress ...« Daraufhin sprach der Dritte: »Ach nee. Dann wäre ja keiner da, wenn man nach Hause kommt. Und es würde nie wieder so schön nach Gulasch riechen.« Dann schauten sie alle sinnend in ihr Glas.

»Sie hat ihre Macken, aber ihre Küche ist super«, sagt Paul (62) und schwärmt von den Koteletts seiner Frau sowie von der braunen Soße aus zerlassener Butter, die sie regelmäßig über den Blumenkohl zu gießen pflegt. »So viel, dass man mit den Kartoffeln drin matschen kann.« Paul sieht man die gute Küche seiner Frau an; ein Kostverächter ist er nicht. Er würde seine Ehe als glücklich bezeichnen, wenn ihn auch einiges stört: »Immer will sie reden«, fällt ihm als Erstes ein. Und: »Sie ist kaufsüchtig, glaub ich.« Als Maßstab, was denn »kaufsüchtig« sei, nimmt er seine eigenen Ansprüche: »Ich trag mein Paar Schuhe schon fünf Jahre und außer einem Absatz war noch nie was dran.« Seine Frau hingegen besitze »mindestens 15 Paar«. Sie habe vor Jahrzehnten auch mal was mit einem Nachbarn angefangen, sagt er dann düster. Beweisen könne er es zwar nicht, und sie bestreite es auch seit Jahrzehnten heftig, »aber man hat ja Augen im Kopf«. Dann kommt er aber schon wieder auf kulinarische Themen zu sprechen und seine Miene erhellt sich: »Sie macht Schwarzbrotstreifen in die Rinderroulade«, verrät er mit glänzenden Augen, »und Speck und Zwiebeln und Gurken«. Der Eindruck, dass Paul und seine Frau nicht mehr so wahnsinnig viel gemeinsam haben, drängt sich beim Gespräch auf. An Trennung hat er trotzdem nie gedacht: »Ihre Küche ist super«, wiederholt er.

23. Danke, dass ihr uns so oft lobt!

Viele Erfolgserlebnisse hat ein Mann heute nicht mehr. Als Leitwolf ist er überflüssig, als Ernährer ist er austauschbar, und in der Firma zieht wahrscheinlich gerade ein Jüngerer oder (noch schlimmer) eine

Frau an ihm vorbei. Von Selbstzweifeln geplagt und von depressiven Gedanken niedergedrückt, tritt er nach einem arbeitsreichen Tag den Heimweg an und fragt sich noch in der Straßenbahn, ob das Wort »Loser« seine eigene Existenz nicht ziemlich zutreffend beschreibt. Er mag sich selber nicht richtig leiden.

Wie wundervoll, wenn er jetzt zu Hause von seiner eigenen Frau gelobt wird! Diesbezüglich scheinen Männer ein gravierendes Defizit zu haben. Jedenfalls erzählen sie derart glücklich von vollkommenen Banalitäten, dass man ernsthafte Rückschlüsse auf ihr unterentwickeltes Selbstwertgefühl ziehen könnte. »Drei Tage hab ich an dem Regal gearbeitet. Und weißt du, was sie gesagt hat? Toll, hat sie gesagt! Toll!« (Karl, genannt Kalle, Taxifahrer in Bremen) Er sagt nicht: »Da arbeite ich drei Tage wie ein Bekloppter, und außer ›toll‹ fällt ihr nichts ein.«

Nein: Er ist überglücklich, dass sie überhaupt was Nettes gesagt hat und trompetet es heraus, als wenn er für sein selbst gebasteltes Regal das Bundesverdienstkreuz bekommen hätte. »Meine Frau schaut zu mir auf«, behauptet Sven, ein 27-jähriger Kfz-Mechaniker aus Halle. Fragt man nach dem Grund für diese Aussage, so muss er lange überlegen. Dann sagt er zögerlich: »Neulich hat sie gesagt: Wie du den Kinderwagen schiebst, das finde ich klasse.« Eher bescheiden sind auch die Ansprüche von Daniel, der als Einzelhandelskaufmann gerade einen riesigen Karriereschritt gemacht hat und seit einigen Wochen Filialleiter ist.

Seine Frau, so erzählt er, habe auf die freudige Nachricht mit dem Satz reagiert: »Ich bin stolz auf dich.« Das sei für ihn das Wichtigste an der ganzen Beförderung gewesen, sagt er lächelnd, »genau dieser Satz«, und am liebsten hätte er ihn konserviert: »Ein Plakat über dem Bett, wo drauf steht: Meine Frau ist stolz auf mich. Das sollte man eigentlich machen!«

24. Danke, dass ihr so bescheiden seid!

Es sind tatsächlich die alten Werte, die bei Männern wieder hoch im Kurs stehen. Man muss lachen, aber es stimmt! Sparsamkeit, kochen können, Fleiß und – Bescheidenheit sind Tugenden, die Männer toll finden an einer Frau. Und das bedeutet ja nicht, dass sie nur noch auf solche Werte abfahren (wir fanden durchaus mehr Männer, die die Karriere ihrer Frau lobten als welche, die sie am liebsten zu Hause an den Herd fesseln wollten). Aber es scheint doch eine Art Rückbesinnung zu geben auf das, was schon unsere Großväter an ihren Frauen zu schätzen wussten. Also, die Bescheidenheit:

»Meine Frau kann viel mehr, als sie zugibt. Wenn man sie fragt, wo sie arbeitet, sagt sie »beim Aldi«. Jeder denkt natürlich, dass sie da an der Kasse sitzt. Dabei ist sie im Aldi-Konzern die Stellvertreterin vom Personalchef oder irgend so was Ähnliches«, erzählt ein Mann aus der Karlsruher Gegend stolz. Er führt eine Wochenend-Ehe und weiß nicht sehr viel von dem, was seine Frau macht: »Wir sind zwei Singles mit Trauschein, aber es funktioniert. Schließlich sind wir schon fast 20 Jahre zusammen.« Befragt, welche Werte er sonst noch an ihr zu schätzen weiß, sagt er: »Sie macht nicht viel her von sich. Sie macht es einfach.«

»Meine Frau denkt an sich selbst zuletzt«, lobt Schiffsführer Bernd (39). Er lenkt die Autofähre zwischen dem Festland und einer nordfriesischen Insel; seine Frau ist Kindergärtnerin. »Sie verwaltet unsere Kohle und ich hatte noch nie ein Problem damit«, erzählt er. »Aber glaub man ja nicht, dass sie sich viel gönnt oder so. Nee: Erst kommen die Kinder, dann komme ich und dann kommt erst mal eine Weile gar nichts. Sogar an mein Hobby denkt sie manchmal; ich sammle nämlich alte Uniformteile. Da ist sie bei Ebay zugange und guckt, was sie findet, und manchmal überrascht sie mich mit irgendwas. Ihre Klamotten hübscht sie selber auf, da ist sie sehr begabt drin. Ganz selten kauft sie sich was Neues. Nee, sie ist nicht geizig, was sie selbst betrifft, nur einfach bescheiden. Und das liebe ich ganz besonders an ihr.«

25. Danke, dass ihr uns noch nicht rausgeschmissen habt!

Die Momente, in denen ein Mann sein eigenes Verhalten kritisch betrachtet, sind eher selten. Aber es gibt diese Momente. Die Qualität der eigenen Beziehung und was man als Mann künftig besser machen könnte, das war in den Gesprächen für dieses Buch jeweils am Ende der Diskussionsrunden ein großes, wichtiges Thema. Und es war erstaunlich, wie aktiv sich die sonst doch eher wortkargen Männer dazu äußerten. »Ich glaube nicht, dass ich es mit mir so lange aushalten würde«, sagt Marko, Fotograf aus Halberstadt. »Ich bin verschlossen, eigensinnig und stur. An ihrer Stelle hätte ich mich schon lange rausgeschmissen. Aber sie hält das gut aus mit mir.« – »Warum sie noch mit mir zusammen ist und sogar sagt, dass sie glücklich mit mir ist, das weiß ich eigentlich auch nicht«, so der selbstkritische Kommentar von Ottmar, einem Schlachter aus Halle. »Ich bin oft schlecht drauf oder übermüdet oder einfach fertig mit der Welt. Sie baut mich dann immer wieder auf und ist ein positives Element in meinem Leben. Sicher finde ich das gut, aber ich kann es nicht ganz verstehen, denn ich bin ganz sicher nicht der optimale Partner.«

Sehr oft kamen die Männer bei ihrer Selbstkritik auf Alkohol zu sprechen: »Ich trinke manchmal zu viel, sie mag das eigentlich nicht, aber sie lässt mich und redet mir nicht rein, das finde ich gut.« (Kurt, Maschinenführer in Castrop-Rauxel) »Sie hält es einfach aus mit mir und fährt mich sogar noch, wenn ich mal einen über den Durst getrunken habe. Wir sind 16 Jahre verheiratet und immer noch glücklich.«

Interessant ist ein Mann, der schon über 60 ist und in seinem Leben viermal geheiratet hat, also entweder ein Volltrottel oder ein ausgewiesener Experte für Partnerschaften sein dürfte. Hans hat sich viele Gedanken gemacht über Beziehungen und wie sie funktionieren könnten. Sein Fazit nach 40 Jahren zwischen Partnerschaft und Single-Leben, zwischen Liebe und Leid, zwischen Stress und Versöhnung, zwischen Vater werden, Kinder großziehen, Kinder verlieren und Kinder zurückgewinnen, zwischen dem Ende der letzten und dem Beginn der nächsten Beziehung lautet wie folgt: »Männer und Frauen passen durchaus zusammen. Aber nur, wenn sie vorsichtig miteinander umgehen.«

DRITTES KAPITEL
WOVOR WIR MÄNNER ANGST HABEN

26. Irgendwann krieg ich keinen mehr hoch

Diese Angst kann man kurz und knapp behandeln. Jede Frau weiß, dass sich Männer über ihre sexuelle Quantität (nicht Qualität!) definieren. Das heißt: Ein Mann, der oft kann, hält sich für einen richtigen Mann. Ein Mann, der weniger oft kann, hält sich für keinen richtigen Mann. So simpel ist das aus Männersicht. Es bedeutet in der Praxis, dass Männer eine durchgehende, tief verwurzelte Grundangst haben: Irgendwann krieg ich vielleicht keinen mehr hoch, und dann bin ich buchstäblich ein Schlappschwanz, so denken sie bei sich. Sie sprechen nicht darüber. Sie gestehen es sich vielleicht nicht einmal selber ein. Aber sie haben diese verdammte substanzielle Angst, die da lautet: Kommt er? Steht er? Oder ist heute der erste Tag vom letzten Teil meines Lebens?

Männer-Zitate dazu. »Alt werden ist, wenn ich keinen mehr hoch kriege.« – »Dann bring ich mich um, wenn es so weit ist.« – »Manchmal krieg ich keinen hoch – bloß, weil ich immer dran denken muss, ob ich einen hoch kriege.« – »Ich hab nichts dagegen, morgen gegen einen Baum zu fahren oder an Krebs zu sterben, aber bitte keine Impotenz.« Wenn man Männern so zuhört, ist es wie in einem indianischen Stamm, rudimentär und profan: Die aufgerichtete Lanze ist das Symbol des Siegers, und ein Mann ohne Lanze ist dem Gespött ausgesetzt. Wehe dem, dessen Lanze nicht mehr steht.

27. Vielleicht verliere ich ja meinen Job

Wenn das Schwinden der Potenz die eine Angst der Männer ist, dann ist der drohende Verlust des Jobs die nächste weit verbreitete und sehr ernst zu nehmende. So weit hergeholt ist sie ja nicht: Selbst Männer, die seit Jahrzehnten in ihrer Firma gute Arbeit leisten, müssen sich angesichts von Konzernzerschlagungen, von Rationalisierungsmaßnahmen und von überall herrschendem Jugendwahn ernsthafte Gedanken über die Zeit ihrer Rest-Berufstätigkeit machen. Aber auch jüngere Männer haben diese Angst. Beide Altersgruppen – ältere und jüngere – eint eins: Sie sorgen sich weniger um ihre eigene Zukunft als um ihre Beziehung.

Denn Männer finden es toll, wenn sie ihren Frauen »etwas bieten« können, wenn sie »etwas darstellen«, wenn sie »wichtig« sind und zu Hause »etwas zu erzählen« haben. Männer haben Angst davor, dass ihre Frauen sie nicht mehr achten, wenn sie beruflich scheitern. Ja, das ist für sie viel schlimmer, als kein Geld mehr zu haben! Manch einer würde in der Arbeitslosigkeit ja gar nicht so viel weniger netto haben als heute, wo er früh raus muss, kaum noch Kraft zur Schwarzarbeit hat und sich auch noch mit dem Chef herumärgern muss. Das ist nicht das Thema. Arbeitslos zu sein, damit könnten die Männer angesichts unseres genialen sozialen Netzes, das sie ohnehin auffängt, vielleicht sogar sehr gut leben. Nur die Tatsache, dass sie ihren Frauen gegenüber schlecht (weil arbeitslos) dastehen würden, die macht ihnen zu schaffen.

Und haben sie nicht sogar Recht damit? Sind es nicht oft genug die Frauen, die sich über den beruflichen Erfolg ihrer Männer definieren, die allzu gerne mit den genialen Aufstiegschancen ihrer Partner prahlen und die sich überhaupt nicht vorstellen können, mit einem »Arbeitslosen« liiert zu sein?

28. Meiner Frau genüge ich schon längst nicht mehr

Diese diffuse Angst wird so deutlich nicht artikuliert; in den Protokollen der Interviews zu diesem Teil des Buches war sie eher zwischen den Zeilen zu lesen. Männer spüren, dass die Ansprüche ihrer Frauen ständig wachsen. Im Verlauf der letzten Generationen – oder vielleicht sogar im Verlauf ihrer eigenen Beziehung, also zwischen deren Beginn und heute.

Männer sind viel konservativer als Frauen. Sie verändern sich kaum. Sie möchten bewahren, was sie für gut und richtig halten. Sie möchten möglichst keine Veränderung, auch was sie selbst betrifft. Frauen hingegen entwickeln sich weiter; stellen Sie sich nur mal eine Frau vor, die in den 80er Jahren geheiratet hat und heute Silberhochzeit feiert – was ist seitdem, die Rolle der Frau in der Gesellschaft und in der Partnerschaft betreffend, nicht alles passiert! Ihr Mann ist vielleicht immer noch derselbe. Er spricht so wenig wie damals, er glaubt immer noch, dass er der Chef ist, er macht immer noch denselben Job, er ist im Bett noch so, und letztlich ist er ein Fossil, an dem die Zeit längst vorbeigeflossen ist.

Das ahnt er zwar, aber er macht es sich nicht wirklich klar. Nur insgeheim, von ihm selbst kaum richtig wahrgenommen, bohrt diese Angst: Genüge ich ihr noch? Hätte sie nicht viel lieber einen Typen von heute, der mit all den Veränderungen in der Welt einer Frau besser zurechtkommt als ich? So einen liebevollen, zärtlichen Frauenversteher, von dem man immer liest? Wovon träumt sie heimlich? Wen stellt sie sich vor, wenn wir Sex haben? Von wem schwärmt sie, wenn sie mit ihren Freundinnen spricht? Warum ist sie überhaupt noch mit mir zusammen? Derlei selbstzweiflerische Fragen wird der Mann so schnell wie möglich wieder aus dem Kopf haben wollen. Er schweigt noch intensiver, er grübelt auf der Suche nach Antworten, aber letztlich verdrängt er seine Angst wieder und – lebt genauso weiter wie bisher. Das ist nicht schön. Es ist auch nicht männlich. Aber es ist typisch Mann.

29. Meine Kinder verachten mich

Männer wollen Vorbild sein. Aber es gibt immer mehr Männer, denen genau das nicht mehr gelingt. »Meine Kinder haben ganz andere Idole und Vorbilder, als ich das in ihrem Alter hatte«, grübelt Volker (47), der als Disponent in einer Spedition in Hannover arbeitet: »Wie soll man als Vater den heutigen Idealen entsprechen?« Volker hat viel darüber nachgedacht, warum seine Kinder (16 und 14) ihn nicht so achten, wie er in ihrem Alter seinen Vater geachtet hat. »Es hat bestimmt was mit dem verdammten Internet zu tun«, vermutet er. »Die Kids orientieren sich nur noch an Leuten, die mit wenigen Ideen viele Millionen gemacht haben, also völlig unrealistische Erfolgsstorys. Das finden sie toll. Überhaupt, die Medien. Die blasen doch in dasselbe Horn. Wer heute noch anständig arbeiten geht und morgens um 6 mit der U-Bahn zur Arbeit fährt, der gilt als Idiot. Ist doch so! Jeden Tag schwärmen sie mir was vor von angeblich so tollen Karrieren, von denen sie gelesen haben und die sie sich auch selber für sich vorstellen. Sie sagen es nicht so direkt, aber ich merke das an ihrem Blick: Insgeheim fragen sie sich, warum ich nicht auch so eine tolle Karriere gemacht habe. Ich werde das Gefühl nicht los, dass sie mich insgeheim verachten. Eben weil ich seit 20 Jahren in derselben Firma meinen Job habe und nur versuche, ihn so gut wie möglich zu machen.«

Volker ist damit nicht alleine. Viele Männer leiden heute unter dem Gefühl, nicht mehr über die natürliche Autorität zu verfügen, die sie selbst von ihren Vätern her kannten. Fragt man dann allerdings nach und lässt sie über sich selbst bzw. ihr Familienleben reflektieren, so werden erhebliche Defizite in ihrem eigenen Verhalten aufgedeckt, die sicher auch zum immer schwieriger werdenden Verhältnis zu ihren Kindern beitragen: Wenn sie abends nach Hause kommen, muss das Kind nicht einmal sein Computerspiel unterbrechen; die Väter geben sich mit einem mürrischen »Hallo« zufrieden. Gemeinsame Mahlzeiten gehören in vielen Familien der Vergangenheit an. Der Fernseher läuft eigentlich fast ununterbrochen und erstickt jede familieninterne Kommunikation. Und gemeinsame Ausflüge am Wochenende, irgendetwas Spannendes zusammen erleben, den Kindern die Sterne erklären oder Angeln beibringen? Ein Kind, das so etwas heute noch erlebt, hat wirklich Glück. Die Regel ist es nicht im Deutschland 2008. Zu viele Eltern erliegen den Verlockungen unserer eiskalten, familienfeindlichen Mediengesellschaft, in der die Erfolgsgeschichte einer gecasteten Band die Gutenacht-Geschichte und die quotentreibende Suche nach dem Superstar die einst so fantasievollen Kinderträume ersetzt. Haben die Väter also selber Schuld? Volker sagt: »Ich habe es einfach falsch angefangen. Und jetzt fehlt mir die Kraft.«

30. Ich gelte als Loser

»Immer der Blick auf die Nachbarn. Die haben mehr, die können mehr, die machen mehr, die leisten sich mehr. Meine Frau orientiert sich nur an anderen Leuten. Sie will so sein wie sie. Bloß keine Schwäche zeigen. In den bedrückendsten Filmen über die Scheinheiligkeit von amerikanischen Vorstadtsiedlungen geht es nicht schlimmer zu als bei uns zuhause«, bricht es aus Michael (38) nach dem ersten Wodka heraus. Zuvor hatte er noch sein brillantes Familienleben gelobt und sich selbst als absolut glücklich bezeichnet. Er wollte eigentlich Architekt werden, ist »nur« technischer Zeichner und kämpft seit seiner

Hochzeit vor neun Jahren mit der Angst, von seiner leicht neurotischen Frau, ihren Eltern (Vater ist Architekt) und den Nachbarn für einen Loser gehalten zu werden. Er weiß, dass er dann alles verlieren würde: Reihenhaus, Ehefrau, Kinder, Wohlstand, denn »mit einem Loser wäre sie nicht lange zusammen«. Jeder Mann hat in seinem Bekannten- oder Freundeskreis einen Kumpel, der sich bereits auf der schattigen Seite des Lebens befindet. Krankheit, Arbeitslosigkeit, am Burn-Out-Syndrom leiden oder den Anschluss an die neue Zeit verpassen, technisch und wissensmäßig nicht mehr mithalten können, überholt werden von jungen Schnöseln, auf dem Abstellgleis landen, übergangen werden, nicht mehr wichtig sein: All das sind Befürchtungen, die Männer von heute ins Bett begleiten, ihnen oft genug erst die Potenz und dann den Schlaf rauben und die sie morgens gerädert aufwachen lassen, was nicht unbedingt eine gute Voraussetzung dafür ist, im Job auf der Winner-Seite zu bleiben.

Wenn ein Mann davon spricht, dass er vielleicht schon bald ein Loser sei, dann meint er grundsätzlich immer sein Berufsleben. Er verbindet den Begriff »Loser« nicht mit Sätzen wie »Ich könnte ein schlechter Ehemann geworden sein« oder »Ich bin ein schlechter Vater«. Er denkt wirtschaftlich-exakt und damit natürlich gleichzeitig tunnelmäßig eingeschränkt, denn sein mögliches Versagen reduziert der Mann auf seinen Job. Nichts, gar nichts wäre für ihn schlimmer, als beruflich zu scheitern. Man kann getrost davon ausgehen, dass nur der Tod eines nahen Angehörigen ihn mehr umhauen würde als der Verlust der beruflichen Reputation. Selbst eine schmutzige Scheidung käme ihm harmloser vor, »denn«, so sagt Heizungsbauer Ralf (42), »Frauen kommen und gehen, und heute gehen sie wohl eher, als dass sie kommen. Aber den Job, weißt du: Der begleitet dich dein Leben lang, der ist Teil von dir, der ist echt wichtig.« Echt wichtig …

31. Ich gehe Pleite

Da ist die Angst vor wirtschaftlichem Ruin natürlich nicht weit (siehe Kapitel 30) und haut in dieselbe Kerbe. Der Mann als solcher weiß genau, was nach dem beruflichen Abstieg kommt: Der Verlust von allem, wofür er jahrzehntelang gearbeitet hat. Die Pleite als Schreckgespenst;

heute heißt sie »persönliche Insolvenz«. Das klingt etwas harmloser, ist aber noch schlimmer, weil »pleite« für den Mann oft schon ein vorübergehendes Minus auf dem Konto bedeutet, aber die »PI« ist endgültig, bezieht Behörden mit ein und lässt ihm tatsächlich nur noch den Mindestbehalt, der lächerlich gering ist. »Manchmal«, sagt Jerry (29, Finanzberater), »manchmal träume ich davon, dass ich die EC-Karte in den Automaten stecke, zehn Leute stehen hinter mir, und es kommt »tilt«: Karte einbehalten. Mir bricht der kalte Schweiß aus, ich gehe raus und die Leute in der Schlange lachen laut über mich. Dann wache ich auf und sehe das noch genau vor mir. Wie die lachen über mich, verstehst du? Es ist die Hölle. Über mich lacht keiner. Nur im Traum.«

Wie armselig, werden viele sagen. Ein junger Mann auf der Erfolgsstraße, in einem angesagten Beruf, gesund und munter, und er quält sich mit der Angst, dass die Leute am EC-Automaten über ihn lachen könnten. Ja – das stimmt genau: Es ist armselig. Aber es ist Realität. Pleite zu sein, ist für Männer so schlimm wie Arbeitslosigkeit: Positive Grundeinstellungen wie »Wir schaffen das schon«, »Hinterm Horizont geht's weiter«, »Irgendwie gibt es immer einen Ausweg«, »Auf Regen folgt Sonne« und »Hauptsache, wir haben uns lieb« sind der heutigen Männer-Generation zugunsten von nackten Überlebensängsten in einer immer kälter werdenden Welt abhanden gekommen. Danke jede Frau ihrem Schöpfer, wenn sie einen Mann mit ebendiesen positiven Grundeinstellungen hat. Träumer, Gaukler, Lebenskünstler und Illusionisten waren in den 70ern angesagt, in den 90ern schon wieder verpönt, aber heute – in einer Zeit, wo der Mann morgens zur Arbeit geht und sie abends vielleicht schon verloren hat – wünschen sich viele Frauen einen Mann, der zur Not auch eine Weile mit ihnen von positiven Visionen leben kann. Leider gibt es solche Männer kaum noch: Sie haben sich entweder negativ verändert, oder sie sind schon eine Weile tot.

32. Meine Frau ist klüger als ich

Ach du Schreck, das wäre ja fürchterlich! Eine klügere Frau ist die vorweggenommene Hölle, in der man als Mann noch zu Lebzeiten schmoren muss. Sie könnte ja widersprechen und die besseren Argumente haben, man kann ihr gar nicht mehr die Welt erklären, oder sogar noch schrecklicher: Sie will dir, dem Mann, die Welt erklären. Wo kommen wir Männer denn da hin?

Kein Klischee, das man nicht bestätigt findet. Tatsächlich trifft man auch heute noch auf Männer, die sich nicht vorstellen können, mit einer gebildeteren Frau zusammen zu sein, als sie das sind. Es hat sich wirklich nicht viel geändert! »Dann hätte ich ja immer ein schlechtes Gewissen, wenn ich vor der Glotze einschlafe und sie liest ein schlaues Buch«, gruselt sich Richy, ein Kellner aus Duisburg. Sein Chef grinst: »Sie muss nur so klug sein, dass sie die Küchentür zumacht. Von innen.« – »Eine Studierte kommt mir nicht noch mal ins Haus«, bekräftigt Ernst (48), ein geschiedener Stammgast. »Ständig hat man Debatten, und alles weiß sie besser.« – »Ich hatte mal eine«, mischt sich ein anderer Gast ein, »die wollte immer alles selber reparieren. Ich hatte überhaupt nichts mehr, was ich auf meine Weise regeln konnte. Furchtbar war das.« Die vier diskutieren nun, ob eine kluge Frau auch automatisch intelligent ist und umgekehrt, und ob die praktische Begabung im Haushalt überhaupt irgendetwas mit Klugheit oder Intelligenz zu tun hat.

Privat sind Männer kopffaul, auch wenn sie ihren Grips in der Firma anstrengen müssen. Sie möchten sich abends entspannen. Ganz spießig möchten sie auf dem Sofa lümmeln und zappen, am liebsten wie Ekel Alfred im Unterhemd. Das tun viele auch – zumindest, wenn sie mit sich allein sind. Dann legen sie die Füße auf den Tisch, behalten dabei die Schuhe an, rülpsen und furzen ungeniert und genießen es, einfach nur Mann sein zu dürfen. Die Anwesenheit einer Frau zwingt sie in ein gewisses Korsett, denn nun müssen sie sich »anständig« betragen. Das akzeptieren sie auch. Nur die Vorstellung, dass sie nun auch noch intelligente Gespräche führen sollen, vielleicht über politische oder ansonsten gesellschaftlich relevante Themen, die schreckt sie ab. Ob wohl deshalb so viele Frauen, die was im Köpfchen haben, Single sind?

33. Meine Frau betrügt mich

Vor allem die Medien sind schuld daran, dass Männer an jeder Straßenecke den Lover ihrer Frau zu wittern meinen. Wie erfolgreich und gerissen Frauen ihre Männer betrügen und dass diese immer zu allerletzt davon erfahren, ist ein beliebtes Thema in der Presse, und bei Männern ist die Nachricht angekommen: Trau, schau wem – aber auf keinen Fall deiner Frau.

»Ich kann mich auf meine hundertprozentig verlassen«, sagt Ulf (48) in einer Dresdner Bierkneipe, und zwei andere schauen ihn mitleidig an: »Das haben wir von unseren Frauen auch geglaubt.« Was soll Ulf dagegen einwenden? Er steht als Trottel da. Egal, was er sagt und bisher zu wissen glaubte.

Denn »das sagen sie alle, bis sie eines Besseren belehrt werden« ist ein Totschlagargument, gegen das es keines mehr gibt. Andererseits lässt sich aber auch nicht bestreiten, dass noch nie so viele Frauen fremdgingen wie heute; insofern sollte sich Ulf nicht allzu sicher sein: Weitaus die Mehrheit der Scheidungen wird von Frauen eingereicht – und die trennen sich meistens erst, wenn sie bereits anderweitig gut und weich gepolstert aufgefangen werden. Man könnte also schlussfolgern, dass zumindest diese typisch männliche Angst nicht ganz so weit hergeholt ist.

34. Meine Frau will mich verlassen

Viele Männer befürchten, dass der Zug für ihre Ehe längst abgefahren ist und dass sie als Letzte davon erfahren werden. Sie haben ein latent schlechtes Gewissen, und das mit Recht: Jahrelang haben sie sich wie Paschas benommen und so getan, als hätten sie ihre Frau gekauft.

Jetzt aber begreifen sie langsam, dass sie die Rechnung ohne die Wirtin gemacht haben: Frauen müssen nicht mehr bei ihren Männern bleiben; es gibt dafür weder gesellschaftliche Zwänge noch andere schwerwiegende Gründe wie z.B. den drohenden Absturz ins soziale Nichts.

Der Mann als solcher ist aber ein konservatives Wesen und wünscht keine gravierende Veränderung in seinem persönlichen Umfeld – es sei denn, er führt sie selbst herbei. Deshalb haben Männer eine Heidenangst davor, dass sie verlassen werden könnten. Es handelt sich darüber hinaus um ein typisch männliches Imageproblem: Eine Frau zu verlassen, empfinden Männer als aktive Tat, die vielleicht nicht fair sein mag, aber doch immerhin als männlich gilt. Verlassen zu werden, ist hingegen schmachvoll und unmännlich.

35. Einer von uns stirbt zuerst

Eine nahe liegende Befürchtung, denn so wird es mit 99,9 % Wahrscheinlichkeit auch kommen – es sei denn, beide sterben bei einem Flugzeugabsturz, oder es ereignet sich eine ähnlich gravierende unverhoffte Familiendezimierung.

Die Angst der Männer ist ambivalent, womit sich die Formulierung in der Überschrift erklärt: Sie haben durchaus nicht nur die Angst, dass ihre Frauen vor ihnen sterben könnten und sie zwangsläufig alleine zurückbleiben würden – sondern mindestens ebenso plagt sie die vage Befürchtung, *sie* könnten vor ihren Frauen sterben, und diese könnten dann ...

An dieser Stelle stoppt der männliche Gedankenfluss, denn man mag sich gar nicht vorstellen, was alles passieren könnte: Wie geht die möglicherweise noch recht lustige Witwe mit dem hart erarbeiteten Hab und Gut um? Wird sie die ebenfalls erbberechtigten Kinder austricksen oder wird sie von denen ausgetrickst? Gibt es schon bald bzw. nach Ablauf einer gewissen Schamfrist einen Neuen in ihrem Leben, der vielleicht besser und zärtlicher sein wird, als man selber das zu Lebzeiten war? Und, das plagt Männer bisweilen auch, gibt es ein Leben nach dem Tod – wird man also das wilde Treiben der trauernden Witwe vielleicht von oben beobachten müssen, ohne eingreifen zu können? Frauen können sich gar nicht vorstellen, mit welch skurrilen Themen Männer sich beschäftigen, wenn sie unter sich sind. Tatsache ist: Sie machen sich Gedanken! Und sie reden darüber! Wenn keine Frau dabei ist.

VIERTES KAPITEL
WAS WIR MÄNNER GEGEN UNSERE ÄNGSTE TUN

36. Mein guter Freund, der Alkohol

Saufen ist nach wie vor der beste Tröster des Mannes, wenn er Probleme hat. Dies gilt quer durch alle Schichten und Altersklassen. Mit Alkohol wird verdängt und betäubt. »Ich trinke ein paar und die Probleme sind weg«, sagt Andreas, ein in Scheidung lebender Einzelhandelskaufmann aus Neuss. »Das machen doch alle so. Ich hab keine Lust, mit jemandem zu reden. Da trink ich lieber.«

Andererseits lockert Alkohol den Männern die Zunge. Von Natur aus eher verschlossen und wortkarg, verwickeln sie sich unter dem Einfluss von Alkohol gegenseitig in lautstarke Debatten über Gott und die Welt, ihre eigenen Eheprobleme und die Sorgen der Kumpels. »Erst mal ein Bierchen auf den Tisch und einen Kurzen, dann redet es sich gleich viel offener«, sagt Timo (52), der lieber gleich mit der Taxe zum Stammtisch fährt. »Wir sind zu fünft, alles gute Freunde, und wir treffen uns immer am ersten Mittwoch im Monat in immer derselben Kneipe. Das ist nun mal so Brauch bei uns. Erst geht es um harmlose Sachen, die heute vielleicht in der Zeitung gestanden haben und die alle interessieren. Dann um Politik, klar.

Aber dann sind wir alle schon ein bisschen angeheitert und erzählen uns gegenseitig Schauergeschichten aus unseren Ehen. Obwohl wir ja im Grunde eigentlich alle glücklich sind, oder fast alle. Wir lästern und schimpfen wie verrückt, und je betrunkener wir werden, desto größer ist das Elend. Ja, hinterher fühlt man sich besser. Man hat sich ausgekotzt, oder es ist so wie Sauna. Aber ohne Alkohol würde das nicht funktionieren, denn dann würden wir gar nicht so offen miteinander reden über alles. Wenn meine Frau mich so reden hören könnte, die würde sich wahrscheinlich trennen.«

37. Mein guter Freund, der Kumpel

Männer mit gravierenden Problemen gehen damit erst zum Kumpel und dann zur eigenen Frau. Oder sie gehen nur zum Kumpel und gar nicht zur Frau. Das hat einen vernünftigen Grund. Der Kumpel vergisst. Die Frau vergisst nie. »Stell dir vor, du hast Stress im Job. Die sparen Leute ein, und du stehst auf der Liste. Jetzt brauchst du eine

Strategie, und wenn die anschlägt, dann wird alles wieder gut. Wie soll ich mit meiner Frau darüber reden? Nee. Die würde derart Panik schieben, dass ich ihr danach überhaupt nichts mehr erzählen dürfte. Bei jeder Kleinigkeit würde sie wieder damit anfangen. Kein Bedarf. Wenn ich so was zu bereden habe, und irgendwann will man ja dann doch mal reden, dann geh ich zu meinem Kumpel. Wenn ich dem sage: Hör mal, Problem erledigt und Schwamm drüber, dann spricht er mich nie mehr drauf an. Der vergisst das sogar! Dem kann ich was anvertrauen. Frauen reagieren immer viel zu heftig. Meine würde mir das noch nach Jahren aufs Brot schmieren, auch wenn die Krise längst vorbei ist.«

Das ist ein O-Ton von Sven, der in einer Augsburger Kfz-Werkstatt arbeitet und vier Jahre verheiratet ist. Fast alle Männer würden sagen: Ja, genau. So ist es. Der Mann hat absolut Recht.

38. Mein Hobby ist mein Trost

Garage, Bastelkeller, Angeln, Modellbahn: Nicht jeder Mann, der sich ins Hobby vergräbt, hat ein Problem mit seiner Frau. Aber jeder Mann, der ein Problem mit seiner Frau hat, vergräbt sich in sein Hobby. Das war schon immer so, und es hat sich nicht geändert. Vor allem die weibliche Redseligkeit und die ständige Forderung nach immer noch mehr Aufmerksamkeit und Anteilnahme weckt in Männern die Sehnsucht nach einer Höhle, einer Ruhezone, einem Fluchtraum, wo sie nichts vorfinden als ihren so sehr vermissten Frieden.

Männer wollen weder reden, noch möchten sie sich mit irgendetwas auseinandersetzen, noch neigen sie zum Austausch von Zärtlichkeiten. Sie machen das alles nur gezwungenermaßen. Umso glücklicher sind sie, wenn sie Abstand zum Alltag und den ganzen mit ihm verbundenen Sorgen gewinnen und sich irgendwohin zurückziehen können. Männer fühlen sich von ihren Frauen grundsätzlich überfordert. Ständig sollen sie zuhören, sich den Kopf zerbrechen, Interesse zeigen, antworten, neuen Einwänden zuhören, diese klug und doch gefühlvoll wiederum beantworten usw., das hört nie auf. Es nervt. Wenn Männer aber zusätzlich noch Probleme, Nöte und Ängste mit sich herumtragen, sind sie doppelt empfindlich, und ihr Bedürfnis nach einer Ruhezone steigt drastisch an. Was kann man tun als Frau? Ihn »in Ruhe« lassen. Wortwörtlich.

39. Ich rede überhaupt nicht mehr

Aus Männersicht gibt es einen guten Grund, Probleme zu verschweigen und sich in die totale Sprachlosigkeit zu flüchten. Der Grund ist: Die meisten Frauen bohren in offenen Wunden, anstatt sie zu verbinden. Sie reden die Sache tot. Sie nehmen alles persönlich, wollen ständig helfen, raten und trösten und merken überhaupt nicht, dass sie damit alles noch viel schlimmer machen.

Männer ahnen, warum Frauen so sind: Es ist die typisch weibliche Gier nach ständiger Selbstbestätigung, ausgelöst durch ein extrem unterentwickeltes Selbstbewusstsein, die sie zur stets aktiven Helferin und permanent vor sich hinplappernden seelischen Krankenschwester mutieren lässt. Männer wollen aber keine Krankenschwester, die sie erst richtig krank aussehen lässt. Sie wollen eine Partnerin, die zuhört und die ihre guten Ratschläge erst dann erteilt, wenn sie danach gefragt wird.

Frauen kritisieren so gern, dass Männer zu wenig reden. Es ist aber ebenso richtig, dass Frauen öfter mal die Klappe halten sollten, statt sich in jedes männliche Problem einzumischen. Denn jeder weibliche Trost und jedes weibliche Hilfsangebot nimmt dem Mann ein kleines Scheibchen seiner Männlichkeit. »Ich rede so wenig wie möglich oder gar nicht mehr mit meiner Frau«, sagt ein Kraftfahrer. »Aus jeder Mücke macht sie einen Elefanten, und ständig will sie alles vertiefen. Das ist ihr Lieblingswort. Ob wir das nicht mal vertiefen können, fragt sie mich. Nein, nein, nein: Ich will überhaupt nichts vertiefen. Und weil sie das nicht begreift, halte ich eben die Klappe.«

40. Ich flüchte mich in Träume

»Einmal mit dem Wohnmobil durch Amerika fahren, davon träume ich schon lange. Und seitdem meine Ehe nicht mehr so läuft, ist mein Traum der schönste Trost«, sagt ein Rentner aus Hamburg. »Ehrlich gesagt, kann ich meine Frau schon 15 Jahre nicht mehr ertragen. Aber ich bin zu bequem, um jetzt noch was zu ändern. Da schaffe ich mir lieber meine eigene Traumwelt. Ich kaufe mir Bücher, wälze Landkarten und kann die ganzen Ausfahrten von der Route 66 schon auswendig aufzählen. Machen werde ich das erst, wenn sie gestorben ist. Aber dann geht es los, wenn ich noch kann.«

Ein Taxifahrer, um die 40, sagt in derselben Tresenrunde: »Ja, was will man denn machen, wenn man zu Hause die Hölle hat. Ohne Träume geht man doch ein. Ich träume von einer eigenen Taxe. Und von einem Lottogewinn. Mein Leben ist eigentlich nicht so schön verlaufen. Hab immer die falschen Chancen ergriffen und bin oft auf die Schnauze gefallen. Aber die Träume, die sind schön. Die bleiben. Ich kann sogar träumen, wenn meine Frau mit mir keift. Das geht mir zum einen Ohr rein und zum anderen raus. Ich bin in meiner Traumwelt drin.«

41. Ich hab jetzt eine Geliebte

Manfred ist 42. Also im allerbesten Alter. Als er vor 17 Jahren heiratete, wollte er seiner Frau für immer treu bleiben. »Ich hab das echt so geplant«, sagt er. Aber es ist anders gekommen. Vor zwei Jahren hat sich seine Frau »schwer verändert«, sagt er. Sie sei zickig geworden, nichts könne er ihr mehr recht machen, und eigentlich habe ihre Unzufriedenheit ausgereicht, um ihn in die Scheidung zu treiben. Aber das habe er nicht gewollt: »Da sind die Kinder, das Haus, ich will nicht auf alles verzichten.«

Manfred hat daraufhin beschlossen, sich eine zweite Welt aufzubauen. »Ich hab eine Frau kennengelernt, die ist ganz anders. Unkompliziert, gut gelaunt, selbstständig und außerdem auch noch 10 Jahre jünger als meine. Erst wollte ich nicht. Aber dann hab ich mir gesagt: Warum eigentlich nicht? Ich kann doch nichts dafür, dass meine Frau sich so negativ entwickelt. Kann ich mir nicht bei der anderen holen, was ich zuhause so vermisse: ein bisschen Spaß, Fröhlichkeit und Glück, wenn auch nur auf Zeit? Ich hab doch auch ein Recht darauf! Seitdem bin ich richtig aufgeblüht, finde ich jedenfalls. Meine Frau nervt mich nicht mehr so. Ich ertrage sie einfach besser.

Und meine Kinder haben ihren Vater immer noch. Letztlich muss ich sagen: Mir eine Geliebte zu nehmen, war die richtige Entscheidung. Eigentlich müsste ich die vom Arzt verordnet bekommen haben.«

42. Wie ist die ideale Frau?

Zählen wir mal alle Klischees auf, die uns einfallen! Die ideale Frau ist halb Krankenschwester, halb Hure. Halb Mütterchen, halb kleines Mädchen. Verlässlich wie ein Kumpel, kämpferisch wie ein Löwe, weich wie Butter in der Sonne und im Notfall hart wie Stahl. Lustig ist auch wichtig. Niemals ist sie schlecht gelaunt. Und wenn, dann nicht für lange. Keinesfalls ist sie nachtragend. Aber hübsch. Sie kann mit der Kettensäge genauso umgehen wie mit dem Sahnequirl. Sie trägt eine Jeans und alle sagen »wow!«. Sie trägt ein Abendkleid und alle sagen nochmals »wow!«. Sie muss nicht studiert haben, aber sie sollte sich für alles interessieren. Sie sollte keinesfalls geistig stehen bleiben, sondern sie sollte sich weiterentwickeln wollen. Sie darf gern einen Beruf haben, wenn sich das mit den Kindern vereinbaren lässt. Aber sie sollte dem Mann kein schlechtes Gewissen machen, wenn er selber auf seinen Job nicht verzichten möchte oder kann. Auf jeden Fall muss sie total loyal sein. Sie verzichtet grundsätzlich auf diese vielen kleinen verbalen Spitzen, die sich manche Männer von ihren Frauen ständig anhören müssen.

Wenn ihr was nicht passt, dann sagt sie das, und gut ist. Sie verbreitet fast immer gute Laune. Sie interessiert sich für alles, was ihr Mann zu erzählen hat, und sie merkt sich das Wichtige. Aber sie tut nicht ständig so, als wenn sie ihrem Mann erst das Leben erklären oder gute Ratschläge erteilen muss, denn sie weiß: Ich habe einen erwachsenen Mann an meiner Seite, der sehr wohl für sich selbst zu sorgen weiß. Sie kann auch mal die Klappe halten! Sie zählt ihm auf Partys nicht die Gläschen in den Hals. Sie will ihn überhaupt nicht verändern. Schließlich wusste sie ja vorher, was sie kriegt. Und nie, niemals fragt sie: »Was denkst du gerade, Schatz?«

So weit alle Klischees, die uns Männern einfallen. Und wissen Sie was? Alle sind wahr. Nur ein Klischee fehlt noch: Wenn der Mann keine Lust zum Reden hat, dann lässt sie ihn in Ruhe. Das finden Männer gut. Und auch dieses Klischee – ist wahr. Und nun geben Sie bitte Ihrem Mann das Buch »Wie Frauen ticken – und wie Männer darüber denken«. Er kann ja hinten anfangen …

HAUKE BROST, 63, ist Autor und Chefreporter einer großen Boulevardzeitung. Seine TICKEN-Bücher sind weit über 300 000 mal verkauft worden, darunter WIE FRAUEN TICKEN, WIE FAMILIEN TICKEN, WIE DIE LIEBEN KOLLEGEN TICKEN, WIE SINGLES TICKEN und WIE TEENIES TICKEN. Für die erweiterte Ausgabe des Bestsellers WIE MÄNNER TICKEN hat der Autor weit über 1000 Interviews geführt und die provokanten Thesen der ersten Auflagen noch einmal auf den neuesten Stand gebracht. Hauke Brost ist in vierter Ehe glücklich verheiratet und hat drei erwachsene Söhne, von denen er einen als Alleinerzieher groß zog.

Hauke Brost
WIE MÄNNER TICKEN
Über 150 Fakten, die aus jeder Frau
eine Männerversteherin machen
Die stark erweiterte Ausgabe mit
über 40 zusätzlichen Bonustracks

ISBN 978-3-86265-148-1

KATALOG
Wir senden Ihnen gern kostenlos unseren Katalog.
Schwarzkopf & Schwarzkopf Verlag GmbH
Kastanienallee 32, 10435 Berlin
Telefon: 030 – 44 33 63 00
Fax: 030 – 44 33 63 044

INTERNET | E-MAIL
www.schwarzkopf-schwarzkopf.de
info@schwarzkopf-schwarzkopf.de